U0829684

权威·前沿·原创

皮书系列为

“十二五”“十三五”国家重点图书出版规划项目

BLUE BOOK

智库成果出版与传播平台

文化金融蓝皮书

BLUE BOOK OF CULTURE FINANCE

中国文化金融发展报告（2020）

ANNUAL REPORT ON CHINA'S CULTURE FINANCE DEVELOPMENT (2020)

主　编／杨　涛　金　巍
副主编／于德江　刘德良

社会科学文献出版社
SOCIAL SCIENCES ACADEMIC PRESS (CHINA)

图书在版编目（CIP）数据

中国文化金融发展报告. 2020 / 杨涛，金巍主编
. --北京：社会科学文献出版社，2020. 8
（文化金融蓝皮书）
ISBN 978-7-5201-6898-4

Ⅰ. ①中… Ⅱ. ①杨… ②金… Ⅲ. ①文化产业-金融支持-研究报告-中国-2020 Ⅳ. ①G124②F832. 48

中国版本图书馆 CIP 数据核字（2020）第 134566 号

文化金融蓝皮书
中国文化金融发展报告（2020）

主　　编／杨　涛　金　巍
副 主 编／于德江　刘德良

出 版 人／谢寿光
组稿编辑／恽　薇
责任编辑／田　康

出　　版／社会科学文献出版社·经济与管理分社（010）59367226
地址：北京市北三环中路甲 29 号院华龙大厦　邮编：100029
网址：www. ssap. com. cn
发　　行／市场营销中心（010）59367081　59367083
印　　装／天津千鹤文化传播有限公司

规　　格／开 本：787mm×1092mm　1/16
印 张：18　字 数：267 千字
版　　次／2020 年 8 月第 1 版　2020 年 8 月第 1 次印刷
书　　号／ISBN 978-7-5201-6898-4
定　　价／128. 00 元

《中国文化金融发展报告（2020）》
编　委　会

编写单位

国家金融与发展实验室

深圳文化产权交易所

中国社会科学院产业金融研究基地

支持单位

北京立言金融与发展研究院

文化金融 50 人论坛

中关村梅花与牡丹文化创意基金会

金融科技 50 人论坛

北京新元文智信息技术有限公司

主编及副主编简介

杨　涛　研究员，博士研究生导师，拥有中国注册会计师与律师资格证书。现为国家金融与发展实验室副主任，中国社会科学院产业金融研究基地主任、支付清算研究中心主任，北京立言金融与发展研究院院长。主要学术兼职包括中国人民银行支付结算司外部专家、中国银行间市场交易商协会交易专委会委员、中国保险行业协会学校教育专委会副主任委员、互联网金融安全技术工信部重点实验室学术委员、中国人民大学国际货币研究所学术委员、北京市金融学会学术委员、北京金融科技研究院监事长、金融科技50人论坛学术委员、文化金融50人论坛学术委员等。主要研究领域为宏观金融与政策、产业金融、金融科技、支付清算等。

金　巍　国家金融与发展实验室文化金融研究中心副主任，北京立言金融与发展研究院文化金融研究所所长，文化金融50人论坛秘书长。兼任中国社会科学院产业金融研究基地特约研究员、财政部文化司国资预算评审专家、华夏经济学研究发展基金会监事、深圳文化产权交易所专家顾问、中国通信学会移动媒体与文化计算委员会委员、全国文化智库联盟常务理事、腾讯研究院互联网文化产业智库专家、中国经济网文化产业特约专家等。主要研究领域为文化经济学、文化金融、产业金融、金融科技研究等。

于德江　深圳广播电影电视集团副总编辑，深圳文化产权交易所董事长，文化金融50人论坛成员。曾任深圳电视台副台长、深圳市文化产业发展办公室主任、深圳市文化局广播电影电视处处长、深圳市文物商店/深圳市艺术品拍卖行总经理等。

刘德良 新元智库和新元资本创办人。兼任清华大学新经济与新产业研究中心特约研究员、中国人民大学文化产业研究院特约专家、中央财经大学文化经济研究院特约专家，文化金融50人论坛创始成员等。参与国家“十三五”时期文化发展改革规划等多项政策制订和评审，主编出版《中国文化投资报告》两部。主要研究领域为文化产业、旅游业、数字经济等。

前　言

2016 年，国家金融与发展实验室和文化金融 50 人论坛共同发起“文化金融蓝皮书”项目；次年，《中国文化金融发展报告（2017）》编写完成并顺利出版。那时正是我国文化金融发展到最高峰的时期，但同时也已经开始出现局部波动和下行的迹象。四年来，“文化金融蓝皮书”已经出版了 3 部，其间，文化金融发展有喜有忧、冰火共舞，这是一个“新时代”的新特征。

本书为“文化金融蓝皮书”的第四部，由国家金融与发展实验室、深圳文化产权交易所和中国社会科学院产业金融研究基地作为编写单位联合研创。本书编写之时，正处于极其特殊的时期，这些特殊性对报告的总基调有较大的影响。

一是我国“十三五”规划进入冲刺阶段，但国际国内政治、经济形势不容乐观。2019 年中美贸易摩擦持续，国际撕裂事件频仍，“逆全球化”显露端倪。但全球科技发展显现强劲势头，发展中国家正寻求新的多极化发展道路。我国经济发展稳中有变，供给侧结构性改革取得阶段性成果，金融改革稳步推进，金融发展环境日趋规范，但创新力和多元化受到压制，亟须释放市场活力。对于文化经济和文化产业发展来说，正面临着不确定性因素日益增多的发展环境。

二是文化金融发展正处于成长期的十年节点，发展不易，反思和总结都是必要的。在 2019 年的蓝皮书中我们已经提出文化金融要“回头看”。2009 年出台的《文化产业振兴规划》对金融如何支持文化产业发展提出了较为清晰、完整的要求。自此以后，文化金融进入成长期，在“金融支持文化产业”“文化金融合作”“文化金融融合发展”等语境下不断丰富、进化。十年来，文化金融不论是作为一种文化经济政策手段还是作为一种特殊的金融业态，抑或是作为一种文化产业资本运作方式，都取得了长足的进步。文化金融极大地推动了产业的发展，文化金融自身也日渐产业化、体系化和生态化。但是，也应该看到，文化金融发展还有诸多问题亟待解决。

三是在2020年初发生严重的新冠肺炎疫情，大大改变了事物发展的走向。疫情使我国经济陷入短期困境，2020年第一季度国内生产总值同比下降6.8%。文化企业和文化产业的营业收入受到极大影响，大批企业已经或正在面临倒闭或破产，文化生产体系遭到大面积破坏。在疫情肆虐全球的背景下，国际政治和经济格局随时变化，文化经济的发展需要考虑未来的变局。作为以文化经济和文化产业为基础的文化金融发展战略，需要更长远的视野。

在此背景下，我们不仅要站在2019年末这个时点上回顾以往，而且要站在2020年初这个时点上前瞻未来。文化金融要服务于文化生产和文化产业，要服务于文化实体经济，既要满足当前紧迫的现实需要，又要为应对未来变局做准备；既要在宏观上促进文化经济发展，又要在微观上切实缓解文化企业融资难题；既要站在国家战略层面承担使命和责任，又要在战术上细化每个具有可操作性和执行性的问题。

本报告注意到了以上背景对文化经济及文化金融的影响。在总报告和各分报告中，针对相应的问题，我们做了相应的分析并提出了建议。本报告在保持原有框架的基础上也做了调整，在内容选择上也有些新的变化。市场篇分为文化产业银行信贷、文化产业债券、文化企业上市融资、私募股权融资、文化产业保险等五个部分。行业篇依旧将电影、艺术品、传媒产业、创意设计服务业作为今年关注的主要行业。在区域篇中，今年除了北京、深圳和南京外，宁波市作为首批成功创建“国家文化与金融合作示范区”的城市也被纳入。由于文化和旅游统一规划、统筹考量的趋势明显，今年收录了一篇以“文化和旅游产业金融政策”为主题的政策研究报告，将之作为“专题篇”。

本书由杨涛和金巍担任主编，于德江和刘德良担任副主编。各部分撰稿人分别为：金巍、杨涛（第1篇），艾亚萍、王阳（第2篇），杨涛、王小彩（第3篇），段卓杉、张玉聪（第4篇），于淼（第5篇），王向楠、吴婷（第6篇），张琦、卢孟杰（第7篇），范勇、董瑞、张谞（第8篇），杨永民、田威（第9篇），刘德良、徐艳平（第10篇），刘德良、刘晓哲（第11篇），陈能军、王晓锐、史占中（第12篇），缪大伟、冷蕾（第13篇），张菊琴、廖先锋、陈冲（第14篇），宋洋洋、辛婷婷、姚洁洁（第15篇）。

报告在编写过程中得到了北京立言金融与发展研究院、文化金融50人论坛、中关村梅花与牡丹文化创意基金会、金融科技50人论坛、北京新元文智信息技术有限公司等机构的大力支持。编委会的诸位学术顾问均对报告提供了有益的帮助和专业意见，在此一并表达诚挚谢意！

杨涛　金巍

2020年4月18日　于北京

摘　要

《中国文化金融发展报告（2020）》是“文化金融蓝皮书”系列的第四版年度报告，由国家金融与发展实验室、深圳文化产权交易所和中国社会科学院产业金融研究基地作为编写单位联合研创。报告分为总报告、市场篇、行业篇、区域篇和专题篇五个部分，共计15篇报告。

总报告是本报告的核心部分。至2019年，中国文化金融发展的成长期已满十年，所以总报告以“站在十年成长的时间节点”为题，既对过去的2019年文化金融发展状况进行了全面梳理和分析，也对十年来文化金融发展情况做了回顾和总结。同时，虽是2019年的年度报告，但仍兼顾了2020年初文化金融发展的一些新情况。作为建言，总报告对文化金融发展政策中需要关注的一些新的焦点问题进行了阐述。

《中国文化金融发展报告（2020）》总体上保持了历年的架构，但做了一些调整，在内容选择上也有些新的变化。在市场篇中，将历年的股权、债权和风险管理三篇拆分为文化产业银行信贷、文化产业债券、文化企业上市融资、私募股权融资、文化产业保险，共计五篇，更为集中地分析了2019年各个市场的发展情况。在行业篇中，电影、艺术品、传媒产业、创意设计服务业依旧是我们关注的主要行业。在区域篇中，分别介绍了北京、深圳、南京和宁波在文化金融方面的发展状况。

鉴于文化和旅游统一规划、统筹考量的趋势，今年单独设立“专题篇”，收录了一篇以“文化和旅游产业金融政策”为主题的政策研究报告。

Abstract

Annual Report on China's Culture Finance Development (2020) is the fourth edition of the Blue Book Series on Culture Finance, which is compiled and published jointly by National Institution for Finance & Development, Shenzhen Culture Assets and Equity Exchange and Research Base for Industrial Finance of Chinese Academy of Social Sciences. This report is divided into five parts: General Report, Market Reports, Industry Reports, Regional Reports and Special Reports, with a total of 15 reports.

The General Report is the core part of the whole report. The growth period of China's culture finance has reached ten years by 2019. Therefore, the General Report is entitled "Standing at the node of ten-year growth", which not only comprehensively combs and analyzes the development of culture finance in 2019, but also reviews and summarizes the development of culture finance over the past decade. And although this report is the annual report for 2019, it also takes into account some new developments in culture finance in early 2020. As a suggestion, the General Report expounds some new focus issues that need to be paid attention to in the development policy of culture finance.

This report maintains the structure of the previous reports, but makes some adjustments and has some new changes in the content. In the Market Reports, the three chapters of equity, debt and risk management over the years are divided into five chapters: bank credit of culture industry, bonds of culture industry, listing and financing of cultural enterprises, private equity financing and insurance market of culture industry, which analyze the development of various markets in 2019 more intensively. In the Industry Reports, film, art, media, creativity & design services are still the main industries we focus on this year. In the Regional Reports, it introduces the development of culture finance in Beijing, Shenzhen, Nanjing and Ningbo.

In view of the trend of unified planning and overall consideration of culture and tourism, this report sets up "Special Reports" and includes a report on the theme of "financial policy of culture and tourism industry in China".

目 录

Ⅰ 总报告

Ⅱ 市场篇

Ⅲ 行业篇

Ⅳ 区域篇

Ⅴ 专题篇

CONTENTS

I General Report

II Market Reports

Ⅲ Industry Reports

Ⅳ Regional Reports

Ⅴ Special Reports

总 报 告

General Report

B.1 2019年中国文化金融：站在十年成长的时间节点

金 巍　杨 涛*

摘　要： 2019 年经济和金融发展环境更加复杂、严峻，文化产业增长保持较高速度。在金融供给侧结构性改革的背景下，文化产业受益于服务实体经济、服务民营经济以及进一步改革开放的深入，同时在局部受到一定政策压力，使股权融资和债券融资领域空间收窄。虽然文化金融政策有进一步细化，文化金融工作取得较大成绩，但文化金融市场表现并不容乐观，年终岁初的新冠肺炎疫情又陡增不确定性因素。2019 年是文化金融发展成长期的第十个年头，2019 年的文化金融发展在

* 金巍，国家金融与发展实验室文化金融研究中心副主任，北京立言金融与发展研究院文化金融研究所所长，文化金融 50 人论坛秘书长。杨涛，国家金融与发展实验室副主任，北京立言金融与发展研究院院长，中国社会科学院金融研究所研究员，博士研究生导师。

债权、股权、风险管理等领域的情势有较大差异，股权领域较为惨淡。报告还对行业视角的文化金融情况以及主要典型城市的文化金融发展情况做了概括。作为建言，报告在总结十年发展现状的基础上，从当前紧迫需要、服务体系构建和国家战略要求三个方面提出了文化金融发展政策方面的新关注点。

关键词： 文化金融　文化产业　典型城市

一　2019年文化金融发展环境及相关政策

（一）经济、金融与文化产业发展

1. 经济与金融发展平稳，但形势愈加严峻

2019 年世界经济持续下滑，我国经济形势变得更加复杂。在政府、企业和社会各界的努力下，我国经济增长速度虽然稳中有降，但处于可控可承受的范围，我国仍旧是世界上表现最好的大型经济体。根据国家统计局发布的公报，2019 年我国“经济运行总体平稳，发展水平迈上新台阶，发展质量稳步提升”。初步核算，全年国内生产总值 990865 亿元，比上年增长 6.1%。其中，第一产业增加值 70467 亿元，增长 3.1%；第二产业增加值 386165 亿元，增长 5.7%；第三产业增加值 534233 亿元，增长 6.9%。[①]

2019 年，我国在坚持金融工作服务实体经济、防控金融风险、深化金融改革三大任务的基础上，提出了深化金融供给侧结构性改革的要求，加大了金融改革开放的力度。习近平总书记在 2019 年 2 月 22 日中共中央政治局

① 《中华人民共和国 2019 年国民经济和社会发展统计公报》，国家统计局官网，http://www.stats.gov.cn/tjsj/zxfb/202002/t20200228_1728913.html，2020 年 2 月 28 日。

就完善金融服务、防范金融风险举行第十三次集体学习中指出，深化金融供给侧结构性改革必须贯彻落实新发展理念，强化金融服务功能，找准金融服务重点，以服务实体经济、服务人民生活为本。①

根据国家统计局发布的数据，2019 年，我国全年社会融资规模增量为 25.6 万亿元，比上年多 3.1 万亿元；年末社会融资规模存量为 251.3 万亿元，比上年末增长 10.7%，其中对实体经济发放的人民币贷款余额为 151.6 万亿元，增长 12.5%。全年发行公司信用类债券 10.71 万亿元，比上年增加 2.92 万亿元。全年保险公司原保险保费收入为 42645 亿元，比上年增长 12.2%。② 证券交易所和全国中小企业股转系统市场的股权融资和债券融资稳中有升。③

2020 年初，经济形势和金融发展受到前所未有的挑战，新冠肺炎疫情使我国经济陷入短期困境，固定资产投资下降，消费和进出口也受到了极大的打击④，2020 年第一季度国内生产总值同比下降达到 6.8%。疫情在世界也形成“全球大流行”的态势，使 2019 年本已很严峻的国际政治经济形势雪上加霜。

2. 文化产业发展保持较高增长速度

2018 年国家统计局发布《文化及相关产业分类（2018）》，文化产业统计标准有所变化。根据国家统计局 2020 年 1 月发布的数据，经核算，2018

① 《习近平：深化金融供给侧结构性改革　增强金融服务实体经济能力》，http：//www.xinhuanet.com/politics/leaders/2019－02/23/c_1124153936.htm，2019 年 2 月 23 日。

② 《中华人民共和国 2019 年国民经济和社会发展统计公报》，国家统计局官网，http：//www.stats.gov.cn/tjsj/zxfb/202002/t20200228_1728913.html，2020 年 2 月 28 日。

③ 全年沪深交易所 A 股累计筹资 13534 亿元，比上年增加 2076 亿元。首次公开发行 A 股股票 201 只，筹资 2490 亿元，比上年增加 1112 亿元，其中科创板股票 70 只，筹资 824 亿元；A 股再融资（包括公开增发、定向增发、配股、优先股、可转债转股）11044 亿元，增加 964 亿元。全年各类主体通过沪深交易所发行债券（包括公司债、可转债、可交换债、政策性金融债、地方政府债和企业资产支持证券）筹资 71987 亿元，比上年增加 15109 亿元。全国中小企业股份转让系统挂牌公司 8953 家，全年挂牌公司累计股票筹资 265 亿元。

④ 根据国家统计局数据，2020 年 1～2 月全国固定资产投资（不含农户）下降 24.5%，其中文化、体育和娱乐业下降 23.1%。1～2 月，社会消费品零售总额为 52130 亿元，同比名义下降 20.5%。

年全国文化及相关产业增加值为41171亿元，占GDP的比重为4.48%，比上年提高0.22个百分点。按行业大类分，2018年文化制造业增加值为11999亿元，占文化及相关产业增加值的比重为29.1%；文化批发和零售业增加值为4340亿元，占比为10.6%；文化服务业增加值为24832亿元，占比为60.3%。①

自2012年开始，我国经济进入“新常态”，增速减缓，而文化及相关产业增加值的增长率也开始下降，走出早期的不稳定的高增长状态，基本保持在11%～13%，但仍远远高于国内生产总值增长率。这个时期文化及相关产业对规模增长、结构调整、创新驱动均有内在需要，表现出“经济新常态”时期的新特征。2018年较前一年有18.6%的增长，但其中包含经过经济普查及统计标准调整的因素②（见图1）。

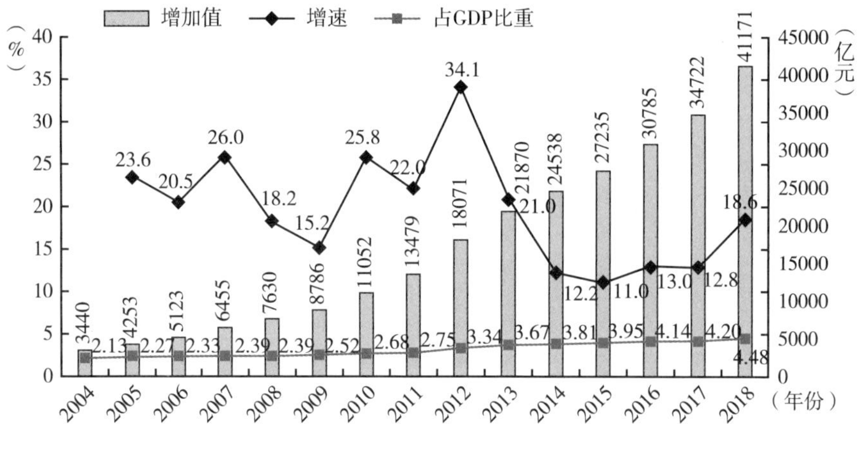

图1　2004～2018年文化及相关产业增加值

数据来源：根据国家统计局公布数据整理。

① 《2018年全国文化及相关产业增加值占GDP比重为4.48%》，国家统计局官网，http://www.stats.gov.cn/tjsj/zxfb/202001/t20200121_1724242.html，2020年1月21日。

② 根据国家统计局报告，第四次全国经济普查后，对2017年国内生产总值和全国文化及相关产业增加值进行了修订，故比重相应有所调整。

从国家统计局发布的全国文化及相关产业企业营业收入数据看①，2019年我国文化产业发展处于平稳增长的空间，实现营业收入86624亿元，比上年增长7.0%。根据往年数据测算，在产业增加值上仍可保持较高增长速度。

根据国家统计局数据，2019年我国文化及相关产业9个行业企业营业收入全部实现正增长。新闻信息服务、文化投资运营、创意设计服务分别增长23.0%、13.8%、11.3%，增速均超过10%②；文化投资运营和文化娱乐休闲服务增速由负转正，其中，文化投资运营由上年下降0.2%转为增长13.8%；文化娱乐休闲服务由上年下降1.9%转为增长6.5%。

（二）文化金融相关政策

1. 金融供给侧结构性改革背景下金融政策的影响

2019年我国金融政策总体上对文化金融发展是有利的。2019年2月22日，中共中央政治局就完善金融服务、防范金融风险举行第十三次集体学习，提出了“深化金融供给侧结构性改革”的任务，这成为2019年金融工作和金融改革的总基调。金融服务实体经济的方向使文化企业受益，防控金融风险能够创造良好的金融环境，但这些还需一段时间体现出来。中央政府对民营企业的金融服务工作更加重视，对文化产业来说也是利好。2019年2月14日，中共中央办公厅、国务院办公厅印发《关于加强金融服务民营企业的若干意见》。随后，中国银保监会发布《关于进一步加强金融服务民营企业有关工作的通知》（银保监发〔2019〕8号）。2019年，我国采取了取消QFII和RQFII额度限制、明确取消券商等外资股比限制时点等措施，在金融开放领域的政策有了更大的力度，使我国整体金融体系面临新的发展环境，文化金融发展也面临更大的机遇和挑战。

---

① 由于经济普查和统计标准的改变，我国文化企业营业收入较2018年有一定的缩水。2018年我国文化企业实现营业收入89257亿元，比上年增长8.2%。

② 《2019年全国规模以上文化及相关产业企业营业收入增长7.0%》，国家统计局网站，http：//www.stats.gov.cn/tjsj/zxfb/202002/t20200214_1726365.html，2020年2月14日。

金融风险管控中的一些政策在具体实施中对文化金融发展形成了一定的限制，如资产证券化监管对电影和文化主题公园等行业的影响。2019 年 4 月 19 日，中国证监会发布《资产证券化监管问答（三）》。其中规定："对于电影票款、不具有垄断性和排他性的入园凭证等未来经营性收入，不得作为资产证券化产品的基础资产现金流来源。"上市公司再融资业务是金融监管部门重点关注的风险领域，2017 年以来连续出台监管政策，再融资规模显著下降。2019 年 7 月 5 日，中国证监会发布《再融资业务若干问题解答》，对再融资市场提出了更高的要求。其中明确要求："上市公司……募集资金应服务于实体经济，符合国家产业政策，主要投向主营业务，原则上不得跨界投资影视或游戏。"这一要求显然是对 2015 年以来影视行业并购和资产重组过热的强力回应，但影视行业毕竟规模小、抗打击能力弱，这一政策使已经在资本市场捉襟见肘的影视企业更加困难。

2.《文化产业促进法》的制定有利于文化金融进一步发展

文化金融政策起到较好的产业推动作用，在十年来出台的各类文化金融政策中，一些证明有积极意义并有效的政策正逐步上升为法律法规以固化下来。《文化产业促进法》正在推动制定并进入送审阶段，这对于文化金融政策的未来走向有积极的意义。

《文化产业促进法》推进工作历经多年，终于在 2019 年加快了脚步。2019 年 6 月 28 日，文化和旅游部发布《文化产业促进法（草案征求意见稿）》；不到半年，司法部于 2019 年 12 月 13 日发布了《文化产业促进法（草案送审稿）》。这是一个文化经济政策法定化、法律化的过程，具有划时代的意义。对于文化金融发展来说，这一法律的出台，以法律形式对文化金融发展十年来形成的文化金融政策的成就予以固化并有所升华。

《文化产业促进法》用一章的篇幅在"金融财税扶持"方面做了法律规定，包括金融服务体系、间接融资、直接融资、保险服务、消费金融、用汇保障、财政扶持、文化资本投资、税收扶持等九个方面。这表明我国多年来以文化财政、文化税收、文化金融为主的文化经济政策方向是正确的。《文化产业促进法》中关于“国家建立健全多层次、多元化、多渠道的文化产业金融服务体系”的表述，规定了文化金融总体上的国家义务和政府责任，有利于文化金融向体系化、系统化、生态化、产业化的方向发展。

《文化产业促进法》中还有其他一些与文化金融相关的内容，主要是以下几个方面。一是与文化金融基础设施相关的，包括文化市场诚信体系和文化企业无形资产评估、登记、托管、流转体系两个领域，这为构建文化金融基础设施提供了法律保障，有利于推动新时期文化金融的高质量发展。二是与文化中介服务体系相关的，规定“国家鼓励发展文化中介服务，健全文化经纪代理、评估、法律服务、鉴定、公证、投资、保险、担保、拍卖等中介服务机构”。三是文化产品和要素市场。规定“国家培育和发展各类文化产品和要素市场，消除地区分割和行业壁垒，鼓励建设传输便捷、互联互通、城乡贯通、安全可控的文化传播体系，促进文化产品和人才、产权、技术、信息等文化生产要素合理流动”。

3. 文化金融政策推动文化体制改革和文化产业发展

文化金融在文化体制改革中继续发挥作用。2018 年 12 月 18 日，国务院办公厅发布了《关于印发文化体制改革中经营性文化事业单位转制为企业和进一步支持文化企业发展两个规定的通知》（国办发〔2018〕124 号），执行期限为 2019 年 1 月 1 日至 2023 年 12 月 31 日。其中《进一步支持文化企业发展的规定》对投资和融资做了详细的规定。

在 2019 年国家相关部委发布的一些文化发展或文化经济政策中，文化金融相关内容依旧是其中的重要组成部分。2019 年 8 月 23 日，国务院办公厅发布《关于进一步激发文化和旅游消费潜力的意见》，规定：“在依法合规的前提下鼓励发行文化和旅游消费联名银行卡并给予特惠商户折扣、消费分期等用户权益。拓展文化和旅游消费信贷业务，以规范发展为前提创新消费信贷抵质押模式，开发不同首付比例、期限和还款方式的信贷产品。”2019 年 8 月 11 日，国家广播电视总局印发《关于推动广播电视和网络视听产业高质量发展的意见》，其中规定要“建立产业与金融市场对接机制”[①]。

在一些地方性文化经济政策中，文化金融作为重要内容得到进一步深化。如2019年中共广东省委宣传部、广东省文化和旅游厅印发的《广东省关于加快文化产业发展的若干政策意见》，北京市出台的《关于推动北京影视业繁荣发展的实施意见》《北京市超高清视频产业发展行动计划（2019～2022年)》等。

文化与旅游部成立后，作为国家文化金融政策制定的牵头单位，在政策制定上，呈现“文”“旅”两个方面统一考虑、通盘规划的趋向。在文化产业和旅游产业这两个产业并进并存、统一管理的基础上，各级政府需要考虑在公共政策制定和执行上如何统筹、协调和管理，那么将原有的文化金融和旅游产业金融有机结合，也是较为重要的工作。如在政策上，2019年8月23日国务院办公厅发布了《关于进一步激发文化和旅游消费潜力的意见》，2019年8月中国人民银行兰州中心支行、甘肃省文旅厅、甘肃银保监局、甘肃证监局联合出台了《关于金融支持甘肃文化旅游产业加快发展的意见》等。各地新成立的相关服务中心在文旅融合上有所体现，如宁波市成立“文旅金融服务中心”、中山市成立“文化旅游产业金融服务中心”。

国家文化与金融合作示范区工作在2019年有了突破，这一在2014年就提出的政策内容终于落了地，北京市东城区和宁波市被批复创建国家文化与金融合作示范区，创建周期为两年。

① 具体内容为：探索建立广播电视和网络视听产业发展联盟，搭建体现广电特色的投融资平台，发挥政府引导作用，建立企业主体和金融机构的供需对接机制。鼓励各类金融机构组建广电专业团队，搭建广电专业孵化平台，创新广电金融产品和服务，加大对广电企业、广电项目的金融支持力度。鼓励广电企业主动对接金融市场，有针对性地在各类资本市场融资，加强与银行、基金、保险、担保、融资租赁等机构合作，解决资金需求。鼓励广播电视和网络视听旗舰企业发起设立股权投资基金，积极参与市场并购重组。优先支持符合条件的广播电视和网络视听企业整合优质经营资源上市融资，尽快利用资本市场做强做大。积极指导广电小微企业利用“双创”平台完善发展条件，走“专、精、特、新”发展道路。鼓励引导私募股权投资基金、创业投资基金进入政策许可的领域，加大对小微企业高成长性初创项目的融资支持。

二 2019年文化金融发展基本情况

（一）工具视角的文化金融发展情况

文化产业的银行信贷是文化金融市场的主要组成部分。近年来，银行业金融机构积极开发适合文化产业特点的信贷产品，建立文化金融专营部门，加强文化产业信贷专业人才队伍建设，加强与政府文化相关机构、文化金融中介机构沟通协作，文化产业银行贷款余额保持高增长态势；但2018～2019年，银行在专属产品创新方面大大趋缓，新的文化产业信贷产品创新寥寥无几。很多银行尝试在产品创新、组织创新和服务创新方面有所突破，主要银行都开展了相关业务。[①] 2019年文化和旅游产业金融领域的部行合作、政银合作进一步深化，如2019年3月11日文化和旅游部与中国银行签订《推动文化和旅游高质量发展战略合作协议》；2019年4月12日文化和旅游部联合中国工商银行等六大银行启动2019年全国优选文化和旅游投融资项目的推荐遴选工作等。在地方，如2019年7月23日北京银行与北京市文化和旅游局签订了《支持文化和旅游产业高质量发展全面战略合作协议》，并发布了“文旅贷”金融服务行动计划。

2019年文化产业债券市场发展呈现跳跃式增长，但结构性问题依旧突出，文化产业内各行业之间差异较大。根据Wind数据库的数据估算，2019年文化产业债券发行规模较上年增长128%，发行数量达到119只。以新闻和出版业、造纸和纸制品业、广播电影电视和影视录音制作业等为代表的重资产类文化行业的融资规模占整个文化产业融资规模的比重大且增速快，它们是2019年文化产业债券市场融资规模增长的主要构成部分。少数文化企

① 根据中国银行业协会的一项调研，2010～2019年，在调研的30家银行中发行文化产业信贷产品的有23家，占比为76.67%，23家银行共发行47款文化产业信贷产品；与政府文化相关部门签署合作协议的有24家，占比为80%；成立文化金融专营机构的有23家，占比为76.67%；设立文化特色支行的有20家，占比为66.67%。

业的债券融资规模占整个行业融资规模的比重非常大，中小文化企业仍然很难通过债券市场实现融资。文化产业债券种类丰富，随着国家对资产支持证券（ABS）的鼓励，文化企业利用资产支持证券的数量大幅增加。文化和旅游部将文化产业专项债券和旅游产业专项债券纳入共同的活动计划。2019年，文化和旅游部联合国家发改委和地方文旅厅（局）在四川、深圳、吉林等地举办了多场“文化和旅游产业专项债券及投资基金融资对接交流活动”。

在股权资本市场方面，新增IPO上市文化企业数量在波动中增长。新元文智－文化产业投融资大数据系统（文融通）数据显示，截至2019年底，我国境内外IPO上市文化企业数量累计达348家，涉及资金规模高达2794.95亿元。其中，2019年，我国A股市场IPO过会率提升明显，境内外IPO上市文化企业数量达到35家，但融资规模有所回落，为245.73亿元，同比下降36.44%。2019年，我国文化产业IPO首发融资主要集中在文化传播渠道、创意设计服务两个领域，融资规模合计占49.63%。2018年我国上市文化企业再融资规模下降幅度较大，2019年全年共计发生融资案例82起，涉及资金规模为1186.36亿元，与2018年规模基本相当，仍处于较低的规模水平。

经过几年的迅猛发展，我国文化产业私募股权市场已经进入非常特殊的时期。根据新元文智－文化产业投融资大数据系统（文融通）以及清科私募通等的数据，2018年我国文化产业私募股权融资已经呈现“资本寒冬”态势，而2019年的形势更加严峻。2019年文化产业私募股权市场规模同比下降44.71%，融资金额为637.13亿元；事件数量同比下降43.49%，为447起，是近十年来的首次“双降”。与PE渠道融资相比，创投渠道融资下降更加剧烈，降幅达到80%。在地域和行业分布上，北京是吸纳私募股权投资资金最多的省份，互联网文化娱乐平台等行业依旧受到资本的青睐。2019年，股权众筹市场近乎停摆，融资事件仅有1起，融资金额为297万元，在股权类融资中的影响甚微。

我国文化产业进入转型升级的重要时期，对风险管理和保险服务的需求不断增加。2019年，保险公司在文化产业相关产品创新上有所突破，如平安保险在“完片保险”上的落地、泰康在线推出的“臻品有约”艺术品收藏保险等。经过多年的发展，文化产业与保险业之间逐步展开深度融合，除了产品创新以外，“保险 + 服务”双轮驱动的新文化保险业务模式也开始有所进展，但文化产业保险市场规模仍处于较低的水平。

（二）行业视角的文化金融发展情况

2019 年，中国电影市场新主流电影逐渐崛起，电影观众与市场日趋成熟，全年实现票房收入 642.66 亿元，较上年同比增长 5.4%。影视公司在银行信贷方面保持一定的增长，但私募股权市场经历了 2016 年以来的电影投融资市场持续退潮，2019 年已经基本探底。在私募股权投资市场，涉及影视题材的事件数和融资额都仅为 2016 年的 1/10。影视行业上市公司惨淡形势持续，2019 年整个影视行业上市公司市值平均下降 72%，整体市值不足此前的 1/3。印纪传媒退市成为 2019 年影视行业上市公司状态的一个典型事件。

2019 年，中国艺术品市场总成交额为41 亿美元，比2018 年下滑了9%。[①] 我国内地拍卖市场以书画和古董为主，成交额较 2018 年有所下降，但成交率有了较大提升，表明拍卖市场近几年“缩量增质”策略已初显成效。随着居民收入的增加，艺术品在居民财富管理中的地位受到更多的重视。金融科技在艺术品金融领域的应用有一定的进展。但我国艺术品市场的生态结构问题依旧很突出，画廊缺位严重，传统金融行业对艺术品金融业务参与度越来越低。

传媒产业是文化产业中内容性较强的类型，包括传统媒体产业和新媒体产业。[②] 其中图书行业资本市场的表现为二级市场活跃度大于一级市场。2019 年，我国图书行业有 2 家企业挂牌新三板，1 家企业 IPO，2 家企业发行了 9 只债券融资；一级市场有 1 起股权融资案例但无并购案例。剧集行业

① 参见 2020 年 2 月 Artprice 与中国雅昌艺术市场监测中心（AMMA）共同发布的《2019 年度全球艺术市场报告》。

② 按照《文化及相关产业统计分类（2018）》，传媒产业包括新闻信息服务大类、内容生产大类的一部分、文化传播渠道大类的一部分。

资本市场呈现明显的一二级分化——二级市场惨淡而一级市场则呈现明显的回暖。短视频行业作为目前的移动互联网第二流量高地，已基本进入应用成熟期，形成由抖音和快手构成第一梯队的“两超多强三梯队”竞争格局，存量厮杀会更加激烈。游戏行业的国内存量用户市场已经趋于饱和，市场增速的提高更多地借助于游戏品质的提高，而发行渠道的洗牌会加速这一过程。

我国创意设计服务业[①]规模稳步扩大，近年来受资金市场的青睐度越来越高。新元文智－文化产业投融资大数据系统（文融通）数据显示，2019年，我国创意设计服务业共计流入资金198.03亿元，融资规模居于文化产业前列。其中，私募股权融资为最重要的资金来源渠道，以85.80亿元的融资额占比四成多；上市首发融资、上市再融资两个渠道融资额均呈增长态势，对创意设计服务业的支撑作用越发明显；债券、信托、众筹渠道涉及的资金规模虽然有所下滑，但资本运作越发频繁。

（三）典型城市文化金融发展情况

文化金融发展以文化产业为基础，我国文化金融发展较好的地区都集中在东部发达地区的一些主要城市。北京、深圳、南京、宁波等城市是近年来我国文化金融发展中的典型代表。

北京市的文化金融发展一直处于领先的地位。随着文化产业在经济发展中的重要性日益凸显，北京市文化与金融产业间的联系日趋紧密。根据北京市统计局发布的数据，2019年规模以上文化产业法人单位收入为12849.7亿元，比2018年增长8.2%。据新元文智－文化产业投融资大数据系统（文融通）统计，2019年北京市通过主要资本渠道流入文化产业的资金为725.51亿元，总规模比2018年下降12.33%，其中私募股权融资贡献最高，融资规模

① 按照《文化及相关产业统计分类（2018）》，保留原“文化创意和设计服务”大类，包含内容有所调整。把原“文化软件服务”中类的内容移至“内容创作生产”大类中，作为“数字内容服务”中类的一部分。该大类修订后包括“广告服务”和“设计服务”2个中类，名称修改为“创意设计服务”。

全国领先。总规模占全国流入总规模的比重比上年提高 2.52 个百分点，占比为 25.41%。在政策方面，2019 年，北京市发布了《关于推动北京影视业繁荣发展的实施意见》《北京市超高清视频产业发展行动计划（2019～2022年）》等多项针对细分领域投融资发展的措施，进一步加大了支持文化金融发展的深度及广度。北京“投贷奖”联动服务体系成果显著，截至 2019 年 11 月 4 日，“投贷奖”平台入驻了 14437 家企业，收集了 346 种融资产品；并受理了 1622 笔融资申请，对接 344.96 亿元融资。北京市成立了上市培育基地以开展服务，文化与资本对接工作逐步取得成效。2019 年，北京市东城区获批创建国家文化与金融合作示范区。

深圳市文化产业发展处于全国的前列，文化金融发展也取得较大的成绩。近年来受大环境影响，深圳文化金融发展势头有所减弱，但深圳仍是全国最具创新力的文化金融中心城市。2019 年，深圳修订完善了《深圳市关于加快文化产业创新发展的实施意见》。2019 年深圳文化金融在曲折中前进，整体保持平稳发展态势。深圳市积极开展服务创新，推动文化体制改革，审批事项大幅减少。成立了媒体资产托管运营平台等多个文化艺术资产托管运营平台，成立了文化艺术品版权区块链应用基地、文旅区块链应用中心等区块链应用平台，推动金融科技在文化金融领域的应用。深圳市建立了多家文化产业特色银行，积极创新文化产业保险。深圳市文化行业上市公司数量处于全国前列，而且实力较强。截至 2019 年底，深圳共有文化行业上市公司 34 家，其中 A 股 23 家，港股 9 家，美股 2 家。代表性文化公司有腾讯控股（游戏）、腾讯音乐（互联网文娱）、华侨城（旅游）等。受大环境影响，2019 年文化产业股权融资领域有较大降幅。数据显示，2019 年，深圳文化产业私募股权融资 84.09 亿元；三家公司 IPO，实现融资 22.95 亿元；上市公司定增融资 9.6 亿元；新三板定增融资 1.01 亿元，为历史最低。分行业看，互联网文化产业发展势头强劲，不论是私募股权还是新三板市场，互联网文化产业融资规模远远高于传统文化产业。

南京市积极探索金融服务中小微文化企业的“南京模式”，通过强化顶层设计引导、推动金融工具协同发力、促进专业平台高效赋能、深化模式和业态创新等实践在文化金融发展方面取得了较好的成效。截至2019年，南京市文化改革发展领导小组先后三批招标遴选并授牌10家银行为南京文化银行，为文化企业提供信贷服务；确定了南京银行、南京市科技创新融资担保管理有限责任公司、南京紫金融资担保有限责任公司等6家合作机构为中小微文化企业提供融资增信、融资担保服务。文化小贷已经累计发放贷款41.6亿元，发放贷款6163户（笔）。为互通融资信息和需求，解决企业和金融机构之间信息不对称的问题，文化金融服务中心构建了一键式信息服务网络，2019年累计吸收3067家文化企业加入数据库。

宁波市的民营经济较为发达，文化企业中民营企业和中小微企业占绝大多数。2014年起，为破解文化企业“融资难、融资慢、融资贵”难题，宁波充分发挥区域文化产业发展快、民营资本活、金融生态好等优势，深入推进文化与金融合作，构建完善的文化金融生态供应链，文化与金融合作创新走在国内同类城市前列。至2019年底，各金融机构累计开发文化金融创新产品超过200项，总计为近万家文化企业和百余个文化重点项目提供了融资服务。通过信贷风险补偿机制受理发放的信用贷款逐年递增，2019年超过了1亿元。文创小额贷款公司累计发放贷款超过2亿元。全市有8家上市文化公司，累计在资本市场和银行间债券市场共募得资金100多亿元；新三板挂牌文化创意企业共24家，总资产180亿元，其中民营企业占比83%；区域股权交易市场挂牌企业170家。宁波市财政出资2亿元设立文化产业基金，另外还有4只专注于文化产业投资的民营基金，资金总规模为10亿元。推广小额信贷保证保险服务，客户免抵押免担保，只需通过保单即可获得低成本融资，解决无固定资产抵押的文创企业融资难问题。人保财险、太保财险等保险公司累计承保文创型中小企业42家，承保金额7390万元。2019年12月，宁波获批创建首批国家文化与金融合作示范区。以创建国家文化与金融合作示范区为契机，宁波市成立了文旅金融服务中心。

三　2009～2019年文化金融发展十年回顾与总结①

2009年，我国发布《文化产业振兴规划》，要求“加大金融支持”，首次在国家战略层面较完整地规定了金融支持文化产业的内容。可以说，《文化产业振兴规划》的发布是我国文化金融发展进入成长期的起点，从那时至今，文化金融已经发展整整十年了。十年来，我国文化金融发展取得了很大的进步，概括起来有五个方面。

（一）市场规模：高速增长并极大地推动了文化产业发展

十年来，文化金融市场实现了高速增长，为文化产业提供了较好的金融服务，实现了较好的资金融通、风险保障等功能。在银行信贷、债券、上市公司融资、私募股权基金市场等各个方面，市场规模都在这十年间实现了飞跃。文化产业贷款余额已经接近万亿元，债券发行规模超过400亿元，上市公司融资和私募股权融资均一度超过千亿元规模。虽然由于统计口径不同，还无法把各个领域的数据统合到一起，文化产业融资规模这个指标也会有不同的数字呈现，但有一点是肯定的：通过这些指标可以看到，文化金融作为一种业态发展较快，而且对文化产业的发展起到了至关重要的推动作用。文化产业增加值在整体经济进入“新常态”的背景下处于中高速稳定增长时期，包括“十三五”时期，均未出现大幅度持续下降态势，而是增速稳定在了11%～13%这个区间，这得益于文化金融发展的强力推动作用。即便是这两年在股权投资市场出现了较大的滑坡，但前几年投入的私募股权投资还在起作用。

2009～2016年是文化金融成长期的第一个阶段，是快速发展和不断创新的阶段。这一阶段文化产业的融资规模达到了顶峰。由于金融监管趋紧等外部因素的影响，文化金融从2017年起进入成长期的中期阶段。这一时期

① 本部分选编自金巍《文化金融十年：在创新与变革中成长》（《当代金融家》2019年第12期），有删减。

由于文化产业贷款余额和债券规模仍有所增长，总体上看仍呈现稳定态势，但局部波动剧烈，尤其在股权投资领域。

（二）产品与机构：进入文化金融初步专业化时期

文化金融产品创新的主要形式包括：以文化企业信用为基础设计产品；以文化资产为基础设计产品；以文化企业收益权、所有权为基础设计产品等。银行、信托、保险、融资租赁、融资担保等机构都有专门的文化金融产品设计并应用于市场。根据中国银行业协会的一项调查，在受调查的111家银行中，有40%以上的银行发行了文化产业相关创新信贷产品，主要种类有文创贷、影视贷、文化贷、大师贷、知识产权质押贷款、版权质押贷款、商标权质押贷款、艺术品质押贷款、股权质押贷款等。文化产业信贷创新产品加权不良贷款率为0.32%，明显低于同期银行业整体不良贷款率1.74%。在文化产业保险产品方面，除了演艺活动财产保险、演艺活动公众责任保险、演艺活动取消保险等11个试点险种以外，还有多种产品创新。十年来，保险行业正在针对演艺、动漫、影视、艺术品、会展等细分行业的特定风险，逐步探索构建文化保险产品体系。

这十年，金融机构参与文化产业投资的密度明显增强，很多银行成立了文化产业特色支行、专营支行等。2013年10月，杭州银行设立了全国首家文创金融专营机构。此后，光大银行、包商银行、青岛银行、北京银行、华夏银行、浦发银行、西安银行、江苏银行等纷纷设立了专营机构。中国民生银行、杭州银行、北京银行等较早设立了事业部制专门机构以服务文化产业。在金融领域出现了少量的文化融资租赁、文化融资担保、文化小贷等专门服务于文化产业的金融机构。经过多年发展，在金融机构和文化企业领域，已经开始出现一批既懂金融也懂文化产业的专业人才。

（三）资本市场：较为充分地利用多元化多层次资本市场

除了银行信贷外，文化企业已经能够较为充分地利用多层次股权资本市场。根据Wind数据库估算，在信用债的证监会行业分类下，我国文化产业债券发行规模在2018年达到了465.96亿元，而同一口径下，2012年文化产业债券发行规模只有39.5亿元，年均增长率为50.87%。

我国政府鼓励文化企业通过上市进行融资，我国已经有200多家文化企业在深交所和上交所的主板、创业板上市。文化类上市公司通过IPO和定增获得了更多的融资，成为资本市场一个重要的题材板块。2011年，我国文化类上市公司股权融资规模只有234.82亿元，利用股权融资的文化企业只有23家；而2016年，融资规模高达1448.9亿元，企业也达到了89家。在新三板挂牌的文化企业数量约占总数量的13%；一些区域性股权市场开始向文化企业提供专门服务，设置了“文创板”或“文旅板”；“中证报价系统”这样的场外市场也关注文化产业，与相关部门进行了合作。十年来，我国私募股权基金在文化产业投资的热度一度出现“过热”的局面，我国投资文化产业的私募股权投资基金有较大增长，基金管理规模、年募资金额、年投资金额都呈现高速增长趋势，2016年达到了一个高峰。

值得关注的是，2017年之后，文化产业融资结构中占较大增量比重的股权融资部分呈现急速下滑的态势。金融监管环境趋严，一方面正在挤出非理性增长的成分，但另一方面也在一定程度上抑制了市场投资热情。上市公司股权融资规模近乎“腰斩”。从整体数据看，可以认为，我国的文化产业融资趋势正在脱离正常的社会融资平均水平。文化产业融资结构中，虽然股权融资比例或直接融资比例处于较高的水平上，但由于总量上的低水平，目前这个比例的意义并不大。

（四）制度供给：形成文化金融政策体系雏形

2009年，《文化产业振兴规划》出台的背景之一是2008年波及全球的金融风暴，对我国的进出口甚至整体经济都造成了巨大的影响，文化产业作为振兴经济的一个选项被重视起来。十年之间，由于这种经济战略的需要，金融与文化产业的关系被重视起来。《文化产业振兴规划》的主要内容包括银行业、担保和再担保、企业上市融资、上市后再融资（公开增发、定向增发）、企业债券等方面。此后，我国中央政府和地方政府发布了一系列较有影响力的文化金融专门政策文件，其中最重要的有两部：一是2010年中宣部、中国人民银行、文化部等九部门联合印发的《关于金融支持文化产业振兴和发展繁荣的指导意见》，二是2014年文化部会同中国人民银行、财政部出台的《关于深入推进文化金融合作的意见》。作为全国性文化金融专门政策文件，其内容奠定了我国文化金融政策的基本框架。

我国的文化金融发展具有很强的中国特色，体现了后发国家以政策推动产业发展的政府意志，这是我国文化金融发展区别于主要资本主义发达国家文化金融发展的特征之一。经过十年发展，我国文化金融政策已经具备了体系化的雏形，主要体现在总体文化政策及金融政策、文化经济政策、文化金融专门政策等几个层面。在政策推动下，文化产业的各个行业都积极进行投融资实践，资本市场爆发出极强的活力，文化产业融资渠道日益丰富，呈现政策驱动与市场创新联动、整体规划与分业实践共举的局面。近几年，金融监管趋严，对文化金融发展形成了一定的压力，文化金融进入创新和规范发展并重时期。金融既要服务实体经济，又要防范风险、加强监管，还要改革开放，文化金融发展遇到了极为需要平衡智慧的局面。

（五）技术变革：互联网与金融科技的影响持续

从2012年起，技术的进步，尤其是互联网信息技术、数字技术的变革对文化金融的影响逐步增强。近年来，从互联网金融到金融科技，金融体系的技术变革风起云涌，金融监管部门正在大力推动大数据、云计算、人工智能等金融科技的发展。大数据、云计算、人工智能和区块链技术对文化金融的影响，一方面表现为通过改造金融体系而影响文化金融，另一方面表现为正在形成全新的文化金融服务模式、平台，出现以金融科技为核心竞争力的文化金融服务企业。比较典型的有文化企业征信领域的大数据应用、文化资产领域的云计算应用、财富管理领域的人工智能应用、版权管理领域的区块链应用等。

2019年8月，中国人民银行发布了《金融科技发展规划（2019～2021年）》，这是技术推动金融体系变革的里程碑事件。2019年10月24日中央政治局集体学习区块链之后，“把区块链作为核心技术自主创新的重要突破口，加快推动区块链技术和产业创新发展”的精神正在被贯彻，金融科技正处于高速发展的最好时期。2019 年是金融科技与文化金融的关系承前启后的一年，在今后很长一段时期，金融科技变革将成为文化金融发展的主题之一。

四　建言：当前文化金融发展政策的新关注点

2016 年以来，我们对文化金融发展趋势有三个宏观上的研判①，这些趋势在 2019 年仍然在延续。有所变化的是，金融严监管周期下规范与创新不平衡，规范有余，创新不足，文化金融市场不容乐观，而突发的新冠肺炎疫情使形势更加严峻。基于文化金融发展现状和趋势以及 2020 年开年疫情的特殊情况，文化金融发展政策如何继续高质量推动文化经济发展？其中已经出现一些新的焦点值得重点关注，这些新的关注点可从当前紧迫需要、服务体系建设、国家战略要求等方面来分解。

（一）当前紧迫需要：应对疫情困局，重振股权融资市场

1. 关注疫情下的文化企业复工复产及文化生产体系修复问题

2020 年初开始的新冠肺炎疫情，已对我国文化产业形成沉重的打击，其中影视、演艺、文旅、会展等行业受到的影响最大。2020 年 2 月 1 日，中国人民银行、财政部、银保监会、证监会、国家外汇局等五部门联合印发《关于进一步强化金融支持防控新型冠状病毒感染肺炎疫情的通知》。全国各地已经出台的应对疫情且支持小微企业、稳定经济、稳定就业的政策都对文化企业有较大的支持，如 2 月 7 日山西省发布的《关于应对疫情支持中小企业共渡难关的若干措施》等。同时，有些地方也专门出台帮助文化企业或文旅企业纾困解难的政策，其中金融财税扶持是最重要的内容，如 2020 年 2 月 19 日发布的《北京市文化改革和发展领导小组办公室关于应对新冠

① 参见《中国文化金融发展报告（2017）》，具体内容为：一是文化金融发展进入创新与规范发展平衡期；二是文化、科技、金融形成“三元动力结构”，相互作用共同推动文化产业发展；三是文化金融推动文化产业融入国民经济大循环，成为新文化经济时代的重要推手。

病毒肺炎疫情影响促进文化企业健康发展的若干措施》等。北京发布的《北京市关于加强金融支持文化产业健康发展的若干措施》是在新冠肺炎疫情背景下发布的地方文化金融专门政策。

疫情之下，文化企业已经形成巨大的成本压力，很多企业事实上已经不可能坚持下去。由于我国疫情已经基本受到控制[①]，复工复产成为当前最为紧要的工作。更重要的是文化生产体系修复，这需要很长一段时间才能见成效。经过疫情，实际上原有的文化生产体系已经受到重创，产业链被破坏，供应链断裂，价值链需要重新评估。即便是数字化转型，也需要融入生态系统之中。

2. 坚定不移地鼓励发展文化产业股权投资市场，鼓励社会资本投资文化产业

前文已经分析到，在上市公司融资和私募股权基金投资领域，我国文化产业融资正处于持续恶化的趋势当中。当前，需要在风险可控的原则下及时调整政策，出台适度松绑之策，鼓励私募股权基金在文化产业的投资，鼓励文化企业上市融资和上市公司再融资，鼓励文化科技企业在科创板上市。应积极利用正在推进的新三板全面深化改革的机遇，支持文化类挂牌企业进入“精选层”，积极参与转板。鼓励更多的文化企业在新三板挂牌。这不仅是应对疫情下文化产业困局的需要，也是文化金融市场体系健康发展的需要，是文化产业长期发展的需要。

（二）服务体系构建：在新经济框架下寻求文化金融发展新路径

1. 认识文化产业的新经济特征

新科技尤其是数字科技在文化产业发展中的作用日益明显，这强化了文化产业的新经济特征，文化科技的内涵日益丰富，需要金融方面加以足够的重视。传统的金融体系形成于工业经济时代，主要为工业时代的产业和经济服务，已无法适应和满足新经济时代的实际需求[②]，建立新的金融服务体系

---

① 本报告截稿时间为2020年4月中旬，至截稿时间，我国新冠肺炎疫情基本得到控制但尚未结束，全球疫情正处于大流行阶段，形势极其严峻。

② 杜毅：《金巍谈文化金融创新：在新经济时代，需建立新的产业金融服务体系》，每经网，http://www.nbd.com.cn/articles/2019-09-22/1373510.html，2019年9月22日。

是必然的趋势。所以，需在新经济框架下发展文化金融，需在新经济金融服务体系构建中找到新路径①，提升文化金融政策质量，促进文化产业创新。

即便我国高科技产业以及科技金融都已有20多年的历史，但实际上新经济框架下的金融服务体系并未完全建立。金融创新事实上是落后于新经济发展实践的，传统金融体系顽固保守，不思进取。那么，似乎很难要求文化产业能在新经济的框架下取得突破。但实际上，文化产业的新经济特征是非常明显的，是与科技产业具有相同价值、相近特征的新经济形态。按当前文化产业统计框架，实际上有很大一部分都属于新经济部分，也属于国家提出的“三新经济”的一部分。况且，当前以互联网文化产业和数字文化产业为形态的数字文化经济正发展迅猛，文化产业的新经济特征已经更加鲜明。

2. 在新经济特征和新需求基础上持续推动文化金融“四化”

要正确认识文化企业作为新经济实体的特征，包括其新需求的合理性。文化产业的新经济特征，不仅表现在资产、模式、核心能力方面，还表现在资本市场的新需求上。如对债权融资的“小快灵”的要求，基于快速迭代的周期变化的股权融资需求等。在新经济特征和新需求基础上，持续推动文化金融服务体系“四化”，即产品专属化、机构专营化、服务专业化、市场专门化。在此“四化”推动过程中，需要特别关注金融科技、文化金融管理和文化金融教育这三个方面的问题。

一是如何通过金融科技推动新型文化金融服务体系建设。以大数据、云计算、人工智能、区块链等金融科技为支撑的金融服务体系和金融基础设施正展现强大的能力，这是文化产业所需要的，也是文化金融领域非常需要的。建立一套适应新经济发展的产业金融服务体系，一定要重视金融科技的应用，以金融科技创新来推动文化金融领域的创新。当前，金融科技在金融体系中应用的场景越来越多，一些涉及支付清算等基础设施方面的应用，会惠及文化金融，但具体到文化产业的金融科技应用还较少。

① 毕媛媛：《金巍：文化金融发展需要在新经济金融服务体系构建中找到新路径》，每经网，http://www.nbd.com.cn/articles/2020-01-19/1401558.html，2020年1月19日。

二是如何通过文化金融管理形成适应新经济特征的业务管理体系和行业标准体系。文化金融管理是指金融机构在提供文化金融服务时构建的管理体系，具有现代管理体系和管理能力将成为文化金融机构的核心竞争力之一。目前，我国文化产业已经具有了一定的产业基础、规模和生态，作为新经济的文化产业更具特殊性，所以需要文化金融管理适应这种变化。文化金融管理的主体是金融机构，应鼓励金融机构以文化金融服务为范畴在决策、计划、组织、协调等重要管理问题上进行创新，鼓励企业建立相应的管理流程，建立相应的行业标准体系。

三是如何通过文化金融教育培育新一代文化金融人才。为了适应文化产业的新经济特征，需要通过文化金融教育和人才培训培育新一代复合型文化金融人才。文化金融是一个新兴的金融业态，人力资源问题已经成为文化金融发展的瓶颈。建议构建并完善文化金融人才培养机制，制定文化金融人才发展政策，与其他相应的人才政策对接，纳入已有的人才库。大力鼓励和扶持文化金融人才培训计划。鼓励各地方政府出台更加积极、更加开放、更加有效的文化金融人才培养和引进政策。鼓励高校设立文化金融课程及相应学科。

3. 关注文化数据资产及文化数字资产管理体系建设

在文化金融基础设施方面，除了要持续推动构建文化金融“两大支柱”（即文化产业信用管理体系和文化产业无形资产评估体系）、持续推动文化金融专项统计及文化金融市场信息体系建设外，还需要特别关注文化数据资产及文化数字资产管理体系建设。文化数据资产及文化数字资产是文化产业新经济形态转型中最重要的特征，也是金融需要特别关注的资产形态变化。

数字资产起于数据的经济价值发现，文化企业生产过程中形成的数据资产是文化数字资产的最初形式。随着数字经济发展，数字资产概念深入人心，数据资产的内涵有了新的扩展。与文化企业直接相关的数字资产还有数字化无形资产和网络虚拟资产。在实践中，数字资产常常用来仅指加密数字货币（资产），是狭义的概念。但无论何种范畴，资产的数字化和数字化资产都将对资产概念产生巨大的颠覆，文化企业的资产形态将发生结构上的重大变化。可以预见，文化数据资产以及文化数字资产将成为文化企业最重要的资产，这对于以资产为中心运转的文化金融体系来说是必须面对的大趋势。所以，建议在制定文化金融政策时在这个方面多予以关注，大力鼓励相关理论研究和实践。

（三）国家战略要求：国家治理现代化视野下文化金融的作用和使命

发展文化金融要适应国家战略发展的要求，积极为国家战略服务。我们需要关注我国走入“新时代”之后国家提出的相关战略。2019 年国家提出的国家治理现代化战略需要特别关注，在这个战略背景下，需要考虑国家文化治理现代化与文化金融的关系问题。

2019 年 10 月，党的十九届四中全会通过《中共中央关于坚持和完善中国特色社会主义制度　推进国家治理体系和治理能力现代化若干重大问题的决定》，全面聚焦国家治理体系和治理能力现代化等问题，提出了国家治理现代化战略。其中在文化方面，提出要健全人民文化权益保障制度，完善坚持正确导向的舆论引导工作机制，建立健全把社会效益放在首位、社会效益和经济效益相统一的文化创作生产体制机制。在国家治理体系和治理能力现代化框架下，国家文化治理现代化成为重要命题，也对文化产业发展和文化金融融合发展提供了新的战略视野。文化金融通过促进国家文化治理现代化服务国家治理，应在健全人民文化权益保障制度和健全新的文化创作生产体制机制方面发挥更大的作用。

在推进国家治理体系和治理能力现代化战略视野下发挥文化金融的作用，需要注意两个方面的问题。

其一，以文化金融贯彻金融服务实体经济的改革要求，进而服务国家治理现代化。国家文化治理现代化是国家治理现代化的一部分。国家文化治理现代化，不仅是公共文化服务供给体系的现代化，还是文化产业管理体系的现代化。发展文化金融，能够有力促进国家文化治理现代化，途径之一便是通过切实服务文化产业和文化实体经济。文化金融不仅要实现资金融通、风险保障等基本功能，而且应发挥更具宏观意义的经济作用。通过服务文化实体经济、服务文化生产，解决就业，稳定文化创作队伍，促进文化国际合作，这都是文化金融能够促进国家文化治理现代化之所在。

其二，以文化金融持续推动健全现代文化市场体系，进而服务国家治理现代化。只有有完善的现代文化市场体系，才有完善的国家文化治理体系。2013 年，党的十八届三中全会通过的《中共中央关于全面深化改革若干重大问题的决定》提出了“健全现代文化市场体系”的目标，“现代文化市场体系建设”不应是一句口号，而应成为新时代我国文化产业发展的思想主线。在这个主线下，通过发展文化金融，通过文化金融的资源配置机制，应能够促进现代文化市场体系建设，而现代文化市场体系也是文化金融得以存在的前提和基础。

参考文献

[1] 杨涛、金巍主编《中国文化金融发展报告（2017）》，社会科学文献出版社，2017。

[2] 杨涛、金巍主编《中国文化金融发展报告（2018）》，社会科学文献出版社，2018。

[3] 杨涛、金巍主编《中国文化金融发展报告（2019）》，社会科学文献出版社，2019。

市 场 篇

Market Reports

B.2

2019年文化产业银行信贷及服务：信贷规模保持增长，产品创新趋缓

艾亚萍　王 阳*

摘　要： 近年来，银行业金融机构积极开发适合文化产业特点的信贷产品，建立文化金融专营部门，加强文化产业信贷专业人才队伍建设，加强与政府文化相关机构、文化金融中介机构沟通协作，文化产业银行贷款余额保持高增长态势。本报告主要基于一项调研的数据编撰，调查发现，2010～2019年主要银行都发行了文化信贷产品，在服务创新方面也有很多举措。本报告在文化产业信贷发展展望的基础上提出了建议，包括充分发挥中小商业银行作用、补齐文化产业银行信贷风险分

* 艾亚萍，中国银行业协会总监、财务会计专业委员会办公室主任，财政部新会计准则委员会咨询委员。王阳，中国银行业协会系统部副主任、银行业产品和服务标准化专业委员会办公室副主任。

散短板、加快配套第三方文化金融服务机构、加强银行与小微文创企业对接。

关键词： 文化产业　银行信贷　信贷产品

一　我国文化产业银行信贷的基本情况

随着国家宏观经济政策和产业结构的战略性调整，文化产业日益受到金融资本的重视和青睐。国家相关部门不断深化文化金融合作，推进建立健全多层次、多渠道、多元化的文化产业投融资体系，致力于解决文化产业"融资难、融资贵、融资慢"问题。

2010 年 4 月，中宣部、中国人民银行、文化部等联合发布《关于金融支持文化产业振兴和发展繁荣的指导意见》（银发〔2010〕94 号），提出"积极开发适合文化产业特点的信贷产品，加大有效的信贷投放"。在这一进程中，政府的公共投入与扶持起到了非常关键的作用。从实际情况来看，银行业进行了多元化、多层次信贷产品和服务模式的创新，文化产业银行信贷市场表现出非常活跃的态势。

2014 年 3 月，文化部、中国人民银行、财政部联合发布《关于深化文化金融合作的意见》（文产发〔2014〕14 号），巩固扩大银发〔2010〕94 号的实施成果。文件提出加快推动适合文化企业特点的信贷产品和服务方式创新、完善文化企业信贷管理机制等方面的具体举措，进一步鼓励和推动金融资本、社会资本与文化资源相结合。

针对文化企业轻资产、重创意的特点，银行通过开发著作权、商标权等领域的创新信贷产品，设立文化专营机构，加强与外部机构协作等方式，积极使用信用风险缓释工具，使得我国文化产业的间接融资日益活跃，对文化产业发展的推动作用日益显著。截至 2017 年底，21 家主要银行（政策性银行、国有大型银行和股份制银行）文化产业贷款余额达 7260.12 亿元。2012～

2017 年，21 家主要银行文化产业贷款余额年均增长率达 16.67%（见图 1），高于同期银行业各项贷款余额增长率，并保持持续增长的势头。2018 年 4 月 2 日，国家统计局发布《文化及相关产业分类（2018）》，按照新的文化及相关产业分类，2018 年底，21 家主要银行文化产业贷款余额达 1.95 万亿元。2019 年主要银行相关数据还未公布，但根据北京银行等典型银行的数据分析，2019 年文化产业银行信贷市场仍会保持增长态势。

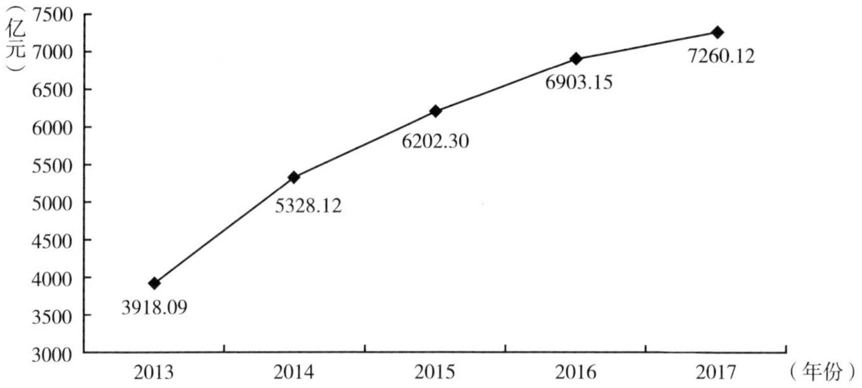

图 1　2013～2017 年主要银行文化产业贷款余额

数据来源：中国银保监会。

2010 年以来，在为文化企业提供更优质的一般产品服务的基础上，我国主要银行持续开发和发行了很多文化产业信贷专属产品，进行了有益的尝试。但在 2018 年和 2019 年，文化产业信贷产品发行数量已经明显减少，产品创新趋缓。这与 2016 年以来我国金融环境整体变化有关，也与银行体系内部对文化产业信贷产品的认识变化有较大关系。

二　30家银行的文化产业信贷情况

中国银行业协会在一项调研中，选取了我国 21 家主要银行（政策性银行、国有大型银行和股份制银行）和 9 家文化产业发达地区的中小商业银行，共30家银行，最终的调研报告分析总结了2010～2019年文化产业银行信贷情况。

（一）文化产业银行信贷情况

1.文化产业银行信贷产品情况

（1）文化产业信贷产品发行情况。2010～2019年，30家银行中有23家银行针对文化产业融资特点发行了文化产业信贷产品，占比为76.7%。23家银行共发行47款文化产业信贷产品（见图2），其中政策性银行平均每家发行文化产业信贷产品0.33款，国有大型银行平均每家发行文化产业信贷产品1.5款，股份制银行平均每家发行文化产业信贷产品1.5款，中小商业银行平均每家发行文化产业信贷产品2.11款。中小商业银行充分发挥规模小、体制灵活的特点，开发的文化产业信贷产品数量最多。

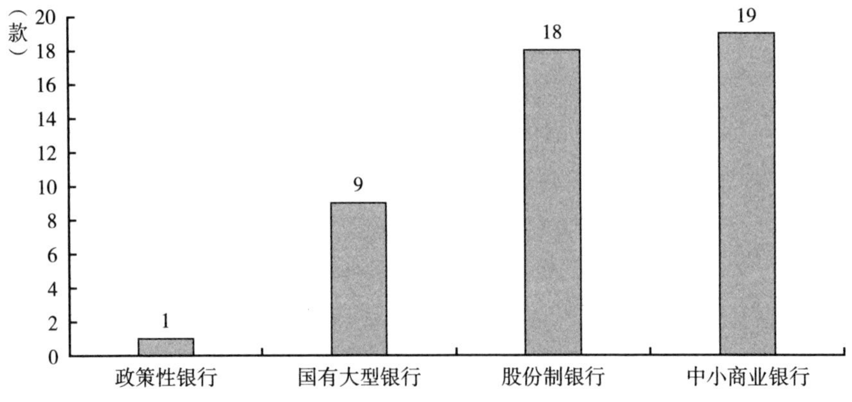

图2　2010～2019年不同类型银行发行文化产业信贷产品数量

数据来源：中国银行业协会。

银发〔2010〕94号文件发布之后，银行发行文化产业信贷产品数量呈上升趋势，尤其是在文产发〔2014〕14号文件发布后，商业银行积极落实文件精神，加大对文化产业信贷产品的研发投入，文化产业信贷产品发行数量在2015年达到峰值，发行了12款文化产业信贷产品（见图3）。但在

2018 年和 2019 年，文化产业信贷产品发行数量明显减少，仅有 4 款产品，主要是因为文化产业信贷产品没有取得预期收益，银行开发动力不足。

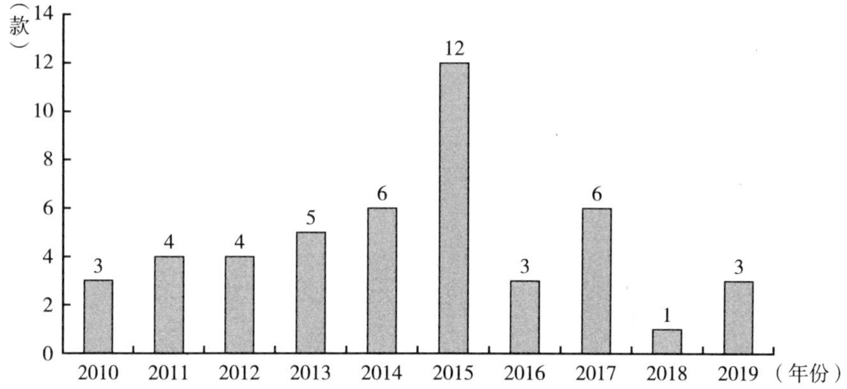

图 3　2010～2019 年每年发行文化产业信贷产品数量

数据来源：中国银行业协会。

（2）文化产业信贷专属产品发行情况。在 30 家银行中，有 18 家银行发行了文化产业信贷专属产品，占比为 60%。在 47 款文化产业信贷产品中，有 32 款为文化产业信贷专属产品，占比为 68.09%（各类型银行的占比见图 4）。针对文化企业特点开发的信贷专属产品，在资金价格、审批效率、风控要求等方面进行了全面优化，相比非专属产品具有较大优势，更容易满足文化企业的融资需求。

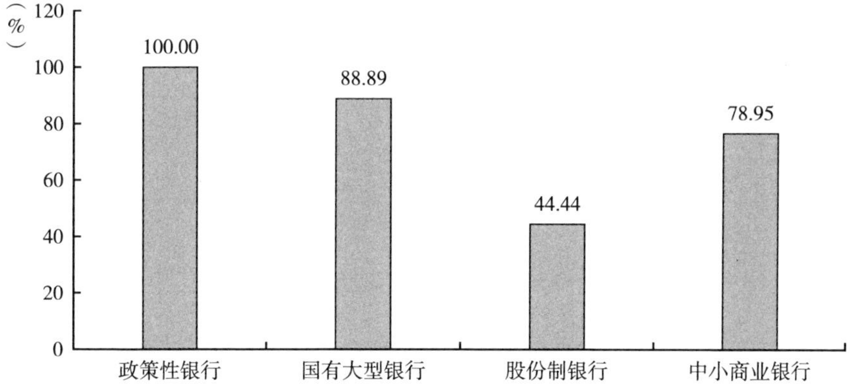

图 4　2010～2019 年不同类型银行文化产业信贷专属产品占比

数据来源：中国银行业协会。

（3）文化产业信贷产品主要种类和服务行业。30家银行发行的文化产业信贷产品中，主要包括影视贷、文创贷、知识产权质押、文化贷、股权质押和著作权质押。其中，影视贷和文创贷是银行发行最多的信贷产品（见图5）。

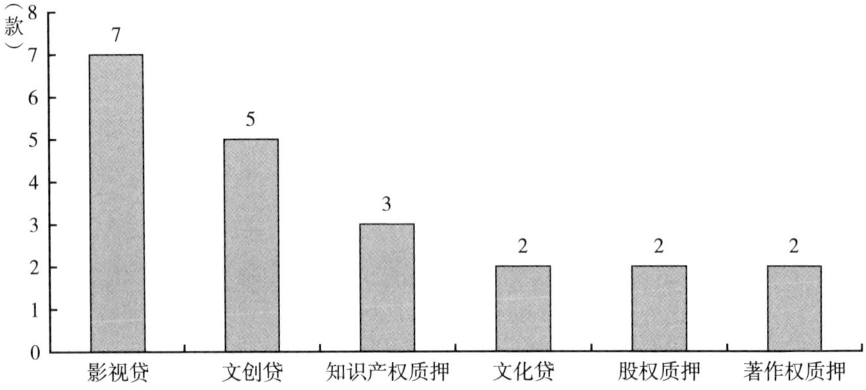

图5　2010～2019年不同种类文化产业银行信贷产品的发行数量

数据来源：中国银行业协会。

文化产业银行信贷产品服务的文化子行业主要包括影视传媒、演艺、工艺美术、文化旅游、动漫游戏、文化娱乐、创意设计和出版发行。影视传媒、演艺和工艺美术是文化产业信贷产品涉及较多的行业（见图6），相关产品研发投入和资金投放也更大（同一产品覆盖多个文化子行业）。

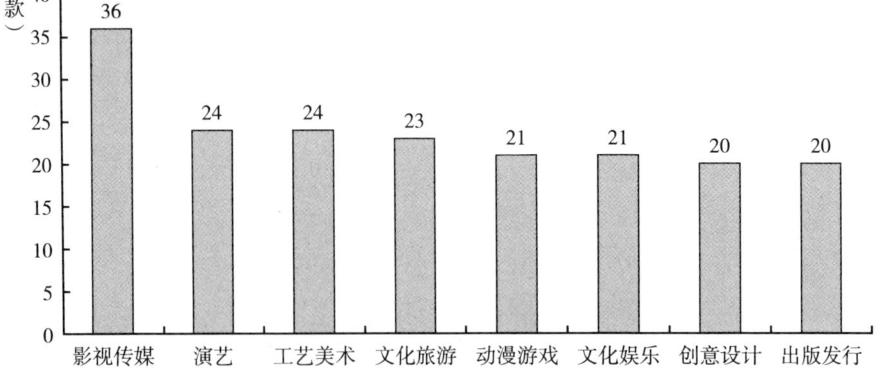

图6　2010～2019年文化子行业可申请的信贷产品数量

数据来源：中国银行业协会。

2. 文化产业银行信贷服务模式创新

在30家银行中，有29家银行针对文化企业创新了服务模式，占比为96.67%。创新服务模式中利用较多的方式是与政府机构合作，较少的方式是进行员工绩效激励（见图7）。

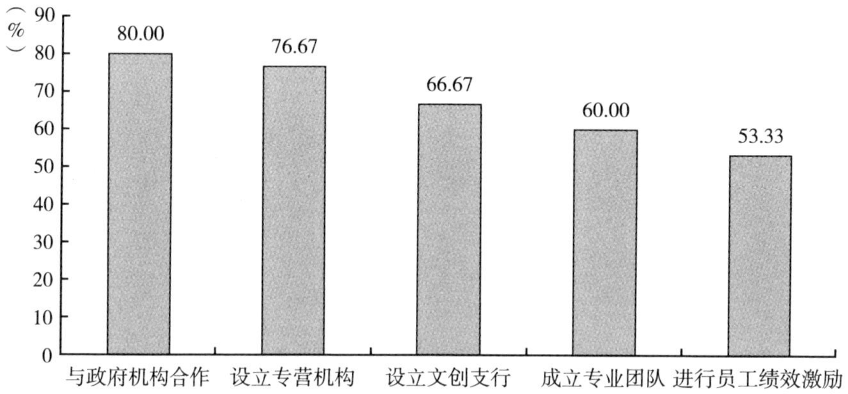

图7　2010～2019年创新文化产业信贷服务模式的银行占比

数据来源：中国银行业协会。

从不同类型银行对文化产业信贷服务模式的创新来看，3家政策性银行中，有2家银行针对文化产业创新了信贷服务模式，占比为66.67%，国有大型银行、股份制银行和中小商业银行全部针对文化产业信贷创新了服务模式。国有大型银行重点对产品配套的服务进行创新，股份制银行侧重于一线营销的服务创新，中小商业银行的创新服务更多地落实到区域项目的具体开发上，这间接反映了中小商业银行在文化产业业务领域的客群特征。

3. 小结

2010年以来，银行对文化产业信贷进行了全面的创新，文化产业银行信贷取得了阶段性的成果。值得关注的是，中小商业银行根植当地，熟悉地方文化企业的实际情况，与地方政府机构联系紧密，在信贷产品发行数量、专属产品占比等方面表现突出。但我们也应看到，近两年文化产业银行信贷市场表现出的突出问题：文化产业银行信贷产品的发行数量断崖式下降，多数银行文化产业信贷产品贷款余额持续走低；文创支行的文化产业信贷占比不高，放贷动力不足；银行为弥补文化产业信贷短板，更倾向于同政府文化部门或文化金融中介机构联合为文化企业提供信贷服务。

（二）银行的文化产业信贷情况

1. 工商银行加强与文化金融单位合作

工商银行将文化金融作为全行重要支持领域，构建了涵盖文化创意、文化传承、文化消费、文化产业升级等全方位的文化金融创新服务体系。工商银行在业内率先推出文化金融产品手册和综合化金融服务方案，目前已形成对文化企业全产品、全过程、全产业链的服务，涵盖旅游景区、有线电视、影视制作、影院经营、艺术品、广告和黄金珠宝等各类文化行业，贯穿文化产品的创意、制作、推广销售、项目建设、产业整合等全链条。2019 年，工商银行重点与各文化金融单位加强合作，提升融资支持覆盖面，继续加大对文化产业融资的支持力度。

2019 年 5 月 15 日，工商银行广州分行首家文创支行北京路支行正式揭牌，该支行同时作为广州市文化金融服务中心越秀分中心。文化金融服务中心通过工商银行在金融服务、融资渠道等方面的资源优势，开展文化产业信贷产品和服务模式创新，主要为北京路国家级文化产业示范园区的文化企业提供信贷服务，以提高园区文化项目、文化企业融资规模和效率。文化金融服务中心通过整合文创特色银行、融资租赁公司、融资担保公司、小额信贷公司、产权交易所等资源，举办“文化 + 金融”路演活动，为园区文化企业提供一站式金融服务，可根据文化企业具体需求量身定制金融服务方案。

2019 年 7 月 4 日，工商银行成都分行与成都传媒集团签署战略合作协议。根据协议，工商银行成都分行将为成都传媒集团提供 400 亿元金融服务支持额度。工商银行成都分行利用金融牌照优势，整合信贷融资、债券发行、股权交易、融资租赁等资源，为成都传媒集团提供全方位的金融服务。

2019 年 11 月 26 日，工商银行江苏省分行与南京博物院举办战略合作启动仪式。双方将基于文化、科技、金融三位一体的理念，在文化宣传、信贷融资、产品创新等领域加强合作。进一步发挥好工商银行的资金、平台优势，将南京博物院的文化资源向外拓展，打通文化资源与市场的渠道，打造文化金融市场融合的新生态，实现文化价值与金融价值的双赢局面。

2. 华夏银行开展“老字号行动计划”和知识产权资产证券化

（1）“老字号行动计划”。2019 年，华夏银行提高站位，进行顶层设计，启动“老字号行动计划”，致力于为老字号企业提供融资、融商、融智的综合金融服务方案，针对性地满足老字号企业固本强基、文化弘扬、品牌保护、创新发展和改革增效中的金融需求，助力历史文化传承发展。

第一，立足北京，辐射重点区域，“老字号行动计划”成效显著。截至 2019 年末，华夏银行聚焦知名餐饮、传统食品、医疗健康、民族服饰、文化传承、出版传媒和匠人传承等 7 个细分市场，与全国 40 余家老字号企业进行了对接。与同仁堂、工美景泰蓝、东来顺、红星、北冰洋、王致和、吴裕泰等多家老字号企业开展授信、银企直连、大额存单、联合党建等合作。为首批 12 家重点老字号企业逐户制定了综合金融服务方案，内容涵盖“商行 + 投行”“表内 + 表外”“本币 + 外币”“公司 + 普惠”“公司 + 个人和信用卡”“基础账务服务 + 资金保值增值”等综合化全方位金融服务，并将服务延伸至其上下游全产业链。

第二，政策倾斜，为“老字号行动计划”保驾护航。华夏银行北京分行给予老字号企业贷款期限、还款方式、资金定价等多方面的政策优惠，同时建立授信审批绿色通道，提高审批效率。工美景泰蓝从首次拜访到授信审批通过，仅历时 12 个工作日，为工美集团“国礼造办”景泰蓝工艺的推广做出了突出贡献，被客户赞誉为“景泰蓝工艺的金融守护者”。

第三，加强非金融合作，展现华夏银行担当。对于没有金融需求的老字号企业，积极开展联合党建、共办公益、品牌共建等活动。目前，已与北冰洋、王致和以及吴裕泰等老字号企业联合开展了党建。同时，积极发挥资源和信息优势，向老字号企业提供咨询服务；借助于自身的渠道优势，联合行业优质企业搭建互补和资源共享平台。

（2）知识产权资产证券化。华夏银行创新推出了文创贷、文创融、文创投、文创贸四大产品体系，并不断丰富子产品系列，推出了“文创易贷”“轻松续贷”“线上易贷”等，为文化企业提供综合金融解决方案。其中，2019 年，华夏银行专门推出“龙盈 · 知识产权通”产品，把作品著作权、软件著作权、专利权等文化资产证券化，第一期已在深交所发行，涉及 10 家企业 11.7 亿元的知识产权资产，融资 7.33 亿元。

2019 年 3 月 28 日，第一创业 - 文科租赁一期资产支持专项计划成功发行，华夏银行是该产品的托管行和主投行。该产品总规模为 7.33 亿元，华夏银行投资 3 亿元。该产品的底层资产是以专利权、著作权为标的物的“知识产权融资租赁”业务，涉及发明专利、实用新型专利、著作权等知识产权共计 51 项，覆盖艺术表演、影视制作发行、信息技术、数字出版等文化产业领域的多个细分行业，在无形资产价值评估及处置等重点、难点问题上取得了新突破，探索形成了知识产权融资租赁证券化业务新模式，为我国未来支持文化产业发展开辟了新的路径。

3. 北京银行加码文化产业信贷服务

北京银行自成立以来，紧贴首都发展脉搏，打造文化金融特色品牌、建设“文创企业最佳服务银行”，在中国银行业率先探索文化金融，累计为超过 7700 家文创企业提供贷款支持超过 2700 亿元。北京银行开创多项第一，自北京有文化金融分类统计以来市场份额始终位居第一，成为中国银行业推出产品最早、小微贷款最多、支持项目最全的文化金融“排头兵”。2019 年北京银行不断加码文化产业信贷服务，截至年末，北京银行文化金融贷款余额 640 亿元，市场份额始终位居北京市首位。

（1）完善产品服务体系。2019 年 4 月，在第九届北京国际电影节中国影视文创投融资高峰论坛期间，北京银行携手国华担保，创新推出了“影视贷”产品。同年，北京银行贯彻落实北京市《关于推进文化创意产业创新发展的意见》文件精神，发布《北京银行文化创意设计小微企业贷款操作规程（试行）》，推出“创意设计贷”产品。

（2）强化专营机构驱动。2019 年北京银行新增朝外支行、八里庄支行、北辰路支行 3 家文创特色支行，全行文创特色支行达到 21 家，形成专营组织架构、专项指标考核、专属业务范围、专职人员配备和单独绩效考核、单独权限设立、单独审批通道、单独额度匹配的“四专四单”配套支持政策。

（3）加强政银合作。2019 年 7 月 23 日，北京银行与北京市文化和旅游局签署《支持文化和旅游产业高质量发展全面战略合作协议》。该合作协议计划在未来 5 年内为北京市文化和旅游企业提供 200 亿元授信额度，构建多元化文化旅游金融服务支撑体系，推动北京文化和旅游产业融合发展，共同开启文化和旅游高质量融合新篇章。签约现场，北京银行发布“文旅贷”金融服务方案，该方案包含三大行动计划和六大行动路线。

（4）专注企业金融服务。在新中国成立 70 周年之际，北京银行为博纳影视提供贷款以支持中国骄傲三部曲《烈火英雄》《决胜时刻》《中国机长》的制作发行，并在未来三年为博纳影业提供 10 亿元意向性资金支持。

4. 杭州银行聚焦八大文化产业

杭州银行本着“专营、专注、专业、创新”的发展理念，在文化金融板块保持了持续健康增长，已经形成了自己独特的金融产品体系和业务模式，并逐步将文化金融服务聚焦于动漫游戏、现代传媒、休闲旅游、文化会展、设计服务、数字内容、艺术品及教育培训等八大产业。截至 2019 年末，杭州银行文化金融客户 1428 户，授信总额 110. 68 亿元（259 户），融资余额 52. 82 亿元（228 户）。

（1）创新标准产品体系。为更好地契合和满足中小文化企业不同时期的发展特点和核心需求，杭州银行在 2019 年推出了全生命周期的信贷产品体系，包括七大核心产品。其一，科易贷聚焦人才创业，以人定贷，是针对高端人才创办文化企业的信用贷款，广泛应用于园区创业企业，为初创型企业提供资金支持。其二，科保贷聚焦政策担保，以保定贷，是针对文化企业的政策性担保贷款，通过与政策性担保机构合作，解决企业融资难和融资价格高等问题。其三，成长贷聚焦行业成长，以销定贷，是针对高成长文化中小企业的信用贷款，主要适用于已有一定规模的成长型企业，用于帮助企业扩大经营。其四，诚信贷聚焦资本市场信息披露，以信定贷，针对新三板挂牌企业或拟登陆资本市场的文化企业，为企业提供流动性支持，帮助企业优化债务。其五，银投联贷聚焦创投评价，以投定贷，针对获得专业投资机构投资的文化企业，借鉴投资眼光做债权，为企业延缓股权稀释。其六，伯乐融聚焦投资管理，以费定贷，是针对优质文化投资管理公司的贷款，为投资机构提供流动性支持。其七，选择权配套上述六大产品，享客户成长。该产品是在为客户提供综合服务的基础上，获得一定的选择权，获得分享客户成长收益的权利。

（2）打造特色产品及服务。针对文化产业的轻资产特点和子行业差异大的特性，杭州银行针对重点行业和项目推出了特色金融产品及服务。其一，院线贷是针对浙江时代院线旗下影院的贷款，依据线上票房流水核定授信金额，贷款可用于补充影院日常经营流动资金，置换其他金融机构的贷款或支付分账款。其二，教育直通车从项目融资、现金管理服务和教师金融服务三方面打造教育板块的全方位金融服务。该产品以现金流为核心，以企业无形资产和股权质押等方式，解决教育行业普遍缺失抵押物的问题。例如，以股权质押及股东担保的方式为某民营企业发放了3.5亿元的并购贷款，用于收购北京民营院校股权。此外，杭州银行拟在2020年推出“园丁贷”，该产品根据培训机构预付款流水核定授信，用于满足教育培训机构日常经营需求。其三，影视行业夹层贷款是针对影视传媒行业的创新项目贷款。例如，在支持热播电视剧《长安十二时辰》的过程中，杭州银行创新评审方式、根据项目进度设置风控手段，为其提供了3000万元信用贷款支持。其四，艺术品质押融资是杭州银行在艺术品行业融资方面的探索，通过联合专业第三方或拍卖公司推动艺术品融资。各文化细分行业的金融产品陆续推出，逐渐丰富了杭州银行的服务方式，满足了不同行业客户的需求。

三 文化产业信贷发展展望与建议

（一）充分发挥中小商业银行优势

过去几年，中小商业银行根植当地，在文化产业信贷服务中的优势初步显现。未来，应把中小商业银行打造成文化企业融资的主力军，走特色化、差异化、专业化经营模式，这符合政策要求、市场发展趋势和文创企业需求。首先，我国共有银行机构4000余家，业务同质化严重、贷款集中度高，竞争压力大，尤其是相对弱势的中小商业银行竞争力不强。受监管政策影响，中小商业银行较难突破区域发展，业务增长压力大，急于通过以文化产业为代表的第三产业，打造新的盈利点。其次，在防范系统性金融风险的主旋律下，利率市场化步伐加快，都将不断抬高中小商业银行的资金成本，致使中小商业银行的信贷服务价格进一步提升。中小商业银行更倾向于将资金投放在高风险、高收益的行业，这也符合文化产业的行业属性。最后，我国文化市场具有明显的政策性，地方性的中小商业银行对地方经济贡献率较高，与当地的政府机构联系紧密，有助于中小商业银行第一时间掌握当地文化产业的发展状况和布局。在地方性的文化金融活动中，当地政府部门也会优先考虑和本地区的中小商业银行合作，这有助于中小商业银行借助文化产业扩大业务范围。

（二）补齐文化产业银行信贷风险分散短板

尽管政府相关机构出台了多项支持文化产业银行信贷发展的政策措施，但在传统风控部门的审核下，银行在向轻资产、高风险的文化企业贷款的过程中依然持谨慎态度。文化金融市场需要多样化的风险分散方式，综合性的文化金融环境将为银行提供有效的补充和保障。

政府机构提供的政策保障依然是未来文化金融市场发展的重要支撑，文化和旅游部、中国人民银行、财政部、银保监会等相关部门对文化产业银行信贷的支持至关重要。我国文化产业银行信贷比较发达的省份，均配套了完善的风险保障、利率补偿、文化金融服务中心、文化产权交易所等机构或措施。

（三）加快配套第三方文化金融服务机构

除了担保公司、风险保障基金等机构外，专业化的第三方文化金融服务机构应逐步建立并完善，为文化产业银行信贷提供有效的补充。如近几年文化和旅游部重点扶持的文化金融服务中心，已在文化金融服务机构中崭露头角，该中心聚焦地方中小文化企业，整合银行机构、保险公司、基金公司、财务公司、担保公司、小贷公司、律师事务所等相关机构，配套政府出台的优惠政策，为地方中小文化企业提供综合性的金融服务方案。

（四）加强银行与小微文创企业对接

在我国经济高速发展后，人们的物质需求基本得到满足，人民群众日益增长的精神文化需求受到更多关注，文化产业升级为我国重点发展的第三产业，其轻资产、重创意的特征吸引了越来越多年轻人的关注，涌现了一批小微初创期的文创企业，它们是信贷融资需求最迫切的企业。在政策和市场的驱动下，文化产业银行信贷必然与小微文创企业的信贷需求有效结合。一方面，对于小微文创企业，银行应改变其传统的信贷模式，将以资产质押和财务分析为主的风险考量模式，调整为以企业成长性和具体信贷项目质量分析为主，契合小微文创企业发展特征。另一方面，银行应建立专业化的文化金融服务团队，分析文化市场发展特点，掌握小微文创企业发展特征，利用其内外资源，为小微文创企业提供量身定制的金融服务方案。

B.3

2019年文化产业债券市场：规模实现跳跃式增长，结构性问题依然突出

杨 涛　王小彩*

摘　要： 在一系列鼓励直接融资、支持实体经济发展的政策推动下，2019年文化产业债券市场发展呈现跳跃式增长，发行规模较上年增长128%，发行数量达到119只。但是，文化产业债券市场结构性问题突出，行业之间差异较大。重资产类文化行业是2019年文化产业债券市场融资规模增长的主要构成部分。少数文化企业的债券融资规模占整个行业债券融资规模的比重非常大，中小文化企业仍然很难通过债券市场实现融资。文化产业债券种类丰富，文化企业利用资产支持证券的数量大幅增加。文化产业上市公司整体负债规模小幅增长，但是负债结构有了明显调整，短期的流动负债增加较多，应付债券明显下降。本报告为文化产业债券市场今后的发展提出了三点建议：进一步鼓励大中型文化企业参与债券市场、探索中小型文化企业利用债券市场的多种途径、完善相关中介服务机构。

关键词： 文化产业　债券市场　上市公司

* 杨涛，国家金融与发展实验室副主任，中国社会科学院金融研究所研究员，博士研究生导师。王小彩，中国社会科学院大学博士研究生。

一　2019年文化产业债券市场发展概况

根据国家统计局2018年发布的《文化及相关产业分类（2018)》以及证监会关于信用债的行业分类标准，本报告将文化产业分为：新闻和出版业，广播电影电视和影视录音制作业，文化艺术业，体育业，娱乐业，造纸和纸制品业，印刷和记录媒介复制业，文教、工美、体育和娱乐用品制造业，电信、广播电视和卫星传输服务业以及互联网和相关服务业等10个二级行业，并以此作为文化产业债券市场的统计口径。根据Wind数据库统计的10个二级行业发行债券的数据，大致估算出2019年文化产业债券市场融资规模，并对2013~2018年的数据进行了调整（具体见图1)。

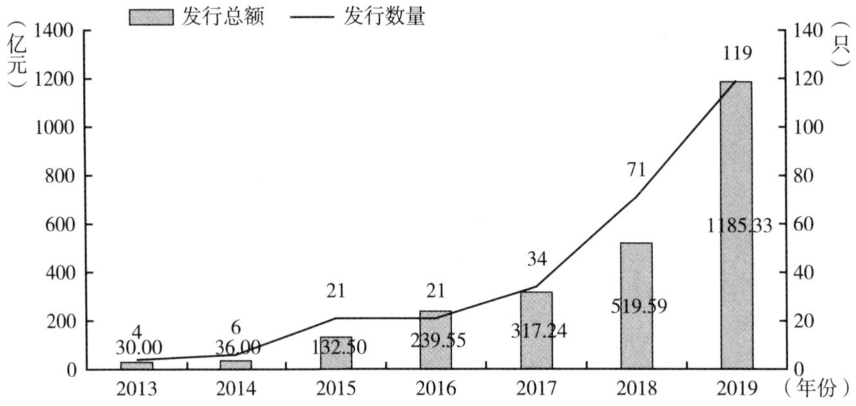

图1　2013~2019年文化产业债券发行数量和发行总额

数据来源：Wind数据库（查询日期：2020-01-27）及课题组整理。

根据Wind数据库及课题组整理，2019年各类文化企业共发行119只债券，发行总额为1185.33亿元，较2018年增长一倍多，增速达到128%。尽管文化产业债券市场融资规模实现了跳跃式增长，但占整体债券市场的比重仍然较小。根据Wind数据库统计，2019年各类机构发行债券达到45.3万亿元，文化产业债券发行规模仅占全部债券发行总额的0.26%。

发行金额方面，在2019年发行的119只文化产业债券中，最小发行金额为0.0129亿元（中电5次，资产支持证券），最大发行金额为105亿元（白玉兰A1，资产支持证券）；平均发行金额为9.96亿元，较2018年的7.31亿元有较大的增长，说明单次平均融资规模显著增加。

利率方面，在2019年发行的119只文化产业债券中，票面（发行时）最低年化利率为0.3%，最高年化利率为8%，较2018年略有下降。119只债券中有90只采用固定利率的计息方式，占比76%，其余采用累进利率计息方式。

期限方面，在2019年发行的119只文化产业债券中，最短期限为0.2459年（19中电信SCP016，短期融资券），最长期限为24.0164年（白玉兰A1、白玉兰A2、白玉兰次、19金光A、19金光B、19金光次，资产支持证券），加权平均期限为6.5432年，较2018年有所上升。以白玉兰资产支持证券为例，结构设计24年，但每三年含权（原始权益人票面利率调整权、投资者回售选择权），兼顾短期和长期投资的视角，较为灵活。

发行场所方面，在2019年发行的119只文化产业债券中，53只债券在上海证券交易所发行，占比为45%；7只债券在深圳证券交易所发行，占比6%；59只债券在银行间市场发行，占比50%。

整体来看，2019年文化产业债券市场发展迅速，无论是从债券发行数量还是从债券发行规模来看，均较2018年有较大的增长；单次平均融资规模显著增加；债券利率、期限、发行场所等方面较2018年没有明显的变化。

二　2019年各类文化行业债券发行情况

2019年各类文化行业债券发行情况见图2。电信、广播电视和卫星传输服务业是发行文化产业债券的主力。2019年，电信、广播电视和卫星传输服务业共发行46只债券，发行总额为518.97亿元，比2018年增长了557%，占文化产业债券市场的比重达到44%。其中中国电信2019年共发行7只债券，分别为5只短期融资券和2只中期票据，发行总额为250亿元，约占整个电信、广播电视和卫星传输服务业债券发行规模的一半。中国电信融资规模的扩张主要是为了进行业务的拓展和创新，募集资金主要用于移动通信、固网宽带等业务。中国联通2019年共发行4只债券，分别为2只短期融资券、1只中期票据和1只公司债，发行总额为120亿元。华为共发行了2只中期票据，发行总额为60亿元。三家公司债券发行总额合计430亿元，占整个电信、广播电视和卫星传输服务业债券发行规模的83%。

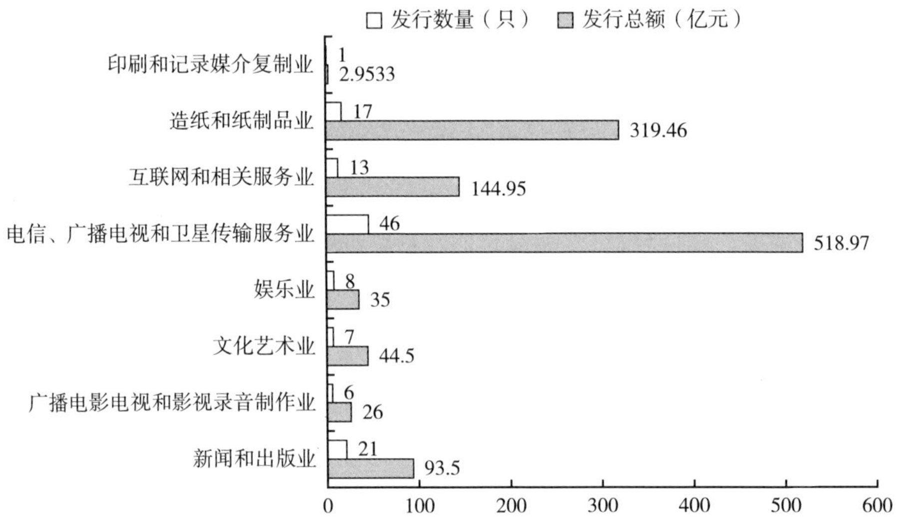

图2　2019年各类文化行业债券发行数量和发行总额

数据来源：Wind数据库及课题组整理。

造纸和纸制品业债券发行规模占整个文化产业债券发行规模的比重也较大。2019年，造纸和纸制品业共发行17只债券，发行总额为319.46亿元，占文化产业债券市场的27%。相较于2018年143亿元的发行规模，增长了123%。其中金光集团共发行6只债券，分别为19金光和白玉兰系列债券，共募集资金228.1亿元，占整个造纸和纸制品业债券发行规模的71%。

互联网和相关服务业2019年共发行13只债券，发行总额为144.95亿元，较2018年的104.11亿元增长了39%。其中中国电子信息产业集团有限公司共发行4只债券，募集资金113亿元，占整个互联网和相关服务业债券发行规模的78%。

新闻和出版业2019年共发行21只债券，发行总额为93.5亿元，较2018年的70.75亿元增长了32%。单笔发行规模最大的是安徽新华发行（集团）控股有限公司，发行了一只期限为3年、金额为10亿元的中期票据。安徽出版集团有限责任公司共发行了5只债券，均为短期融资券，发行总额为31亿元。

文化艺术业2019年共发行7只债券，发行总额为44.5亿元，较2018年的21亿元增长了112%。其中北京市文化投资发展集团有限责任公司发行了2只公司债，共募集资金20亿元；北京文化科技有限公司发行了2只短期融资券，共募集资金15亿元。两家公司债券发行总额达到35亿元，占整个文化艺术业债券发行规模的79%。

传统的文化娱乐产业融资规模下降幅度较大，主要是受行业整体盈利下降及现金流较差的影响。娱乐业2019年共发行8只债券，发行总额为35亿元，较2018年的56.3亿元下降了38%。广播电影电视和影视录音制作业2019年共发行6只债券，发行总额为26亿元，较2018年的45.43亿元下降了43%。体育业以及文教、工美、体育和娱乐用品制造业两个行业2019年未发行新的债券。

印刷和记录媒介复制业2019年发行了1只债券，为汕头东风印刷股份有限公司发行的可转换债券（简称东风转债，代码113030），发行规模为2.9533亿元。

从结构上看，文化产业债券市场结构性问题仍然突出。2019年文化产业债券市场发行规模的扩大主要是由于电信、广播电视和卫星传输服务业，造纸和纸制品业以及互联网和相关服务业等个别行业发行规模的大幅增长，且个别龙头企业债券发行规模的增加对整个行业债券发行规模的增长影响较大；而轻资产的文化传媒产业，如娱乐业、广播电影电视和影视录音制作业等行业债券发行规模有较大的下降。

三　2019年文化企业发行的债券类型

2019 年文化企业发行的债券主要有定向工具、短期融资券、公司债、可交换债、可转债、企业债、中期票据、资产支持证券等类型，具体数据详见表 1。

表 1　2019 年文化企业发行的债券类型

指标	定向工具	短期融资券	公司债	可交换债	可转债	企业债	中期票据	资产支持证券
发行数量(只)	5	31	11	3	8	2	22	37
发行总额(亿元)	17	388.5	88	45	81.26	80	222.5	263.07
占比(%)	1.43	32.78	7.42	3.80	6.86	6.75	18.77	22.19
加权平均利率(%)	5.7235	2.6145	5.6341	1.5667	0.3781	3.48	4.0654	—
加权平均期限(年)	2.0588	0.5946	3.2727	3	6	3	3.3236	21.29

数据来源：Wind 数据库及课题组整理。

文化企业 2019 年发行的一年以下的债券主要是短期融资券，共发行了 31 只，加权平均期限为 0.5946 年，发行总额为 388.5 亿元，占文化产业债券发行总额的 32.78%，一定程度上反映了文化企业对高流动性、低风险负债的偏好。其他类型的债券加权平均期限均在一年以上，其中资产支持证券 37 只，发行总额占文化产业债券发行总额的 22.19%；中期票据 22 只，发行总额占文化产业债券发行总额的 18.77%；定向工具 5 只，发行总额占文化产业债券发行总额的 1.43%；企业债仅发行了 2 只，由中国电子信息产业集团发行。

2019 年文化企业发行的资产支持证券数量明显增多，较 2018 年增长了 20 只，主要得益于国家一系列政策的支持。尤其是 2019 年我国加大了知识产权证券化试点工作，鼓励海南自由贸易试验区、雄安新区等地作为试点地区不断探索知识产权证券化。目前已经成功发行的“第一创业 - 文科租赁一期资产支持专项计划”，将专利权、著作权等知识产权作为底层资产，募集的资金全部用于投放新的知识产权融资租赁项目。知识产权证券化更加适合文化企业的资产特点和经营特点，是我国文化产业债券市场未来发展的重点。

债券市场为文化企业提供了低风险、低利率的融资渠道，利用多种类型的债券进行融资是文化企业融资的特点。如华数数字电视传媒集团有限公司2019年共发行5只债券，其中短期融资券4只（19华数SCP001、19华数SCP002、19华数SCP003、19华数SCP004），中期票据1只（19华数MTN001），发行总额为18.5亿元。中国电信股份有限公司2019年共发行7只债券，其中短期融资券5只（19中电信SCP012、19中电信SCP013、19中电信SCP014、19中电信SCP015、19中电信SCP016），中期票据2只（19中电信MTN001、19中电信MTN002），发行总额为250亿元。山东晨鸣纸业集团股份有限公司2019年共发行5只债券，其中短期融资券3只（19鲁晨鸣SCP004、19鲁晨鸣SCP005、19鲁晨鸣SCP006），中期票据2只（19鲁晨鸣MTN001、19鲁晨鸣MTN002），发行总额为21亿元。

四　2019年我国前十大文化产业上市公司债权融资情况

本部分将采取较窄的文化产业统计口径，将文化产业聚焦在文化传媒产业，主要包括传媒出版、动漫、媒体网站、广告营销、影视音乐、网络视频、文化艺术等领域。根据2019年第三季度财务报告，按照总营业收入梳理出我国排名前十的文化产业上市公司，分析其债权融资情况，探寻文化产业2019年债权融资市场总体态势。

（一）十大文化产业上市公司总体情况

截至2019年第三季度末，蓝色光标依然是文化产业上市公司中总营业收入最多的公司，总营业收入达到196.88亿元。与2018年相比，科达股份、万达电影、利欧股份、分众传媒、中文传媒、凤凰传媒、东方明珠、省广集团依然位列文化产业上市公司前十之中，但排名有一定变化。芒果超媒取代长江传媒，首次进入文化传媒产业上市公司前十的行列（具体见表2）。

表2　2019年第三季度末我国前十大文化产业上市公司财务情况

单位：亿元

序号	公司代码及简称	总营收	净利润	所有者权益	总负债
1	300058. SZ－蓝色光标	196. 88	6. 41	88. 29	97. 88
2	600986. SH－科达股份	141. 80	1. 32	62. 77	47. 72
3	002739. SZ－万达电影	115. 94	8. 30	198. 16	122. 63
4	002131. SZ－利欧股份	107. 06	3. 20	81. 89	59. 35
5	002027. SZ－分众传媒	89. 06	13. 34	136. 92	41. 35
6	600373. SH－中文传媒	86. 66	12. 85	138. 64	116. 84
7	601928. SH－凤凰传媒	86. 60	11. 64	143. 11	91. 25
8	600637. SH－东方明珠	85. 37	14. 32	309. 20	54. 58
9	002400. SZ－省广集团	83. 45	1. 35	55. 98	35. 76
10	300413. SZ－芒果超媒	82. 32	9. 75	86. 38	80. 48

数据来源：上述公司2019年第三季度财务报告。

截至2019年第三季度末，前十大文化产业上市公司总负债较年初增加22. 94亿元，其中，流动负债增加53. 93亿元，非流动负债减少30. 97亿元（具体见表3）。这表明文化产业负债规模小幅增长，但是负债结构发生了较大调整。在当前经济环境下，文化产业上市公司更偏向短期的流动负债，而非流动负债较年初减少了25%，下降幅度较大。从债券角度看，截至2019年第三季度末，10家上市公司中仅有3家持有应付债券，分别为蓝色光标、利欧股份和中文传媒，应付债券合计11. 76亿元，较年初减少了18. 01亿元（见表4），下降幅度较大。

因此，结合10家文化产业上市公司债权融资情况，考虑到中小文化企业的数量占文化类企业总数的80%以上，文化产业或面临着较大融资收缩压力。

表3　2019年第三季度末我国前十大文化产业上市公司负债情况

单位：亿元

公司简称	总负债		流动负债		非流动负债	
	2019年第三季度末	2018年末	2019年第三季度末	2018年末	2019年第三季度末	2018年末
蓝色光标	97.88	105.07	86.81	82.54	11.08	22.53
科达股份	47.72	40.58	45.96	38.26	1.76	2.31
万达电影	122.63	105.00	94.45	65.01	28.18	39.98
利欧股份	59.35	71.99	54.14	56.49	5.22	15.49
分众传媒	41.35	46.24	30.08	35.27	11.27	10.96
中文传媒	116.84	102.31	97.02	87.56	19.82	14.75
凤凰传媒	91.25	78.21	80.16	67.38	11.09	10.83
东方明珠	54.58	74.05	52.83	72.28	1.75	1.77
省广集团	35.76	37.10	33.43	32.21	2.33	4.88
芒果超媒	80.48	64.37	77.87	61.79	2.61	2.58
合计	747.84	724.90	652.73	598.81	95.11	126.09

数据来源：上述公司2019年第三季度财务报告。

表4　2019年第三季度前十大文化产业上市公司债权类融资情况

单位：亿元

公司简称	短期借款		应付账款		长期借款		应付债券		长期应付款	
	金额	较年初	金额	较年初	金额	较年初	金额	较年初	金额	较年初
蓝色光标	12.54	4.01	59.64	12.12	4.04	1.05	0.27	-13.88	1.90	-0.34
科达股份	5.43	-0.32	28.98	7.54	1.49	-0.45	0.00	0.00	0.00	0.00
万达电影	30.80	7.80	17.98	8.58	25.21	-12.38	0.00	0.00	0.05	-0.04
利欧股份	16.28	-5.66	7.80	6.18	0.00	0.00	1.49	-9.13	0.01	-1.08
分众传媒	0.45	-0.03	0.00	0.00	9.19	0.27	0.00	0.00	0.00	0.00
中文传媒	14.63	-0.40	17.19	2.46	0.00	0.00	10.00	5.00	0.00	0.00
凤凰传媒	0.07	-1.92	49.44	12.25	0.00	0.00	0.00	0.00	6.50	0.16
东方明珠	1.50	-15.00	21.53	-2.04	0.15	0.15	0.00	0.00	0.00	0.00
省广集团	4.76	-1.66	14.18	-3.53	0.00	-1.30	0.00	0.00	0.00	0.00
芒果超媒	4.45	2.49	47.04	13.41	0.00	0.00	0.00	0.00	0.01	-0.02

数据来源：上述公司2019年第三季度财务报告。

（二）十大文化产业上市公司债权融资情况

1. 蓝色光标

截至2019年第三季度末，蓝色光标总负债较年初减少7.19亿元至97.88亿元，其中非流动负债减少11.45亿元，而流动负债增加4.27亿元。非流动负债中，应付债券较年初减少13.88亿元至0.27亿元，是非流动负债项目减少的主要原因，蓝色光标2019年进行了较多的债券本金及利息偿还。短期借款由年初的8.53亿元增加到12.54亿元，是流动负债增加的主要原因。总的来看，蓝色光标整体负债减少幅度较大，负债仍以应付账款为主，但是应付债券等长期负债减少，短期借款增加，融资结构在不断调整。

2. 科达股份

截至2019年第三季度末，科达股份总负债较年初增加7.14亿元至47.72亿元。其中流动负债较年初增加20%至45.96亿元，主要是由于应付账款由年初的21.44亿元增加到28.98亿元。非流动负债较年初减少24%至1.76亿元，主要是由于长期借款从1.94亿元减少到1.49亿元。总的来看，科达股份融资需求较为强烈，且更偏向短期融资。

3. 万达电影

截至2019年第三季度末，万达电影总负债较年初增加17.63亿元至122.63亿元。其中流动负债较年初增加45%至94.45亿元，短期借款、应付账款、预收款项、一年内到期的非流动负债等项目均有所增加。非流动负债减少30%至28.18亿元，主要是由于长期借款从年初的37.58亿元减少到25.21亿元。总的来看，万达电影融资需求强烈，且更偏向短期融资。

4. 利欧股份

截至2019年第三季度末，利欧股份总负债较年初减少12.63亿元至59.35亿元。其中流动负债较年初减少4%至54.14亿元，主要是由于短期借款从21.94亿元减少到16.28亿元。非流动负债较年初减少66%至5.22亿元，主要是由于应付债券从年初的10.62亿元减少到1.49亿元。总的来看，利欧股份融资需求较弱，总体负债减少较多。

5. 分众传媒

截至2019年第三季度末，分众传媒总负债较年初减少4.88亿元至41.35亿元。其中流动负债较年初减少15%至30.08亿元，主要是应交税费与其他应付款减少，而预收款项有所增加。非流动负债较年初增加3%至11.27亿元，主要是由于长期借款从年初的8.92亿元增加到9.19亿元。总的来看，分众传媒虽然总体负债减少，但是融资需求依然较强。

6. 中文传媒

截至2019年第三季度末，中文传媒总负债较年初增加14.53亿元至116.84亿元。其中流动负债较年初增加11%至97.02亿元，主要是由于其他流动负债从年初的10亿元增加到20亿元。非流动负债较年初增加34%至19.82亿元，主要是由于应付债券从年初的5亿元增加到10亿元。总的来看，中文传媒融资需求较大，短期负债和长期负债均有所增加，但是长期负债增加的幅度更大。

7. 凤凰传媒

截至2019年第三季度末，凤凰传媒总负债较年初增加13.04亿元至91.25亿元。其中流动负债较年初增加19%至80.16亿元，主要是应付账款和其他应付款增加。非流动负债较年初增加2%至11.09亿元，主要是由于长期应付款从年初的6.33亿元增加到6.50亿元。总的来看，凤凰传媒融资需求较大，短期负债和长期负债均有所增加，但是短期负债增加的幅度更大。

8. 东方明珠

截至2019年第三季度末，东方明珠总负债较年初减少19.47亿元至54.58亿元。其中流动负债较年初减少27%至52.83亿元，主要是由于短期借款从年初的16.5亿元减少到1.50亿元。非流动负债较年初减少1%至1.75亿元。总的来看，东方明珠融资需求减少，短期负债和长期负债均有所减少，且短期负债减少的幅度更大。

9. 省广集团

截至2019年第三季度末，省广集团总负债较年初减少1.33亿元至

35.76 亿元。其中流动负债较年初增加 4% 至 33.43 亿元；非流动负债较年初减少 52% 至 2.33 亿元，主要是由于长期借款从年初的 1.3 亿元减少到 0。总的来看，省广集团融资需求减少，尤其是长期负债减少的幅度较大。

10. 芒果超媒

截至 2019 年第三季度末，芒果超媒总负债较年初增加 16.11 亿元至 80.48 亿元。其中流动负债较年初增加 26% 至 77.87 亿元，短期借款、应付账款、一年内到期的非流动负债、其他流动负债各项均有所增加。非流动负债较年初增加 1% 至 2.61 亿元，主要是由于递延收益－非流动负债从年初的 2.13 亿元增加到 2.38 亿元。总的来看，芒果超媒融资需求较大，尤其是短期负债增加的幅度较大。

五　促进文化产业债券市场发展的对策建议

（一）进一步鼓励大中型文化企业参与债券市场

文化产业债券市场的发展需要一批具有成长性的优质文化企业的积极参与。债券市场具有融资成本低、发债期限灵活的优势，但是也对企业的资产规模、治理结构、信用情况、财务管理等方面提出了更高的要求，因此传统债券市场更适合具有一定资产规模和信用等级的大中型文化企业参与。中央和地方财政部门要继续加大对文化企业发行债券的财政贴息力度，提高文化企业参与债券市场的积极性；文化部及各地政府联合开展多种类型的文化金融教育活动，加大对各类文化产业债券的宣传和推广力度，专门开设与文化产业债券市场相关的培训；鼓励大中型文化企业改善内部治理结构和财务结构，积极满足债券市场的基本要求，合理拓展融资途径、降低融资成本。

（二）探索中小型文化企业利用债券市场的多种途径

文化产业债券市场的壮大离不开中小型文化企业的参与。文化企业尤其是新兴文化企业，具有资产规模小、无形资产占比高的特点，因此需要创新中小型文化企业融资方式，探索多种类型的债券市场融资途径。在实践中，探索并推出文化类中小企业集合票据，将同一地区、同一行业或同一产业链条的多家中小型文化企业联合起来，共同发行债券，解决单个企业规模小的问题；探索无形资产在债券市场的应用，通过知识产权证券化等方式将中小型文化企业拥有的无形资产转化为现金流；充分利用文化产权交易所等市场，通过破产重组、资产转让等方式壮大文化企业，促进文化产业的良性竞争和有序发展。

（三）完善相关中介服务机构

文化产业债券市场离不开中介服务机构的参与。由于我国专门服务文化金融的中介机构较少以及传统中介机构对文化金融服务创新不足，文化企业在利用金融市场融资的过程中往往缺乏配套的服务，限制了文化企业进入债券市场的可能性。债券市场的核心内容是企业的信用评级，因此要鼓励发展专业的信用评级机构，针对文化企业无形资产占比高的特点，探索构建科学的无形资产评估体系，对文化企业进行合理的信用评估。大力发展文化产业债券担保机构、再担保机构、信用保险机构，对文化产业债券可能的风险进行分担，降低文化产业债券市场的风险。探索金融科技在文化产业债券市场的应用，发挥科技部门在数据搜集等方面的优势，解决文化产业债券市场的信息不对称问题，畅通文化企业利用债券市场的渠道。

B.4

2019年文化产业上市公司股权融资：整体平稳，并购重组不断推进

段卓杉　张玉聪*

摘　要： 近年来，我国文化产业发展迅速，已经逐渐成为国民经济增长的新动能和新引擎。在股权资本市场方面，新增IPO上市文化企业数量在波动中增长，截至2019年底文化产业累计IPO融资规模近3000亿元，上市后再融资市场整体表现平稳。随着再融资政策进入放松周期，并购重组改革不断推进，预计未来我国上市文化企业再融资规模有望迎来进一步增长，数字创意类企业借壳上市的积极性或将提高。

关键词： 文化产业　上市公司　IPO融资　并购重组　上市后再融资

一　2019年我国文化产业上市公司发展环境分析

（一）政策环境分析

2019年以来，《关于进一步加强金融服务民营企业有关工作的通知》《关于修改〈上市公司重大资产重组管理办法〉的决定》等政策相继颁布实

* 段卓杉，新元智库文化金融部研究总监。张玉聪，新元智库文化金融部研究主管。

施，不仅鼓励加快民营企业首发上市和再融资审核进度，还进一步简化重组上市认定标准，降低了重大重组事件触发条件，我国上市企业再融资政策进入放松周期。但也应该看到，目前影视、游戏监管依旧从严，上市企业跨界投资影视、游戏的行为受限。

1. 上市文企再融资政策进入放松周期，鼓励加快民企首发上市和再融资审核进度

2018 年 11 月，证监会发布《发行监管问答——关于引导规范上市公司融资行为的监管要求》，大幅调整再融资资金用于补流和偿债的限制，并将再融资间隔期限由 2017 年的 18 个月缩短为 6 个月，上市再融资政策开始松绑。2019 年 2 月，银保监会发布《关于进一步加强金融服务民营企业有关工作的通知》并提出，完善股票发行和再融资制度，加快民营企业首发上市和再融资审核进度。2019 年 10 月，证监会正式发布实施《关于修改〈上市公司重大资产重组管理办法〉的决定》，要求恢复重组上市配套融资，进一步释放宽松信号，上市文化企业再融资政策进入放松周期。

2. 监管日益趋严，上市企业募集资金不得投向影视、游戏领域

过去几年，我国游戏、影视领域并购活跃，炒壳、高杠杆收购、高溢价并购等乱象频出，但从 2016 年《上市公司重大资产重组管理办法》正式实施以来，游戏、影视并购监管日益趋严。2019 年 7 月 5 日，证监会发布《再融资业务若干问题解答》（即“再融资 30 条”）并提出：“募集资金应服务于实体经济，符合国家产业政策，主要投向主营业务，原则上不得跨界投资影视或游戏。”在其他行业再融资政策放松的情况下，再一次重申不得跨界投资影视或游戏，意味着未来一段时间影视、游戏领域融资监管依旧趋严，上市企业跨界投资影视、游戏的行为将受限。

3. 重大重组事件触发条件降低，鼓励上市文化企业通过并购重组改善资产质量

2019 年 10 月，证监会出台《关于修改〈上市公司重大资产重组管理办法〉的决定》并提出，简化重组上市认定标准，取消“净利润”指标，将“累计首次原则”计算期间进一步缩短至 36 个月等意见。与 2016 年版的

《上市公司重大资产重组管理办法》在重组上市认定标准中设定总资产、净资产、营业收入、净利润等多项指标，将“累计首次原则”计算期间从“无限期”缩减至60个月等要求相比，此次修改降低了重大重组事件触发条件，有利于鼓励我国上市文化企业更高效地通过并购重组改善资产质量。

（二）产业环境分析

从产业角度来看，我国文化产业发展迅猛，新兴业态不断涌现，但现有金融支持力度仍不能满足产业快速发展的资金需求，这也给我国上市文化企业的进一步发展带来了挑战。

1. 文化产业蓬勃发展，已成为国民经济重要增长点

近年来，我国文化产业蓬勃发展，已经逐渐成为国民经济增长的新动能和新引擎。据国家统计局及文化和旅游部统计，我国文化及相关产业增加值从2012年的18071亿元增长到2018年的41171亿元，年均增速超过14%，占GDP的比重也由3.34%增长至4.48%（见图1），对国民经济增长的贡献率平均达到5.8%。文化产业正在成为国民经济的重要增长点。

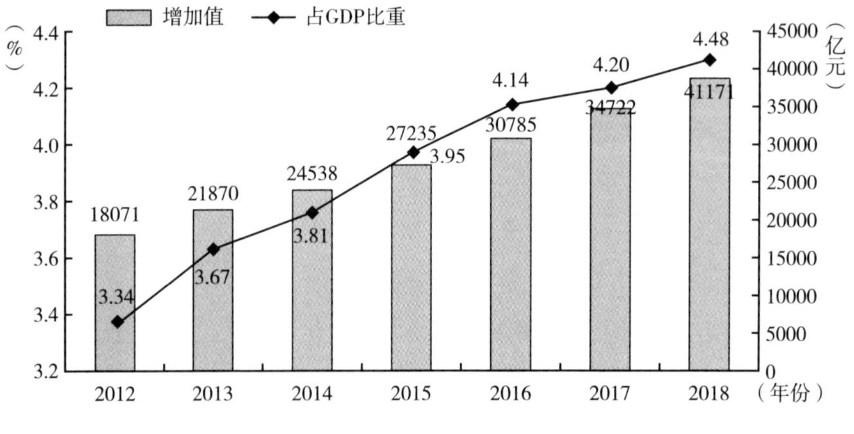

图1　2012～2018年我国文化及相关产业增加值情况

数据来源：国家统计局、文化和旅游部。

2. 互联网新兴文化业态发展保持强劲势头，成为文化产业主要增长领域

随着互联网技术、数字科技等不断迭代升级，传统文化产业互联网化、数字化进程不断加快，短视频、直播、自媒体、数字出版、动漫游戏等新兴业态纷纷涌现并获得众多资本关注，发展势头强劲。国家统计局数据显示，2019 年上半年，我国广播电视集成播控、互联网其他信息服务、互联网广告服务、工业设计服务、互联网文化娱乐平台、电子出版物出版、用户可穿戴智能文化设备和虚拟现实设备等新兴文化业态的营收增长速度均在 20% 以上，已经成为我国文化产业发展的主要增长领域。

3. 文化产业进入快速发展新时期，资本投入不足成“瓶颈”

国家统计局发布的《新中国成立 70 周年经济社会发展成就系列报告》显示，目前我国文化产业已经从探索、起步、培育的初级阶段，进入了快速发展的新时期。产业的高速发展自然需要大量的资金支持，但也应看到，目前我国现有的金融支持力度远远达不到文化产业发展的实际需求水平，文化与金融信息对接不畅、文化企业融资难且贵等问题依旧存在，资本投入不足已经成为制约我国文化产业及文化企业进一步快速发展的“瓶颈”。

二　2019年我国文化产业上市公司股权融资情况

（一）IPO 融资情况

1. 新增 IPO 上市文化企业数量在波动中增长，累计 IPO 融资规模近3000亿元

新元文智 - 文化产业投融资大数据系统（文融通）数据显示，截至 2019 年底，我国境内外 IPO 上市文化企业数量累计达 348 家，涉及资金规模高达 2794. 95 亿元。分年度来看，近五年，我国每年新增的 IPO 上市文化企业数量总体呈波动增长态势（见图 2）。其中，2017 年，在证监会推进新股发行常态化的背景下，A 股市场 IPO 出现井喷，当年新增 IPO 上市文化企业数量高达 39 家（境内 33 家），创历史新高，IPO 首发融资规模也顺势增

长至316.49亿元。2018年，随着IPO“堰塞湖现象”的逐步缓解，以及IPO审核不断趋严，文化企业IPO逐步进入提质阶段，当年新增IPO上市文化企业数量虽然有所下降，共20家，但由于爱奇艺、腾讯、哔哩哔哩等多个龙头企业先后在境外成功上市并获得大体量资金，首发融资规模同比增长22.15%，达386.59亿元。2019年，我国A股市场IPO过会率提升明显，由2018年上半年的不足60%上升至2019年上半年的89.01%①，境内外IPO上市文化企业数量也再次增长至35家，但2018年龙头企业扎堆上市大量融资的场景并未再次出现，导致首发融资规模有所回落，为245.73亿元，同比下降36.44%。

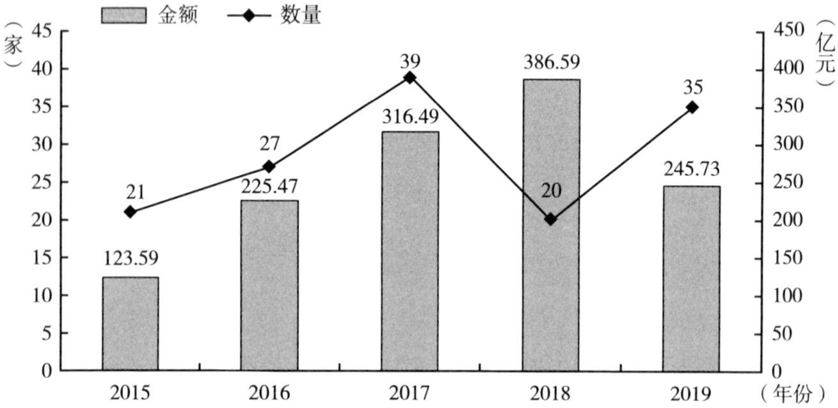

图2 2015～2019年我国文化产业上市公司IPO首发融资情况

注：本文统计的上市文化企业所属范围不包含港澳台地区。

数据来源：新元文智－文化产业投融资大数据系统（文融通）。

2. 文化传播渠道业融资规模领先，创意设计服务业IPO首发融资最为活跃

2019年，我国文化产业IPO首发融资主要集中在文化传播渠道、创意设计服务两个领域，融资规模合计占49.63%（见图3）。其中，文化传播渠道领域虽然仅新增了3家IPO上市的文化企业，但斗鱼在美国纳斯达克证券交易所成功上市带来的7.75亿美元大额融资，导致该领域IPO融资规模

① 数据来源：东方财富Choice数据。

遥遥领先，占融资总额的比重高达26.97%。在创意设计服务领域，融资额达55.67亿元，并且是新增IPO上市文化企业数量最多的领域，占总数的34.29%，表现最为活跃。

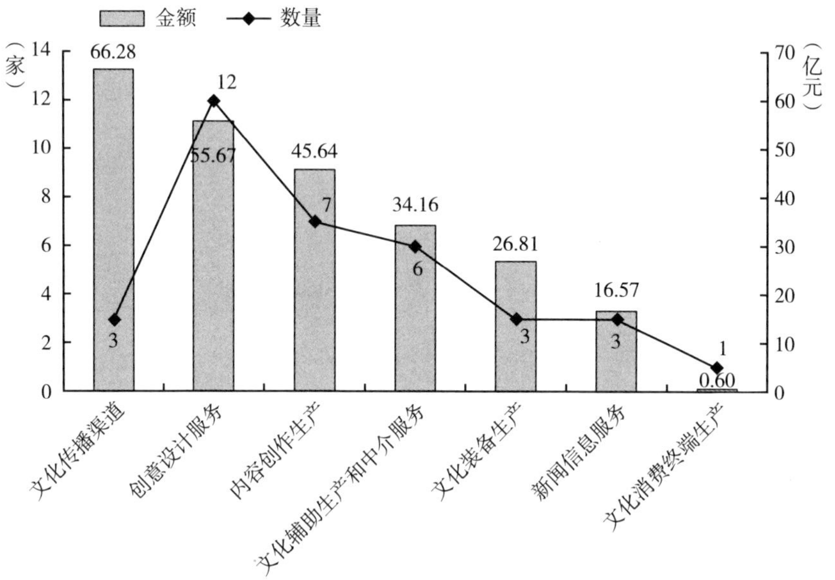

图3　2019年我国文化产业各细分领域IPO上市融资情况

数据来源：新元文智－文化产业投融资大数据系统（文融通）。

3. 新增上市文化企业数量及IPO首发融资规模双双居首，广东表现突出

作为文化大省，2015～2017年，广东文化及相关产业增加值持续居于全国首位，分别为3648.8亿元、4256.6亿元、4817.2亿元，年均复合增长率达14.90%。① 文化产业的迅速发展离不开当地上市企业的引领推动作用，据新元文智－文化产业投融资大数据系统（文融通）统计，2019年，广东省无论是新增IPO上市文化企业数量，还是IPO首发融资规模均遥遥领先于其他地区，新增10家上市文化企业，共募资57.63亿元，在全国总规模中的占比分别高达28.57%、23.45%（见表1），表现十分

① 数据来源：文化及相关产业统计年鉴。

突出。湖北地区由于斗鱼的大额融资位居全国第二位，首发融资规模占比为21.71%。北京地区新增IPO上市文化企业数量仅次于广东，首发融资规模居全国第三，占比为19.75%。

表1　2019年我国主要省份文化产业IPO上市融资情况

地区	数量(家)	金额(亿元)	金额占比(%)
广东	10	57.63	23.45
湖北	1	53.34	21.71
北京	9	48.54	19.75
浙江	6	36.01	14.65
天津	1	16.83	6.85
上海	2	13.66	5.56
西藏	1	5.67	2.31
江苏	2	5.02	2.04
福建	2	4.56	1.86
四川	1	4.47	1.82

数据来源：新元文智－文化产业投融资大数据系统（文融通）。

（二）上市后再融资情况

1. 上市文化企业再融资规模小幅下降，市场整体表现平稳

2017年，为抑制过度融资、募集资金脱实向虚等现象，监管层不断收紧上市企业再融资市场政策，监管也日益趋严。受市场环境影响，2018年，我国上市文化企业再融资规模大幅下降，全年共计发生融资案例80起，涉及资金规模为1192.78亿元，分别同比下降54.55%、41.49%（见图4）。2018年末，证监会发布《发行监管问答——关于引导规范上市公司融资行为的监管要求》，标志着再融资政策开始松绑。但依旧从严的监管环境，加上利好政策真正落地实施具有一定的时间滞后性，导致2019年上市文化企业再融资市场并未出现大幅波动，全年共计发生融资案例82起，同比增长2.50%，涉及资金规模为1186.36亿元，同比下降0.54%，整体表现相对平稳。2020年以来，受新冠肺炎疫情影响，上市文化企业再融资活跃度有所

下降，但随着疫情结束，加上政府各项利好政策的不断实施，预计我国上市文化企业再融资市场将迎来反弹性增长。

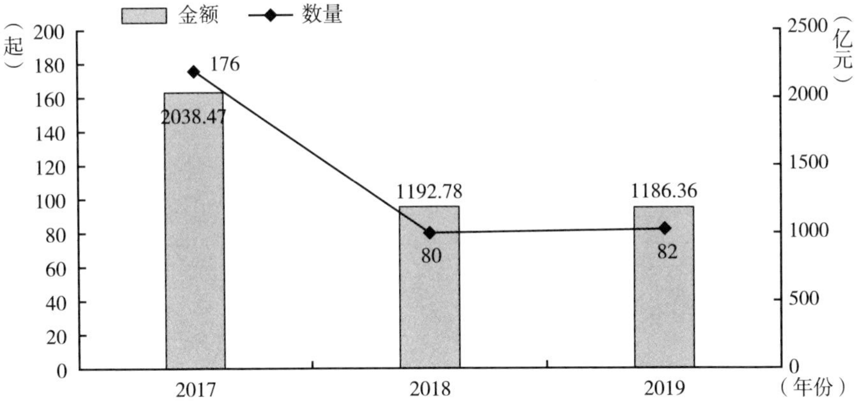

图4　2017～2019年我国上市文化企业再融资情况

数据来源：新元文智－文化产业投融资大数据系统（文融通）。

2. 内容创作生产类上市企业表现活跃，再融资案例数量及规模双双领先

随着动漫、游戏、数字出版、自媒体等新兴业态不断涌现，内容创作生产领域也受到越来越多资本的关注，发展越发迅速。据新元文智－文化产业投融资大数据系统（文融通）统计，2019年，内容创作生产领域的上市企业共计发生再融资案例23起，涉及资金规模高达480.78亿元（见图5），分别占全年上市文化企业再融资总规模的28.05%、40.53%。其次是文化传播渠道领域，共计发生上市后再融资案例20起，涉及资金规模为424.58亿元，分别占总规模的24.39%、35.79%。其他领域上市企业融资活跃度相对较低，再融资规模均在百亿元以下。

3. 北上广上市文化企业再融资能力突出，广东高居全国之首

从地区分布来看，2019年，我国上市文化企业再融资事件主要集中在北上广三个地区，合计融资规模占比超70%（见表2）。其中，广东以18起、585.02亿元的成绩高居全国之首，规模占比高达49.31%。北京作为全国文化中心、金融中心，文化及金融资源丰富，上市文化企业数量众多，融

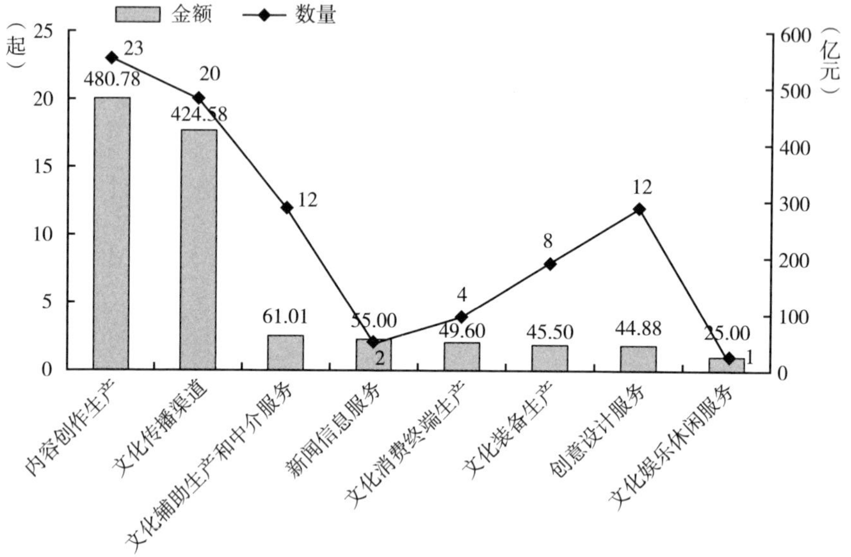

图5 2019年我国文化产业各细分领域上市文化企业再融资情况

数据来源：新元文智－文化产业投融资大数据系统（文融通）。

资能力也相对较高，全年共计发生再融资案例10起，涉及资金规模为258.86亿元，仅次于广东。上海居于第三位，再融资规模不及百亿元，但与其他地区相比，仍相对领先。

表2 2019年我国主要省份上市文化企业再融资情况（TOP10）

地区	数量(起)	金额(亿元)	金额占比(%)
广东	18	585.02	49.31
北京	10	258.86	21.82
上海	6	87.06	7.34
山东	9	46.41	3.91
福建	4	41.81	3.52
湖北	12	38.36	3.23
江西	3	25.00	2.11
浙江	8	20.33	1.71
贵州	1	16.00	1.35
湖南	2	15.00	1.26

数据来源：新元文智－文化产业投融资大数据系统（文融通）。

三　2019年我国文化产业上市公司股权融资案例解析

（一）当虹科技成功登陆科创板，IPO首发融资10.10亿元

1. 事件介绍

2019年12月11日，杭州当虹科技股份有限公司在上海证券交易所科创板上市，简称当虹科技，代码为688039，上市首次发行股票2000万股，占发行后总股本的25%（发行后总股本为8000万股），成功募集资金100960.00万元。

2. 企业简介

作为国内智能视频软件开发企业，当虹科技专注于智能视频技术的算法研究，拥有高质量视频编转码、智能人像识别、全平台播放、视频云服务等核心算法的研究与应用成果，是面向传媒文化和公共安全等领域，提供智能视频解决方案和视频云服务的国家高新技术企业。截至2019年7月31日，当虹科技已获得30项发明专利，其中包括25项国内专利及5项国外专利；与此同时，当虹科技还拥有103项软件著作权。在传媒文化领域，当虹科技提供视频内容采集、生产、传输分发和终端播放等相关产品及服务；在公共安全领域，为公安、司法等政府部门提供人像大数据实战应用平台、移动视频警务等相关产品及服务。

3. 经营情况

近3年，当虹科技的营收和业绩均呈持续增长趋势。2016～2018年，当虹科技营业收入分别为1.02亿元、1.39亿元、2.04亿元；净利润分别为0.36亿元、0.41亿元、0.64亿元。2019年上半年，当虹科技实现营业收入0.78亿元，同比增长21.40%；实现净利润0.13亿元，同比增长20.55%。

4. 融资分析

招股说明书显示，当虹科技首发募资用于下一代编转码系统升级建设项目、智能安防系列产品升级建设项目、前沿视频技术研发中心建设项目、补

充流动资金项目。其募资全部围绕主营业务，投入现有技术升级、前沿技术研发等科技创新领域和补充流动资金。在5G时代下，智能视频技术是一个风口，也是未来会被广泛应用的领域。随着5G与超高清视频行业的高速建设与发展，对超高清视频内容的生产、分发与播放需求将大幅提升。从长远来看，市场规模巨大，竞争越发激烈。当虹科技将资金用于沿着智能视频产业的价值链进行业务扩张，同时结合行业发展趋势，可以为其发展提供更多可能性。总之，当虹科技本次募资用途符合发展战略，能有效提升生产能力及盈利能力，有利于当虹科技持续、快速发展。

（二）当代明诚非公开发行募资8.26亿元

1. 事件介绍

2019年12月20日，武汉当代明诚文化体育集团股份有限公司发布《非公开发行股票发行情况报告书》。报告书显示，本次非公开发行募集资金总额约为8.26亿元，发行对象为当代集团、李建光、喻凌霄、李红欣，其中当代集团为发行人的股东，李建光、喻凌霄、李红欣与公司不存在关联关系。

2. 企业简介

武汉当代明诚文化体育集团股份有限公司是在上海证券交易所上市的公司，简称当代明诚，代码为600136，是一家以打造“全球文化产业整合运营平台”为长期发展战略的文化产业上市企业。当代明诚主营业务涉及影视传媒和体育两大板块，具体包括电视剧业务、电影业务、影视剧衍生业务、艺人经纪业务、节目制作业务、广告业务、影院投资与管理、体育版权分销、体育营销等。

3. 融资分析

报告书显示，本次募集资金用于收购新英开曼股权。据悉，新英开曼是一家体育内容运营商，核心业务是版权分销，依托已取得的优质体育版权，主要面向互联网、广电、运营商等媒体渠道，覆盖互联网网站、电视、IPTV、互联网电视、移动终端等媒体终端，专业从事版权分销和运营工作。

本次发行股票募集资金，对当代明诚有很多的积极影响。如财务方面，有利于改善其财务状况，增加股本总额、净资产、总资产，降低资产负债率，优化资本结构，进一步提高偿债能力，降低财务风险；盈利能力方面，通过获得资金支持，可以提高核心竞争优势，强化自身在行业中的地位，保持并扩大市场份额，利用已有的市场和客户基础，积极开拓新的客户资源，提升营业收入及盈利水平等。

四　2019年我国文化产业上市公司股权融资的特点与趋势

2019 年以来，A 股市场 IPO 过会率不断提高但审核从严趋势未变，加上港新股频频遭遇破发，预计未来赴港上市文化企业数量将下降，选择在 A 股市场上市的文化企业数量将增多但不会出现大幅增长。另外，并购重组改革不断推进，数字创意类企业借壳上市的积极性或将提高。

（一）新股发行提速但审核从严趋势未变，A 股上市文化企业数量有望增加但不会出现大幅增长

2019 年以来，我国 IPO 过会率提升明显。东方财富 Choice 数据显示，我国 A 股市场首发 IPO 过会率由 2018 年上半年的不足 60% 上升至 2019 年上半年的 89.01%，新股发行明显提速。随着科创板等利好因素不断释放，预计未来选择在 A 股市场上市的文化企业将有所增加。但是，过会率显著上升并不意味着审核放松，新一届发审委坚持严审的态度并未改变，对于信息披露不够完善、持续经营能力有待加强的拟上市文化企业来说，新股发行依然面临较大挑战。加上 2020 年以来全球迅速蔓延的新冠肺炎疫情影响，预计未来短期内 A 股市场上市文化企业数量不会出现大幅度增长。

（二）港新股频频遭遇破发，赴港上市文化企业数量将下降

2018 年，香港交易所发布新订《上市规则》，放宽上市条件，接纳双重股权制公司上市等政策红利促使内地文化企业纷纷赴港上市。据新元文智－

文化产业投融资大数据系统（文融通）统计，2018 年我国赴港上市的文化企业数量占全年上市企业数量的 50.00%。但受市场资金面趋紧、文化企业估值被市场过分炒高、估值盈利不匹配等因素影响，2019 年上半年港股 IPO 首日破发率达 39.2%，较去年同期提高了 12.7 个百分点，天平道合、宝宝树集团等文化企业先后遭遇破发，新股表现并不乐观。2019 年，我国赴港上市文化企业占比下降为 34.29%。在 A 股市场利好因素不断释放的情况下，预计未来我国拟上市文化企业的目光将更多投向科创板等 A 股市场。

（三）并购重组市场改革，数字创意类企业借壳上市积极性或将提高

为了抑制并购重组过程中出现的高杠杆并购、滥用融资便利等乱象，以前的《上市公司重大资产重组管理办法》取消了重组上市的配套融资。2019 年 10 月，证监会出台《关于修改〈上市公司重大资产重组管理办法〉的决定》，并提出了恢复重组上市配套融资，允许符合国家战略的高新技术产业和战略性新兴产业相关资产在创业板重组上市等意见。这在一定程度上势必会提高文化企业借壳上市的积极性，尤其利好符合国家战略的高新技术产业和战略性新兴产业的企业发展。预计未来数字创意等类型企业借壳上市的积极性或将提高。

B.5

2019年文化产业私募股权融资：首次“双降”，资本寒冬来临

于　淼*

摘　要： 我国文化产业私募股权投融资经过几年的迅猛发展已经进入非常特殊的时期。在文化和金融两个领域同时强化监管的影响下，2019年文化产业私募股权市场规模同比下降44.71%，融资金额为637.13亿元；事件数量同比下降43.49%，为447起，是近十年来的首次双双下降。与PE渠道融资相比，创投渠道融资下降更加剧烈，降幅达到80%。在地域和行业分布上，北京是吸纳私募股权投资资金最多的省份，互联网文化娱乐平台等行业依旧受到资本的青睐。2019年，股权众筹融资事件仅有一起，融资金额297万元，在股权类融资中的影响甚微。

关键词： 文化金融　私募股权　创投融资　PE融资

一　文化产业私募股权（创投及PE）融资基本情况①

（一）整体情况：金额数量双下滑，融资寒冬已来临

2019年，文化产业私募股权市场融资金额为637.13亿元，事件数量为

* 于淼，中国文化产业投资基金副总裁。

① 股权众筹不在此进行统计，将单独阐述。

447 起，平均单个事件融资金额为 1.43 亿元（见图 1）。根据新元文智 - 文化产业投融资大数据系统（文融通）的数据，与 2018 年相比，2019 年融资金额下降 44.71%，事件数量下降 43.49%。其中，美元融资 58 亿美元（约合人民币 400 亿元），约占总融资金额的 64%，人民币融资 206.55 亿元，占比为 32.42%，港币融资 26.17 亿港元（约合人民币 23 亿元），占比为 3.66%。过去三年，文化产业私募股权融资经历了大起大落。2018 年之前，文化产业总融资金额逐年攀升，2018 年达到峰值的 1152.4 亿元，事件数量在同年也达到顶峰，共 791 起。2019 年文化产业融资事件数量和金额都大幅下降，这与近几年在文化和金融两个领域不断加强监管密不可分，调控效果十分显著。

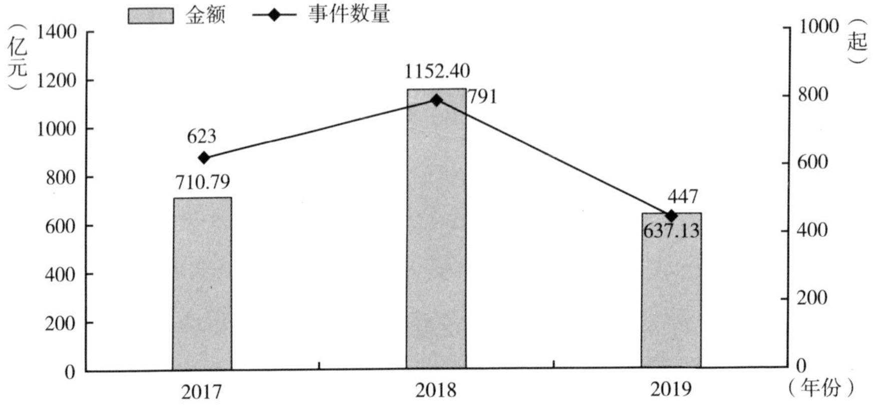

图 1　2017～2019 年全国文化产业私募股权融资情况

数据来源：新元文智 - 文化产业投融资大数据系统（文融通）。

清科私募通的数据显示了相同的趋势。如图 2 所示，事件数量在 2015 年达到顶峰的 5324 起，总金额从 2012 年持续攀升，2018 年达到近十年峰值的 3443.39 亿元。2019 年事件数量和总金额首次出现双下滑，事件数量为 903 起，金额 1341.29 亿元，同比下降 58.65% 和 61.05%。但清科私募通的数据显示，单个融资事件的平均金额总体在不断增长，2018 年突破 2 亿元，2019 年达到 2.25 亿元[①]，小幅度上升 3.44%。过去十年，中国文化

① 此处数据统计口径与图 2 不一致。

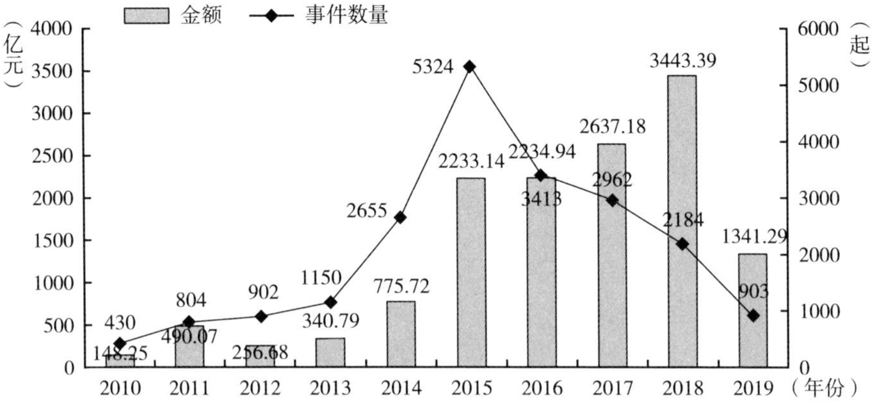

图2　2010～2019年全国文化产业私募股权融资情况

数据来源：清科私募通数据库。

产业私募股权融资经历了从大量、分散、小额融资到少量、集中、规模融资的过程，随着行业不断的重组洗牌，头部效应愈加明显。

如图3所示，互联网文化娱乐平台融资远超其他领域，吸纳资金超过300亿元。2019年，互联网文化娱乐平台、互联网信息服务、广告服务、数字内容服务、信息服务终端制造及销售、广播影视节目制作、设计服务、文化经纪代理服务、文化科研培训服务、版权服务是资金流入前十名的文化领域。其中，互联网文化娱乐平台融资金额为314.22亿元，占比为49.32%，金额是第二名的3.6倍。尽管互联网文化娱乐平台领域的融资事件数量相对其他领域并不多，仅有22起，但是该领域的单个事件融资金额为14.96亿元，远超其他领域。互联网信息服务紧随其后，排名第二，融资金额为86.78亿元，占比为13.62%，事件数量为66起，是2019年融资事件最多的领域，平均单个事件融资金额为1.31亿元。广告服务和数字内容服务两个领域融资规模分列第三、第四位，金额分别为76.11亿元（占比为11.95%）和52.12亿元（占比为8.18%），事件数量分别为39起和38起。信息服务终端制造及销售、广播影视节目制作、设计服务、文化经纪代理服务、文化科研培训服务、版权服务这六个领域的资本关注度相对较低，合计融资85.90亿元，合计占比为13.48%。

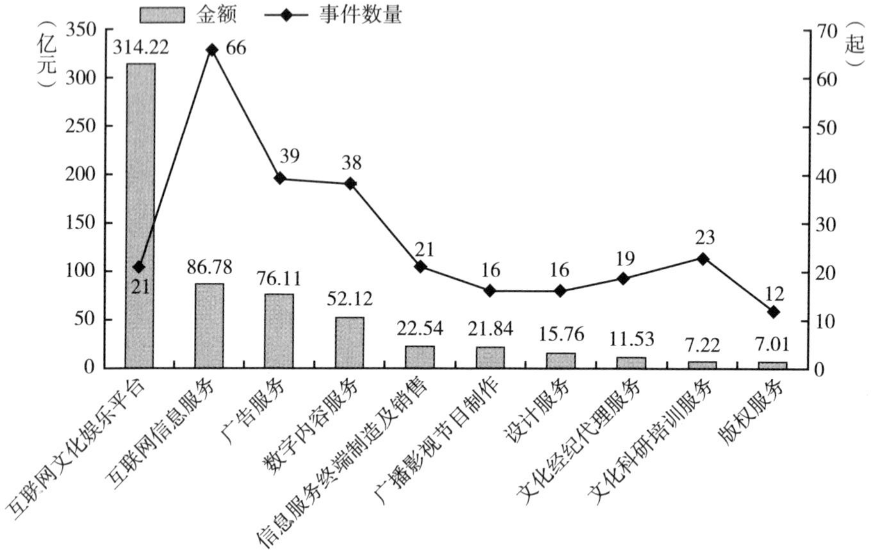

图3　2019年全国文化产业资金流入领域TOP10

数据来源：新元文智－文化产业投融资大数据系统（文融通）。

从清科私募通的数据来看，2019年互联网领域融资金额为832.50亿元，占62%（见图4）；事件数量640起，占70.87%。互联网行业覆盖面广、

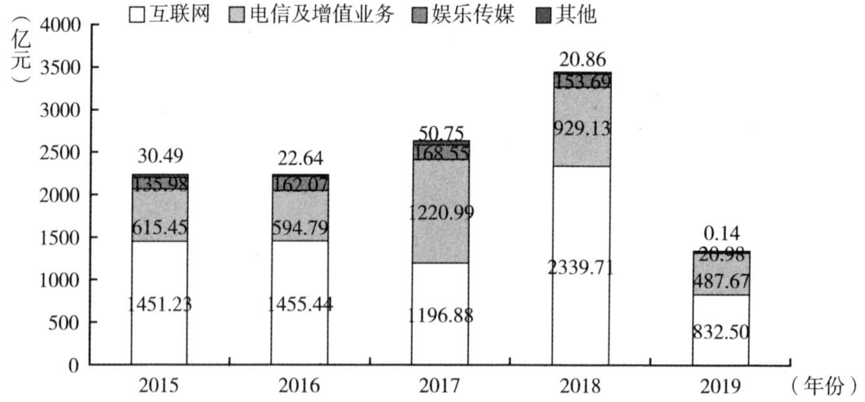

图4　2015～2019年全国文化产业私募股权重点行业融资金额

数据来源：清科私募通数据库。

吸金能力强。但在绝对金额上，互联网领域的融资金额比 2018 年下降 64.41%，事件数量近五年持续下滑，2019 年事件数量同比下降 56.07%。

在资金流入的地域分布方面，北京依旧是排名第一的省份。如图 5 所示，北京、浙江、上海、广东、湖南、福建、四川、新疆、安徽、江苏等十个省份位居我国 2019 年文化产业资金流入规模的前十名。其中，北京的融资金额和事件数量都大大超过其他省份，总金额超过 400 亿元，占比为 62.87%，事件数量为 111 起，平均单个事件融资 3.61 亿元。浙江排名第二，融资金额为 90.36 亿元，占比为 14.18%，事件数量为 35 起，平均单个事件融资金额为 2.58 亿元。上海和广东排名第三和第四位，两个地区的事件数量均为 56 起，但上海融资规模相对较大，金额为 61.51 亿元（占比为 9.65%），单个事件 1.10 亿元，而广东资金流入 27.63 亿元（占比为 4.34%），单个事件融资 4934 万元。湖南、福建、四川、新疆、安徽、江苏六个省份融资规模均在 20 亿元以下，合计吸纳资金 52.55 亿元，合计占比为 8.25%。

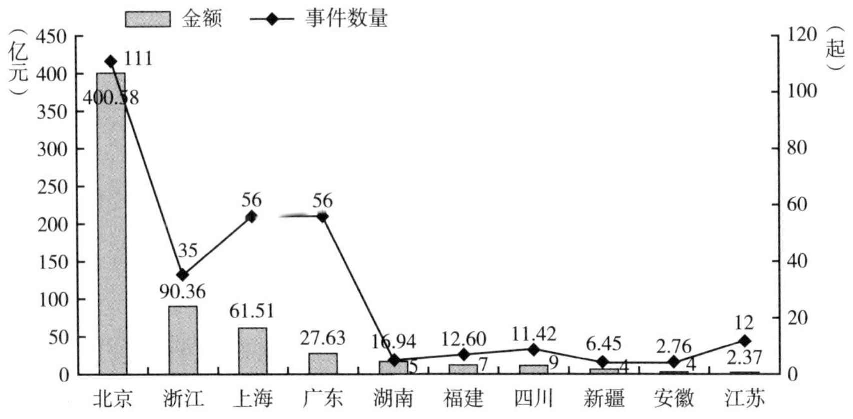

图 5　2019 年全国文化产业资金流入省份 TOP10

数据来源：新元文智 - 文化产业投融资大数据系统（文融通）。

清科私募通数据显示的地域分布与新元文智数据显示的基本一致。2019年文化产业私募股权融资主要分布在北京、上海、浙江、广东和天津五个地区。北京对文化中心建设极为重视，融资能力常年名列前茅。如图6所示，2019年文化产业在北京融资金额为709.96亿元，占总金额的52.93%，事件数量为257起，占总数量的28.46%。北京的文化产业融资金额在2017年达到五年峰值1479.44亿元后逐步回落，2018年下降到约912亿元，2019年进一步降到709.96亿元，同比下降22.19%。上海文化产业私募股权融资金额排第二位，为173.18亿元，占比为12.91%，事件数量为182起，占总数量的20.16%。浙江省位列第三，融资金额为137.71亿元，占比为10.27%，事件数量为107起，占比为11.85%。

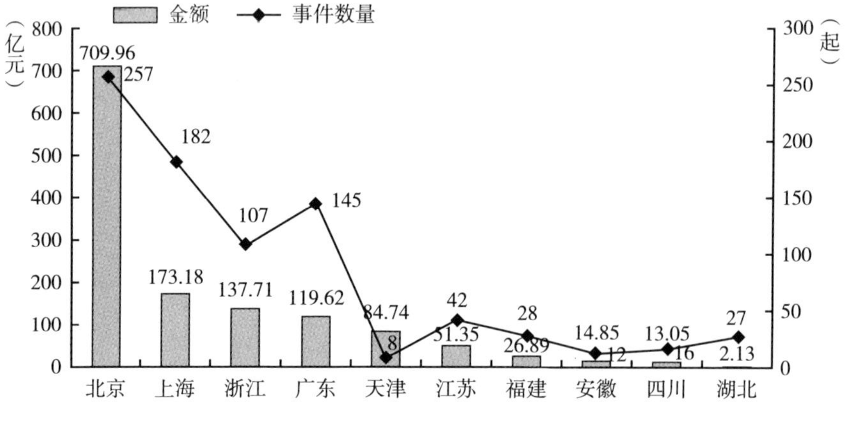

图6　2019年全国文化产业私募股权融资地区分布TOP10

数据来源：清科私募通数据库。

（二）创投渠道：总体融资下降超80%，北京吸纳资金最多

2019年全国文化产业创投渠道融资大幅下降。新元文智－文化产业投融资大数据系统（文融通）的数据显示，2019年创投渠道发生融资事件237起，融资金额为52.48亿元。与2018年相比，2019年融资金额下降80.53%，事件数量下降58.35%，平均金额从4737万元下降到2214万元

（如图7所示）。创投渠道的融资主要依靠人民币，2019年创投渠道的人民币融资金额为42.31亿元，占比为80.61%，而美元融资金额为1.45亿美元（约合10亿元人民币），占比为19.36%。2018年创投渠道融资金额、融资事件数量和平均单个事件金额分别比2017年上涨了62.64%、21.06%和34.35%。但2019年这三个数据都出现明显下滑，尤其是融资金额，同比下降了80%以上，还不及2017年的1/3。同时，创投渠道融资占总融资的8.24%，这一数据在2017年和2018年分别为23.32%和23.39%。由此可以看出，2019年投资人对创投类文化企业的投资非常谨慎，与PE渠道相比，创投渠道资金流入下降更加明显。

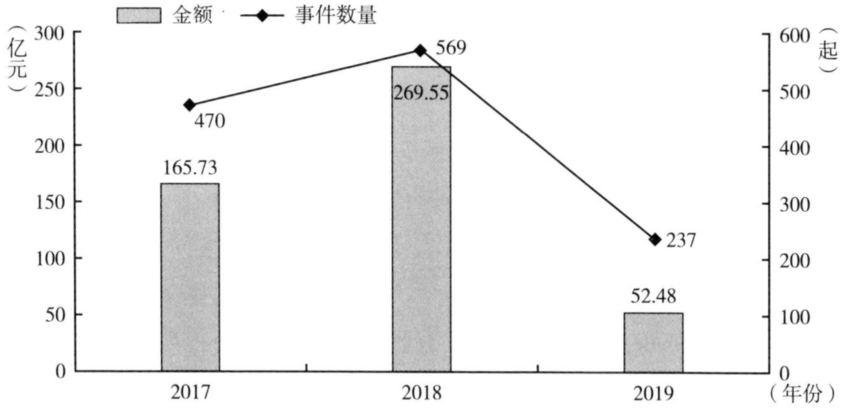

图7　2017～2019年全国文化产业创投渠道融资情况

数据来源：新元文智－文化产业投融资大数据系统（文融通）。

各领域融资较平均，信息服务终端制造及销售拔得头筹。2019年，创投渠道融资前十名的领域分别是信息服务终端制造及销售、互联网信息服务、文化经纪代理服务、数字内容服务、文化科研培训服务、广告服务、版权服务、互联网文化娱乐平台、广播影视节目制作及娱乐服务。如图8所示，信息服务终端制造及销售吸纳资金10.17亿元，占创投渠道总融资额的19.38%，发生融资事件13起，平均单个事件融资金额为7823万元，是创投渠道不同领域中平均单个事件融资金额的最高值。此外，全年融资金额超过5亿元的领域还有互联网信息服务、文化经纪代理服务和数字内容服务，分列第二位到第

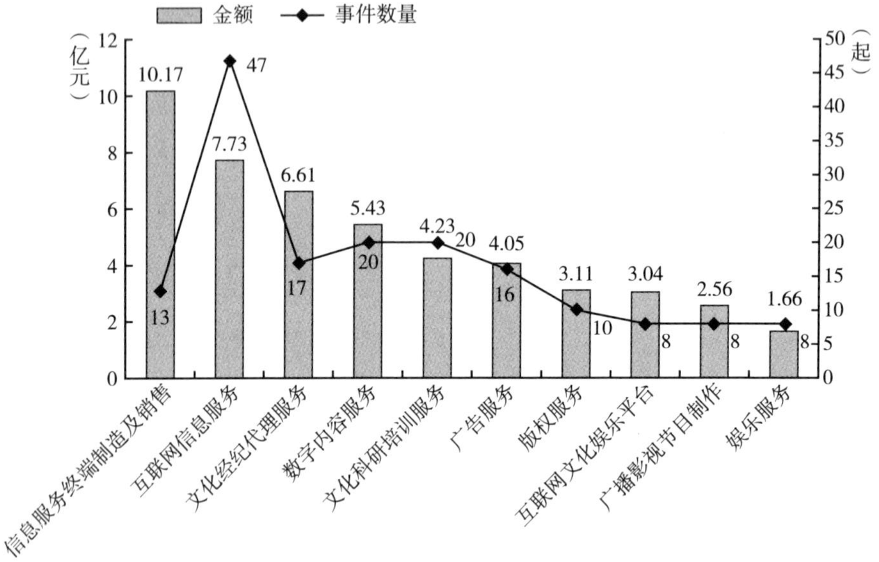

图8　2019 年全国文化产业创投渠道融资重点领域

数据来源：新元文智－文化产业投融资大数据系统（文融通）。

四位，融资金额分别为 7.73 亿元、6.61 亿元和 5.43 亿元，占比分别为 14.72%、12.59% 和 10.35%，其中，互联网信息服务是创投渠道不同领域中融资事件数量最多的领域，为 47 起，平均单个事件融资金额为 1645 万元。文化科研培训服务、广告服务、版权服务、互联网文化娱乐平台、广播影视节目制作及娱乐服务吸纳资金能力相对较弱，合计融资 18.65 亿元，合计占比为 35.54%。与 2018 年相比，2019 年创投渠道融资的领域分布呈现分散态势，没有特别突出的领域，前三大领域合计占比从 2018 年的 60% 下降到 2019 年的 46.69%。

北京吸金能力强，上海、广东次之。2019 年，北京是创投渠道吸纳资金最多的省份，融资金额为 19.80 亿元（占比为 37.72%），比 2018 年的 76.73 亿元下降了 74.20%，融资事件数量也从 237 起下降到 69 起，降幅为 70.89%。如图 9 所示，排名第二到四位的地区是上海、广东和浙江，融资金额分别为 11.76 亿元、9.43 亿元和 4.86 亿元，占比分别为 22.41%、17.96% 和 9.25%。2018 年吸收资金最多的江苏省在 2019 年排名第五位，

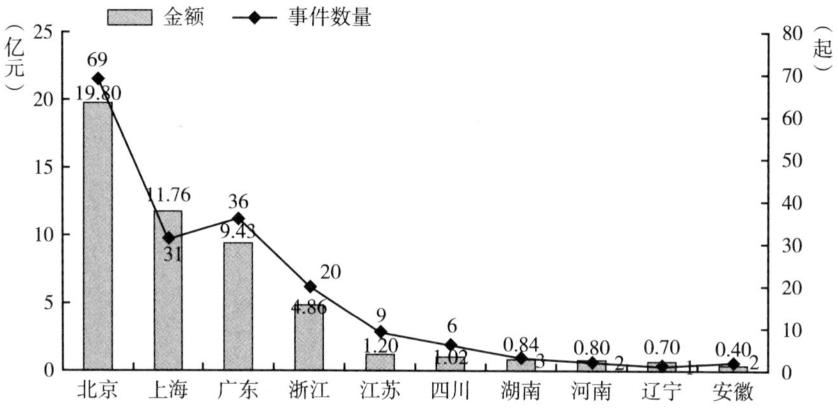

图 9　2019 年全国文化产业创投渠道融资省份 TOP10

数据来源：新元文智 - 文化产业投融资大数据系统（文融通）。

融资金额从 2018 年的 101.67 亿元下降到 1.20 亿元（占比为 2.29%），同比下降 98.82%。紧随其后的是四川、湖南、河南、辽宁、安徽等省份，合计融资 3.76 亿元，合计占比为 7.16%。

（三）PE 渠道：互联网文化娱乐平台拔头筹，近2/3的资金流入北京

2019 年 PE 渠道融资超过 580 亿元，快手融资规模最大。新元文智 - 文化产业投融资大数据系统（文融通）的数据显示，2019 年通过 PE 渠道融资 210 起，融资金额为 584.65 亿元，平均单个事件融资金额为 2.78 亿元（如图 10 所示）。从不同币种的角度分析，美元融资 56.73 亿美元（约合人民币 397 亿元），占 PE 渠道融资金额的 67.92%，人民币融资 164.25 亿元，占比为 28.09%，其余为港币融资 26.17 亿港元（约合人民币 23.29 亿元），占比为 3.98%。与创投渠道融资情况类似，PE 渠道融资也经历了 2018 年的上涨和 2019 年的下降，但涨跌幅度都小于创投渠道。2018 年 PE 渠道融资金额、融资事件数量和平均单个事件融资金额分别比 2017 年上涨了 61.97%、45.10% 和 11.63%，这三个指标在 2019 年同比下降 33.78%、5.41% 和 29.99%。2017～2018 年，PE 渠道融资金额占总金额的 76.6% 左右，2019 年这一比例上升到 91.76%。

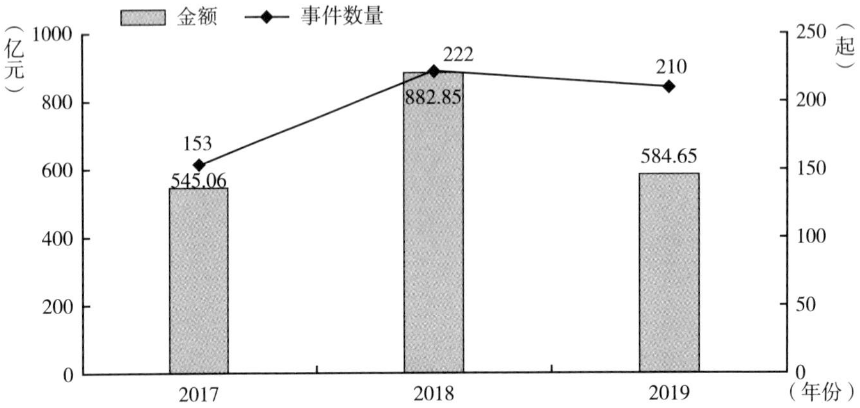

图 10　2017～2019 年全国文化产业 PE 渠道融资情况

数据来源：新元文智－文化产业投融资大数据系统（文融通）。

互联网文化娱乐平台领域融资最多，行业集中度提高。2019 年，互联网文化娱乐平台融资金额为 311.18 亿元，占 PE 渠道融资金额的 53.23%，尽管融资事件数量不是最高的，仅有 13 起，但单个事件的融资金额达到了 23.94 亿元，远超其他领域的平均单个事件融资金额。如图 11 所示，排在

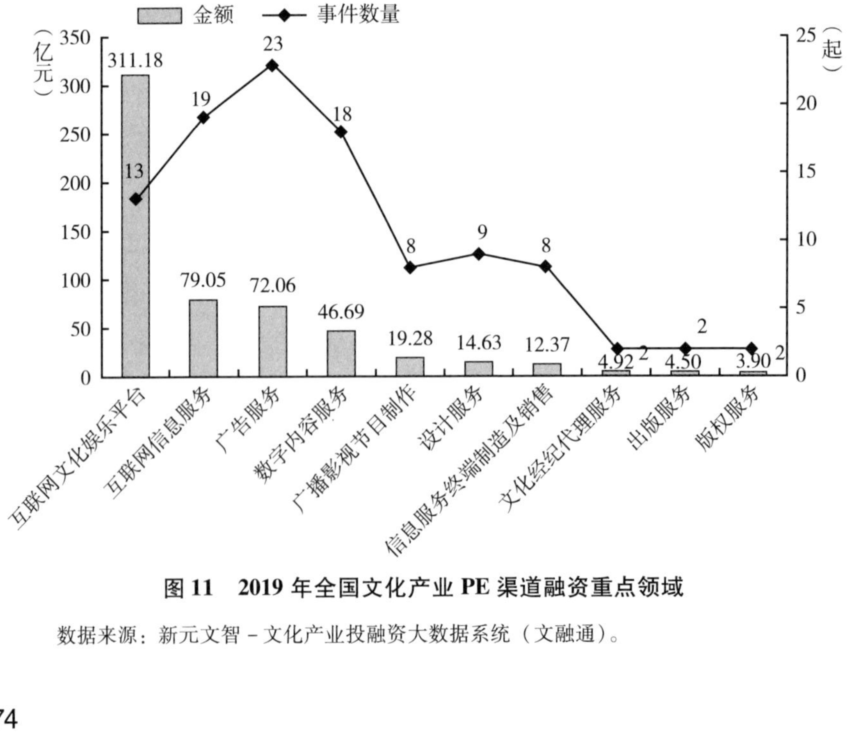

图 11　2019 年全国文化产业 PE 渠道融资重点领域

数据来源：新元文智－文化产业投融资大数据系统（文融通）。

第二到第十位的领域分别是互联网信息服务、广告服务、数字内容服务、广播影视节目制作、设计服务、信息服务终端制造及销售、文化经纪代理服务、出版服务和版权服务。其中互联网信息服务和广告服务融资金额分别为79.05亿元和72.06亿元，占比分别为13.52%和12.32%，平均单个事件融资金额为4.16亿元和3.13亿元。前三个领域合计占比从2018年的78.26%上涨到79.07%，行业集中度提高。而数字内容服务、广播影视节目制作、设计服务、信息服务终端制造及销售、文化经纪代理服务、出版服务和版权服务等7个领域合计融资106.29亿元，合计占比为18.18%。

北京有多个大项目完成融资，资金流入遥遥领先。除了快手的30亿美元融资外，2019年在北京完成的融资还有一点资讯、知乎等项目，平均融资金额超过4亿美元。北京的PE渠道融资金额为380.78亿元，占PE渠道资金流入的65.13%，平均单个事件融资9.07亿元。浙江排名第二，融资85.50亿元，占比为14.62%；上海第三，吸纳资金49.75亿元，占比为8.51%。PE渠道融资省份排名前三位与2018年一致，合计占比从76.93%上升至88.26%，地域集中度进一步提高。广东、湖南、福建、四川、新疆、安徽、江苏等省份排在第四至第十位，合计融资金额为66.60亿元，合计占比为11.39%（如图12所示）。

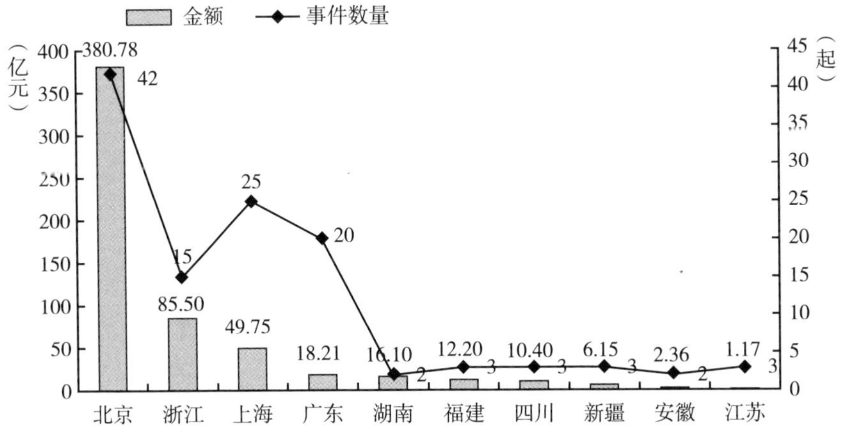

图12　2019年全国文化产业PE渠道融资省份TOP10

数据来源：新元文智－文化产业投融资大数据系统（文融通）。

二　文化产业股权众筹融资基本情况

新元文智－文化产业投融资大数据系统（文融通）的数据显示，2019年文化产业股权众筹融资事件1起，融资金额297万元。股权众筹的融资金额和事件数量延续了2018年双下滑趋势，且下滑比例进一步扩大。如图13所示，2017年股权众筹融资金额为8394.93万元，事件数量为20起，平均单个众筹项目融资419.75万元；2018年融资金额下降到2907.23万元，事件数量为7起，平均单个项目融资415.32万元，三个指标同比分别下降了65.37%、65.00%和1.05%。2019年下滑得更加剧烈，融资金额下降89.78%，事件数量下降85.71%，平均单个项目融资金额下滑了28.49%。由此可见，从2017年众筹项目风险集中爆发开始，政策和资本双向收紧，加之自身的局限性，股权众筹已经基本停摆，不再是资本市场青睐的融资形式，在股权类融资中的影响甚微。

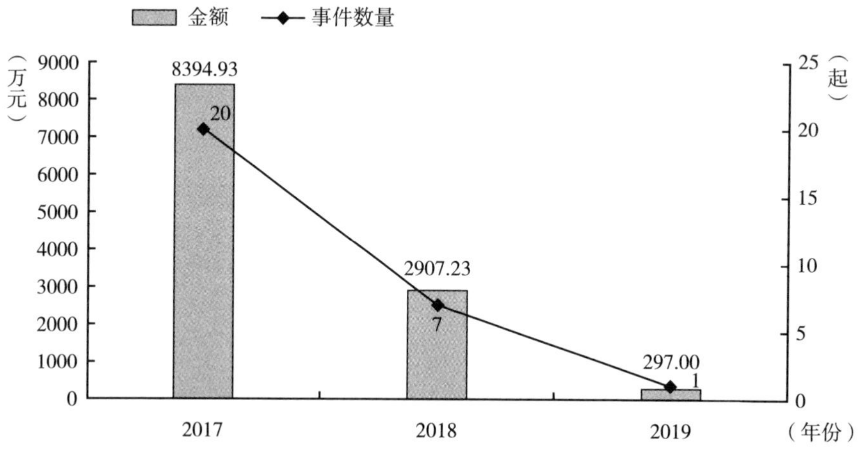

图13　2017～2019年文化产业股权众筹融资情况

数据来源：新元文智－文化产业投融资大数据系统（文融通）。

三　案例解析：快手 G 轮融资30亿美元

（一）事件介绍

2019 年 12 月，快手完成了 30 亿美元的 G 轮融资，投资方为腾讯、博裕资本、云锋基金、淡马锡投资、红杉中国。其中，腾讯作为领投方投资 20 亿美元，其他方各投资 2.5 亿美金，本轮融资后快手的整体估值为 286 亿美金（约合 2000 亿人民币）。

（二）融资方介绍

快手的运作主体为北京一笑科技发展有限公司，成立于 2011 年，主要业务为无线互联网、移动产品的研发。公司成立之初名为 Gif 快手，主要提供动态图片拍摄和分享 App 服务，2012 年从工具应用转型做短视频社区，2014 年更名为快手，2015 年总用户数突破 1 亿，用户从一线白领到四线青年，覆盖面广阔，2017 年日活跃用户数量突破 1 亿，2018 年收购知名视频网站 A 站，2019 年日活跃用户数量突破 2 亿。①

（三）融资分析

在 2019 年资本寒冬中，尤其是在文化领域投融资大幅下降的背景下，快手此次融资是文化行业最受瞩目的事件之一。从 2012 年起，快手以每年一轮的速度，不断从资本市场获得融资。从天使投资人晨兴资本的数十万美元，到 2019 年的 G 轮 30 亿美元，快手的投资人包括 BAT、红杉中国、DCM、华人文化、光源资本、淡马锡投资等知名机构。此次融资传达出几个重要的信息。第一，巨额体量的融资加投资人的豪华阵容都体现了资本市场和专业投资人对短视频平台行业未来发展趋势判断的积极正向。第二，互

① 信息来源：快手官方网站（https：//www.kuaishou.com/about/）。

联网短视频平台的寡头局势基本确定，此次融资落地是对快手行业地位的充分肯定。第三，行业巨头通过战略投资进行业务互补是常态化。例如，腾讯通过大举投资来弥补业务空缺，本轮融资后，腾讯持有快手15%～20%的股份，在公司业务上可进一步合作，同时在战略和管理上也会有较大话语权。阿里系的云锋基金在融资中同样表现积极，随着技术的不断更新，短视频和电商的结合愈加紧密，但本轮过后阿里系持有1%～2%的股份，显示出快手依旧希望保持电商中立的态度。

四　我国文化产业私募股权市场发展特点及趋势

（一）融资数据双向下滑，整体冷个别热冰火两重天

2019年，文化产业私募股权融资无论是金额还是事件数量都呈明显的下滑趋势，是近十年以来首次双指标同时大幅下滑。新元文智－文化产业投融资大数据系统（文融通）的数据显示2019年融资金额同比下降44.71%，事件数量同比下降43.49%，而清科私募通的数据呈现的降幅更大，融资金额同比下降61.05%，事件数量下降58.65%。主要原因是2017年之后国家对资本市场加强监管，出台了资管新规、再融资新规、减持新规等一系列规定，给私募股权的募资和退出带来巨大影响，投资业务相应萎缩，企业融资难度加大，总体指标下滑。但在如此严峻的融资环境下，快手完成了30亿美元的G轮融资，约合210亿元人民币，一个项目的融资额占整体融资金额的30%以上①，同时，一点资讯、知乎等公司也完成了几亿美元的融资，一些项目的融资能力依旧非常强。2019年，私募股权资金在文化行业的投资呈现整体冷个别热、冰火两重天的情况，这正是调整行业结构、挤出非理性泡沫、加强监管自律、重塑行业自信基础的契机。

① 按照新元文智－文化产业投融资大数据系统（文融通）的数据，快手融资额约占2019年融资额的33%；按照清科私募通的数据，快手融资额约占2019年融资额的15.6%。

（二）直播电商大爆发，未来大有可为

直播属于文化行业中的互联网文化娱乐平台类，经过几年快速发展和磨合，2019 年与电商结合的模式大爆发。目前，快手日活跃用户数量突破 2 亿，抖音（今日头条旗下短视频平台）日活跃用户数量已经突破 3 亿[①]，李佳琦、薇娅等直播电商关键意见领袖将娱乐、广告、电商、物流等一系列元素融合，正在重构消费者的消费习惯，这是 2019 年文化行业特别值得关注的地方。2019 年只是直播电商的开始，各平台仍有进一步提升渗透率的空间，释放更多用户红利，为平台上活跃的关键意见领袖提供更广阔的用户基础和更灵活多样的变现方式，而变现能力的释放又会推动行业进一步爆发，未来大有可为。

（三）技术驱动文化发展，科技与文化深度融合

随着 5G 时代的到来，技术不断推动着文化行业发展。在游戏领域，5G 时代游戏载体将摆脱终端的束缚，无端化、云游戏可能会成为主流。传统的大游戏厂商正在积极布局云游戏平台，内容公司估值也将得到较大修复。在 VR/AR[②] 领域，5G 快速落地将助力 VR/AR 行业突破技术瓶颈，为受众提供革命性的交互方式和全新的沉浸式体验，在 VR/AR 游戏、影视点播、现场直播、旅游展览等方面具有广泛的应用场景。此外，“区块链 + 文化”的有机结合也会加速产业创新发展。在版权保护、数字文化等领域，区块链将改变数字版权交易、收益分配模式和用户付费机制等基本规则，形成版权方、制作者、用户等多主体、全方位、全产业链的价值共享平台。在文化娱乐行业，区块链技术能将行业价值链的各环节进行有效整合、提升效率、缩短价值的创造周期。在文化金融服务领域，区块链技术可以提供数字资产交易和中小微企业信贷服务等功能。未来 5 ~ 10 年，科技的迅猛发展、技术的实践落地将为文化产业带来巨大的推动力量，科技与文化也将进入深度融合阶段。

---

① 数据来源：今日头条官方网站（https：//www. toutiao. com/）。

② VR/AR 即 Virtual Reality/Augmented Reality，指虚拟现实/增强现实。

B.6 2019年文化产业保险发展：对接“深水区”的服务创新

王向楠　吴 婷*

摘　要： 我国文化产业发展正面临着巨大的机遇和挑战，进入转型升级重要时期，对风险管理和保险服务的需求不断增加。经过多年的发展，文化产业与保险业之间逐步展开深度融合，除了产品创新以外，“保险＋服务”双轮驱动的新文化保险业务模式也开始有所进展。本报告侧重保险机构全流程的风险管理功能，重点介绍和分析了不动产文物保险的破题，以及影视保险和艺术品保险的最新发展实践。最后，通过与国际优秀经验对比，为文化产业保险的创新发展做出展望。

关键词： 文化产业保险　不动产文物保险　艺术品保险　影视保险　风险管理

一　保险业和文化产业的对接逐步进入“深水区”

中国经济进入新常态之后，文化产业成为调整优化产业结构、推动新旧动能转换的重要力量。我国文化产业的规模持续扩大，对经济增长的贡献率

---

* 王向楠，经济学博士，副研究员，中国社会科学院金融研究所保险与社会保障研究室副主任，研究方向为保险及相关问题。吴婷，经济学博士，上海立信会计金融学院保险学院讲师，研究方向为风险管理与保险。

显著提升，文化产业创新不断加速。相关统计数据显示，2004～2012年，文化产业对GDP增量的年平均贡献率为3.9%；2013～2018年，这一数据提升至5.5%。具体来看，中国文化产业正面临着转型升级的新趋势。

第一，传统文化行业向精细化发展转型。以影视行业为代表，文化产业供给结构和市场需求不匹配的现象愈加突出，亟须推陈出新，摆脱低端供给过剩而中高端供给不足的现状，文化产业通过产品创新、科技创新、模式创新正在探索精细化发展的新路径。

第二，文化产业活力不断增强。国家陆续出台了多项法规推进文物资源资产管理改革。2019年，博物馆文化活动和文化旅游产业等迸发出蓬勃生机。

第三，推动多元融合发展。近些年来，“软文化”与“硬产业”融合发展的趋势日渐明显，文化产业与金融、科技、房地产、制造业等产业的“联合”案例层出不穷。例如，传统文化改编网游、故宫元素化妆品、优秀动漫的周边产品、古村落民宿等多元融合设计广受好评。

总而言之，文化产业正逐渐向国民经济支柱性产业的目标迈进。然而，文化产业的发展并非一蹴而就的，文化产业的跃升伴随着各类风险管理需求的激增。因此，保险对文化产业的支持具有必要性和现实意义。

推动保险业与文化产业对接，既是新时代文化产业蓬勃发展的内生需求，也是培育新的经济增长点的现实需要。

“文化金融蓝皮书”连续三年梳理了文化保险领域相关政策的落地实践①，总体上看，保险业对文化产业的支持已经取得一些阶段性成果。一方面，保险机构参与的多主体合作模式为文化产业拓宽了融资渠道，如为中小文化企业提供增信（信用保证险）的“政银保”模式、政府主导的各类文化担保［如“准版权”质押、协议（合同）质押、“产业基金＋担保信用”、“担保＋风投”联动等］、动漫企业出口信用保证融资等。另一方面，

① 参见《中国文化金融发展报告（2017）》《中国文化金融发展报告（2018）》《中国文化金融发展报告（2019）》。

保险机构针对文化产业特点开发特定的文化产业保险产品。《关于保险业支持文化产业发展有关工作的通知》（保监发〔2010〕109号）提出要试点经营的11个文化企业专属保险产品项目逐渐落地，影视保险、动漫保险、网络游戏虚拟财产保险、文化演绎保险、演艺活动保险、艺术品综合保险、展览会综合责任保险等文化保险产品创新也层出不穷。上述的文化保险实践主要集中于外部增信机制和损失补偿领域，但保险机构在提供全流程风险管理服务方面的探索较少。

2019年，中国保险业保持了一定水平的增长。其中，原保费收入4.26万亿元，同比增长12%，总资产20.46万亿元，同比增长20.45%。随着保险科技的迅猛发展，中国产业结构的调整，保险机构开始下探到文化产业风险管理的“深水区”，积极承保文化产业的复杂风险，探索“保险+服务”的双轮驱动业务模式。回顾2019年，保险业与文物资源、艺术品收藏、影视制作等细分文化产业领域的融合不断深入，尤其是在提供防灾减损风险管理服务方面开始“破冰”。

二　“保险+服务”双轮驱动的新文化保险业务模式

居民文化消费水平持续增长，对文化产业的发展提出了更高的要求，相应的，保险业与文化产业深度融合的空间不断扩大。接下来，我们将重点介绍中国保险业与文物业、艺术品收藏业、影视制作业融合发展的新模式。

（一）保险业助力文物资源的创新发展

中国作为历史悠久的文明古国，拥有大量的文物及相关艺术品和非物质文化遗产资源，这些资源不仅承载了中华文明的珍贵文化，还是全民所有的优质国有资产。在居民文化消费需求逐步增长的背景下，加强文物价值的挖掘阐释和传播利用，是新时代文物产业发展的新要求和新任务。2018年10月8日，“两办”印发的《关于加强文物保护利用改革的若干意见》提出了5项基本原则和16项主要任务，其中强调了“建立文物资源资产管理机制”

和“探索社会力量参与国有不可移动文物使用和运营管理”。

2019 年，我国文物资源资产管理实践驶入快车道。一方面，文物博物馆举办的各类文化活动增加。例如，北京故宫博物院举办了一系列主题活动，涵盖历史遗存、书画器物、宫廷文化、文人雅士、节庆风俗、世界文明、考古发现等诸多方面。年初举办的“上元之夜”元宵节活动使得紫禁城古建筑群首次大规模展现在公众面前，活动的 3000 多张门票一上线就被“秒杀”。另一方面，社会力量参与古建筑旅游资源开发在多地试点。例如，“拯救老屋行动”在全国范围内陆续推行，该模式重新梳理了村民、政府、社会力量的角色定位，充分调动当地村民的积极性，既丰富了村民的生活，又促进了对传统村落的自发保护与文化传承。

然而，在文物资源“焕发生机”及文化旅游产业蓬勃发展的同时，文物保护与风险防范问题也不容忽视。2019 年 4 月，具有 800 年历史的巴黎圣母院发生火灾为我国文物业改革发展敲响警钟，保护文物资源的安全是贯彻和落实文物资源资产管理政策的基本前提。保险业作为社会风险管理者，需要充分发挥专业优势为文物行业的创新发展保驾护航。案例 1 展示了中国人民财产保险股份有限公司对文物资源的保护实践，兼具文物保险与动态风险监测和管理服务两方面内容。

案例 1　人保财险的文物资源保护实践

人保财险深圳分公司与深圳文化产权交易所签订合作协议，未来将为古建民居、艺术品及其他文化产业提供保险服务。2019 年 8 月 15 日，深圳文化产权交易所的“中国古建民居资产管理计划”正式启动，人保财险深圳分公司采用“文物保险 + 动态风险监测服务”的模式为该计划开发了专属的保险产品——文物（不可移动）保护保险，这是国内首次针对古建民居领域的保险产品。除了承保损失风险责任外，人保财险深圳分公司还运用创新型技术预防以降低损失，如为保险标的提供防灾防火措施、动态风险监测、灾害风险预警等服务。

2019 年 10 月，人保财险成都分公司为故宫博物院来成都参展的 80 余件文物提供了近3亿元的保险保障。成都博物馆联合故宫博物院在成都博物馆举行的“走进重华宫”大型文物展览，展出了来自故宫博物院的康、雍、乾三代馆藏文物，集中呈现清代皇家宫殿建筑群重华宫的历史风貌，艺术再现世界文化遗产故宫的建筑之美。人保财险成都分公司承保了参展文物在包装、拆包装、协助布展、协助撤展及车辆装卸等环节因水灾、火灾、盗抢等意外事故导致的损失，但对事故导致的保险标的的贬值或市价下跌损失不负责赔偿。当被保险文物发生全部损失或推定全损时，按约定的保险金额赔偿，对残值部分的估价通过协商方式确定；被保险货物发生部分损失时，赔付修复费用。

（资料来源：《深圳特区报》相关报道以及其他网络信息）

（二）保险业推动艺术品收藏市场繁荣

改革开放以来，中国经济突飞猛进，随着人民艺术审美培育需求的不断增长，中国艺术品收藏及其相关文化交流活动展现出前所未有的繁荣。艺术品作为一种特殊的商品，不仅具有审美属性和精神价值，而且具有保值增值功能。现代经济中，艺术品收藏正逐渐成为一种重要的精神消费和金融投资方式。

理论上讲，标准的财产险保单并不适用于承保艺术品：一是，每件艺术品都是相互独立的，难以依靠大数法则建立起“同质风险池”；二是，艺术品的风险和损失评估需要结合具体的外部环境，尤其是有价值的收藏品更是需要单独的、专业的艺术知识以及特定的风险管理技能。从我国以往的艺术品承保实践来看，大多数保险机构是根据定额风险保障的财产险承保思路开发“艺术品综合保险”，主要承保火灾以及其他自然灾祸和不测事故造成的艺术品直接损失，通常会覆盖保管、展览、装卸和运输等环节。随着科技赋能保险业以及业务模式创新，国内艺术品保险市场取得了进一步发展，不仅可赔付艺术品在保管、收藏、展览、运输、装卸等过程中的直接经济损失，还可为拍卖行、画廊、博物馆、运输公司等机构以及私人收藏家提供专业的艺术品风险管理服务。下面我们以泰康在线在国内推出的首款艺术品风险解决方案为例，介绍“保险+服务”的艺术品承保模式。

案例2　泰康在线推出“臻品有约”艺术品收藏保险

泰康在线“臻品有约”艺术品收藏保险可依据客户需求来量身制定风险解决方案，确保客户获得最合适的风险保障以及风险管理咨询建议。该保险可承保艺术品在拍卖、包装、仓储、运输、展览等全产业链的损失风险，通过与劳合社（Lloyd's）等国际知名再保险公司合作，单一标的的风险保额可高达数亿美元。2019年，泰康在线“臻品有约”先后为多次艺术品收藏展览活动提供风险保障和“钉到钉”的全程风险管理服务，为运输跟踪、展品交付、勘察展厅条件、培训观展注意事项等诸多环节提供风险控制和缓释措施等。

2019年10月，北京木木美术馆与英国泰特美术馆联合主办的“大卫·霍克尼：大水花”艺术展，由“臻品有约”艺术品收藏保险保驾护航。保险机构充分参与展览的全过程风险评估和风险控制，重点涵盖展前的运输跟踪和展品交付、展览期间的展厅条件监测，以及对参观观众的风险警示与培训等。泰康在线依托其丰富的艺术品管理经验，为客户选择专业的运输和布展公司，同时利用物联网等技术协助展览馆做好防水、防火、防震、防盗等全方位的安保措施。此外，泰康在线还十分重视对“人为风险”的防控，对参观观众进行必要的风险警示，呼吁参观观众热爱艺术、文明观展。

2019年11月，泰康在线为嘉德典亚艺术周（Guardian Fine Art Asia，GFAA）[①] 的参展商及私人收藏者提供综合保险服务，如大楼建筑及展厅的设施设备险、展览会公众责任险、“臻品有约”艺术品收藏保险等。泰康在线针对展览会的每个环节实施专业的风险管理措施，全方位保障GFAA的顺

① GFAA着力于汇聚各类国际顶尖艺廊及古董商，为观众呈现跨地域和跨时代的重要艺术品，已逐步成为国内古董、经典艺术与设计博览会的引领者。

利举行。

2019 年 12 月，泰康在线与深圳木星美术馆进行合作，为开馆展“历史的凝视——再访当代中国艺术”提供综合风险保障和专业风险管理服务。此次展览云集 60 位当代中国艺术大咖的 104 件代表性作品，是深圳及粤港澳大湾区人民全面了解中国当代艺术的重要文化交流活动。通过“臻品有约”保险项目，展览方将展览运输中的意外风险、艺术品损失风险、展览相关的责任风险转嫁给泰康在线，解除后顾之忧。同时，泰康在线为该展览活动提供专业的风险评估、监测和管控服务，并向公众发放观展指南，讲解普及艺术品安全知识。

（资料来源：《中国证券报》相关报道以及其他网络信息）

（三）保险科技赋能影视制作业提质增效

影视制作行业一直是中国文化产业发展的“排头兵”，经历了十多年的快速发展后开始进入瓶颈期。2019 年 5 月 29 日，中央全面深化改革委员会第八次会议审议通过了《关于深化影视业综合改革促进我国影视业健康发展的意见》。该文件要求影视业综合统筹推进改革以促进形成长效发展机制，包含完善内容生产、增强市场作用机制、规范经营行为、健全评价体系、加强行业执法和人才队伍建设等诸多方面。

在市场越发崇尚精品和消费者文化品位日益提升的新时期，影视制作团队既面临着“完片”风险（即影视制作项目能够按预期时限及预算拍摄完成），还面临着把握消费者偏好的市场风险。保险机构依托科技力量，在开发本土的“完片保险”方面不断探索创新，通过保险、文化和科技跨行业的力量来联合攻关，不断优化影视产业链的各个环节，共同促进中国影视行业的精细化发展。中国平安财产保险股份有限公司以客户（影视创作团队）为核心设计的综合性风险解决方案，是国内影视保险发展的一次跨越。

案例3　平安财险在国内推出“完片保险”

2019年9月11日，在第十六届中国国际影视节目展上，平安财险正式发布了“完片保险”——影视制作财产损失保险。该产品是中国保险业在开发本土化“完片保险”方面的一次创新。

该产品为影视制作项目提供综合性风险解决方案。第一，完片风险保障。(1) 补偿因自然灾害或意外事故导致的直接财产损失；(2) 当因主创人员原因（如死亡、伤残或突发急性病等）导致项目无法继续时，赔偿已投入的可保制作成本；(3) 提供拍摄过程中的相关风险管控措施，如影棚、布景的防火防盗等；(4) 提供其他相关的保险保障，如境外的绑架勒索保险、网络安全保险、无人机保险等。第二，综合风险管理服务。平安财险以提高影视制作项目组的风险管理能力、流程化程度及生产效率为目标，提出三类创新性解决方案：(1) 引入“制片监理”制度，涵盖对拍摄过程、危险场景拍摄、拍摄现场防火防盗等方面的监督管理；(2) 采用影视行业的大数据、人工智能等科技创新，进行剧本内容、制片过程、法律协议、预算、拍摄计划的准确评估；(3) 为影视项目组提供制片管理软件，协助项目组分解拍摄计划、过程、组织架构等，从而实现过程管理、风险预警与通知等组合功能。

平安财险影视制作财产损失保险的落地标志着保险业和影视行业在风险补偿、风险管理、业务决策和流程优化等方面展开更深层次和更广范围的融合，切实为影视企业（尤其是中小企业）“排忧解难”。

（资料来源：《北京日报》相关报道以及其他网络信息）

三　他山之石与未来展望

结合我们近几年的发展报告可知，文化保险领域的相关政策精神正逐步落地，保险业与文化产业的融合也不断深入。保险业正持续为文化产业的稳健发展“添砖加瓦”，发挥着经济补偿器、稳定器和助推器的功能。然而，不可否认的是，无论是我国的保险产业还是文化产业，与发达市场相比，仍显“年轻”，因此，文化产业和保险产业的融合还有巨大的发展潜力。下面我们将从一些优秀的国际实践中获得经验和启示。

不动产文物（建筑物）火灾是一种低频高损的典型风险，保险业在管理此类风险上已经积累了较多经验。英国的教会保险公司（Ecclesiastical Insurance）是一家专注于承保古教堂建筑的专业保险公司，已经有130年的承保经验。教会保险公司的文化艺术保险（Art and Culture Insurance）产品可以根据客户需要量身定制，可覆盖以下保障范围：建筑及其内部艺术品；业务中断；声誉风险；受托人及管理责任；网络安全；雇主责任；公众责任；董事和高管责任；执照吊销；设备故障；艺术品、收藏品和古董损失；等等。教会保险公司为客户提供预约的风险管理和专业的建筑物评估服务，不仅开通了风险咨询热线（Risk Advice Line），还建立了一个汇集古建筑物市场专家或机构的首选供应商网络（Preferred Supplier Network）以支持风险减灾与灾后修复等工作。此外，教会保险公司还通过一个专项捐赠资金积累项目（Allchurches Trust）参与文物保护和文化传承事业，连续多年被评为具有社会影响力的英国慈善金融机构。

安盛艺术品保险（AXA Fine Arts Insurance）已经有50多年的经营历史，业务范围遍及全球。安盛艺术品保险的客户覆盖多个艺术品收藏领域，如博物馆、画廊和古董商、展览组织者、乐器收藏家、钱币及邮票收集商、葡萄酒收藏家、古董和老爷车收藏家等。安盛艺术品保险为客户提供广泛而灵活的风险保障，包括：（1）艺术品收藏相关的所有物质损失；（2）关于正确处理、保存和放置艺术品的风险管理建议，以及与有效保护艺术品收藏相关的其他重要问题等。安盛艺术品保险基于多年的承保经验积累，建立了专业的艺术品专家团队，对艺术品市场有深刻的理解，已经形成“保险（Insurance）—保护（Protect）—支持（Sustain）”的艺术品保险业务闭环，能够对如何最好地预防和减少艺术品损失（包括市场价值贬值）给予专业指导，并提供全面的风险管理（包括损失预防、减损、补偿等）及其后续索赔服务。

综上所述，文化产业的风险管理需求复杂多变，保险业成为文化产业的“风险管理专家”是文化保险未来的发展趋势。依托科技力量，我国保险业已经开始深度参与文化产业的创新发展，通过“保险+服务”双轮驱动业务模式，为某些细分领域提供全流程的风险动态监测和防损减灾服务。未来，随着保险机构在文化领域的深耕细作，保险业可能在损失索赔服务、文物和艺术品修复、文化产品价值管理、文化传承等方面发挥更强的作用。

行 业 篇

Industry Reports

B.7
2019年中国电影金融发展：激情退潮，回归理性

张 琦 卢孟杰*

摘 要： 2019年是中国电影市场趋向规范与完善的一年，电影金融市场主要表现为资本激情逐渐退潮、电影投融资回归理性。本报告在分析2019年中国电影金融发展情况的基础上，提出了电影金融发展的对策，包括：优质内容是行业发展的根本推动力；强调制作工艺的专业化与制作流程的标准化；政府与企业应提升行业抗风险能力；创新融合模式探索行业发展新出路；尊重行业规律提升电影投融资专业度。

* 张琦，北京电影学院管理学院党总支书记、副院长，副教授、硕士研究生导师，国家金融与发展实验室特聘研究员，文化金融50人论坛特邀成员。卢孟杰，北京电影学院中国电影产业发展研究院硕士研究生。

关键词： 电影金融 电影投融资 电影行业

一 2019年电影行业发展情况

（一）电影市场稳中有进持续发展

2019 年是中国电影市场趋向规范与完善的一年。随着整个行业的发展、电影内容的繁荣与升级以及电影观众群体的成熟和迭代，全年总成绩有了历史性突破，其中国产电影表现突出、影片类型题材的持续丰富、观众观影行为的健康成熟等也是过去一年中的亮点。

由于国家有关部门加大了对影视行业的监管力度，行业内外部环境逐渐变化，行业本身进入调整适应期。影视行业在“热钱”退潮后回归理性，优质内容创作投资导向逐渐深入行业内部，更加注重社会效益与经济效益有机统一。总的说来，过去的一年，中国电影行业的发展呈现出以下特征：一是类型电影百花齐放，新主流电影逐渐崛起；二是电影观众与市场日趋成熟；三是电影工业化实现突破性发展。

2019 年中国电影市场保持稳中有进的发展势头，全年实现票房收入 642.66 亿元（约 88.8 亿美元），较上年同比增长 5.4%（具体见图 1）。Comscore 于 2020 年 1 月 10 日公布的数据显示，2019 年北美票房收入为 114 亿美元，下降 4%，海外票房收入上升 4% 达 311 亿美元，为历史首次站上 300 亿美元大关，这使得全球票房收入达到一个前所未有的高度——425 亿美元。中美电影票房市场之间的差距进一步缩小，中国电影市场在全球范围内的表现更加耀眼。

2019 年全年生产电影故事片 850 部，其中 440 部在院线上映，相比 2018 年上映的数量明显增加。从影片票房收入表现来看，国产电影在 2019 年出现集中发力的突出现象，不仅在上映数量保持上升，票房收入占比也进一步增加，2019 年上映的国产电影的票房收入为 411.75 亿元，占全年票房收入的 64.1%。

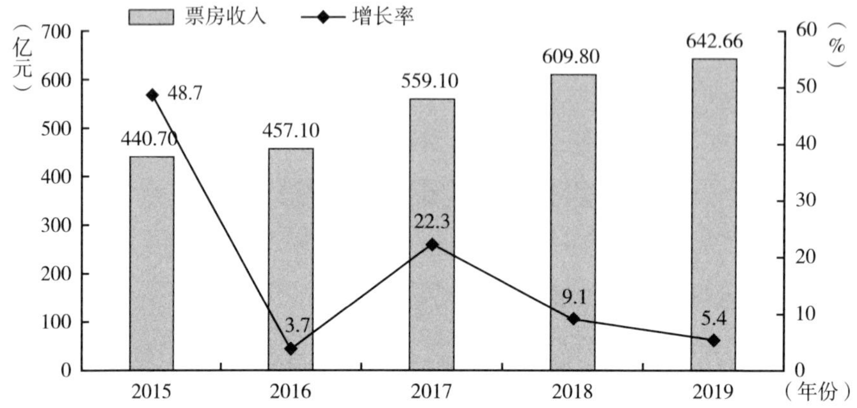

图1　2015～2019年中国电影票房收入及增长率

数据来源：猫眼专业版。

（二）优质内容集中带动投资模式转变

票房收入前十的影片的票房收入之和占全年票房收入的比例持续走高，2019年达到44.59%（具体见图2），强者更强，集中度不断提高，说明人们对优质电越发青睐，也证明了高质量内容、制作对于电影的成功至关重要。

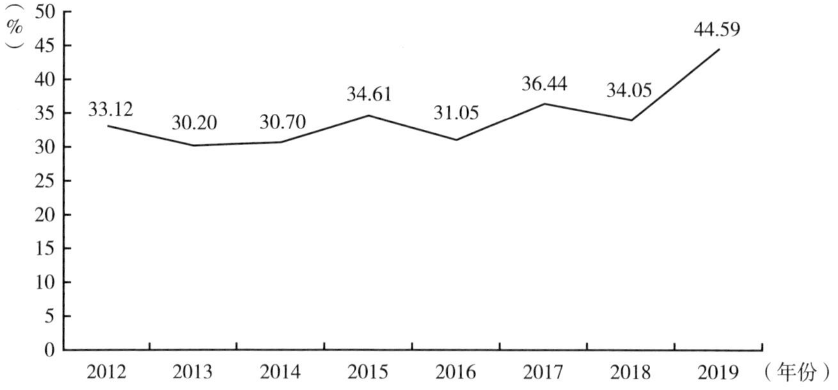

图2　2012～2019年前十名票房收入占比情况

数据来源：猫眼专业版、安信证券研究中心。

相比2018年607亿元大盘背后有48部票房收入过亿元的国产影片，2019年642.66亿元票房收入的背后过亿元票房收入的国产影片仅有39部，而其中还出现了两部40亿元+爆款，说明2019年国内电影市场的两极分化趋势有所加强。此外，这些影片背后的出品方、发行方已经有了新的入局者，为影片带来了更多新的资本力量，这已经成为当下国产片背后投资环境的一个具体表现。由于2019年正值新中国成立七十周年这一特殊性，国产片中主旋律献礼片的数量明显有所增多，这些影片也相应地吸引了不少国企进军影视行业。例如，《我和我的祖国》背后便有着人民网股份、央视国际网络、福建省电影发行、陕西广电影视文化产业发展等多家国企。这些新入局的“外行热钱”除了对爆款作品有着极大的助推作用，还极大程度上解决了目前国内电影市场上影视公司现金流短缺的难题。只是相比以往对公司的股权投资，如今单片投资显然成为性价比更高的选择。这对于整个行业的资本洗牌，留下了足够大的想象空间。

电影行业的“轻资产”属性使得其存在固有的高风险，而且随着近年来外部资本大量涌入电影行业，行业监管力度加大，资本退潮下，有限资金涌向了头部。尽管对行业造成了短期内的“资本寒冬”，但是长期来看行业及市场秩序日益趋向良性发展。当前国内经济下行压力较大，对部分中小型影视企业造成了较大的融资压力，部分企业面临关停注销的危机。但是，总体来看，行业进入冷静调整阶段对于电影行业长期持续向好发展利大于弊。整个影视投资行业开始进入洗牌期，接下来行业的集中度也会提升，在经历了“去泡沫”的过程后，行业将进入更加稳健、理性与健康的发展阶段。

在行业发展下行大背景下，优质内容本身开始受到更多关注，导致依旧看好电影市场潜在发展空间的资本发生了转变——投单片而不是公司，人才价值、内容价值受到资本青睐，而且从“资本”来看，由单纯的外部资本逐渐转变为内部巨头的扶持。

（三）高新技术在电影行业的运用势头喜人

国产影片的工业化进程一直稳步推进。从《鬼吹灯》《动物世界》到

2019 年上映的《流浪地球》和《疯狂的外星人》，一系列优秀影片标志着中国电影拍摄和后期过程中体现的科技水平达到了较高的层次。

与制作技术相比，我国电影放映技术则处于世界领先水平，在世界范围内率先全面实现数字化放映。高动态范围、高分辨率、高帧率、广色域、3D 立体影像、沉浸式声音等高新技术格式影像技术近年来不断发展，增强现实、5G、云计算、人工智能、虚拟现实等创新技术逐渐应用于影视领域，具有自主知识产权的技术产品和服务，如巨幕技术、激光放映等为电影行业结构升级和长远发展提供了新动力。2019 年由中国电影公司深度参与投资与制作的影片《双子杀手》，是当年放映标准最高的影片，而世界范围内中国拥有的能满足其最高放映标准的影厅数量最多。

2019 年中国电影行业保持着稳中有进的发展态势，市场表现出对优质内容的强烈需求，需求端的变化直接引发了电影投资端的理性回归，以优质内容为导向，加速了行业内部竞争格局的变动。行业发展回归理性，客观上导致总体投资的战略型收缩，一定程度上使行业面临短期流动性紧张的问题，无论是优质内容开发还是电影工业化与科技化的发展都离不开充足资金的支持。在当前行业平稳发展的大环境下，合理引导资金在行业内部良性循环、创造价值是本阶段的重要方向。

二　2019年电影金融发展情况分析

（一）资本激情持续退潮，电影投融资回归理性

自 2016 年开始，受监管收紧以及市场流动性紧缩的影响，影视企业 A 股 IPO 及再融资极为不活跃，影视股成为 2016 年 A 股下跌的重灾区；私募股权投资市场融资也在这一期间呈现单数逐年下降的趋势。据不完全统计，2016 年影视题材的私募股权融资事件及融资金额分别为 177 笔和 234.71 亿元，而 2019 年私募股权融资事件仅有 22 笔、涉及金额 24.19 亿元（具体见图 3 和图 4）。而在资本退潮的同时，行业的泡沫被逐渐挤出，优质、头部

及更成熟的企业更加受到资本的青睐。投资机构更加理性，小额投资占据主流，通过战略收缩降低投资风险。

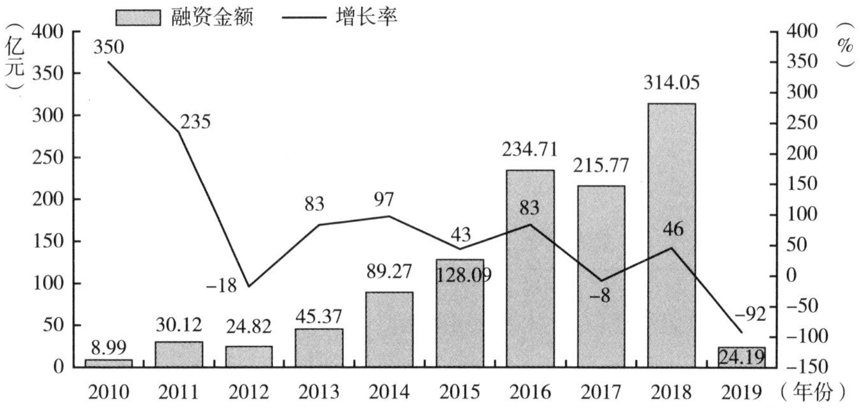

图3　2010～2019 年私募股权市场融资金额及其增长率（影视题材）

数据来源：IT 桔子（https：//www. itjuzi. com/）。

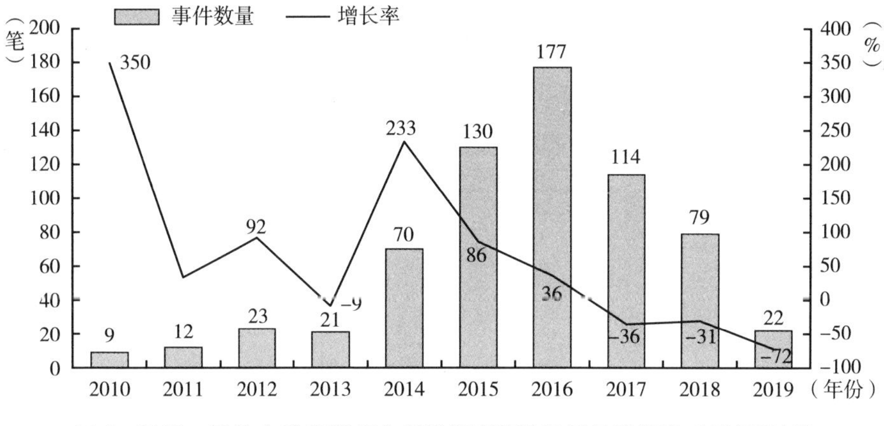

图4　2010～2019 年私募股权市场融资事件数量及其增长率（影视题材）

数据来源：IT 桔子（https：//www. itjuzi. com/）。

（二）2019年影视业上市公司表现及分析

1. 第三季度业绩出现回暖迹象，光线传媒一枝独秀

根据各影视公司 2019 年第三季度财报数据，影视公司第三季度业绩普

遍出现回暖迹象。相较于2019年上半年业内绝大多数上市公司净利润下滑或至低谷，2019年第三季度具有代表性的10家影视行业上市公司中，有9家实现净利润为正，仅有华谊兄弟仍严重亏损（见表1）。其中，有7家影视公司净利润实现不同程度的上升，北京文化上升幅度最大，同比增幅高达8452.38%。华谊兄弟净利润同比达到负增长634.11%，其余2家公司净利润同比小幅度下滑。

表1　10家影视业上市公司2019年第三季度财报情况

企业名称	净利润		营业收入	
	金额(亿元)	同比增幅(%)	金额(元)	同比增幅(%)
光线传媒	10.04	463.33	1290028482.72	128.65
北京文化	1.72	8452.38	642595812.93	1194.76
中国电影	1.34	-21.03	1885272587.53	-181.50
华策影视	0.82	24.18	384389678.12	-72.43
上海电影	0.51	21.69	260099592.88	-10.40
金逸影视	0.50	2.60	545877256.61	0.81
唐德影视	0.34	237.78	-578685422.00	-586.29
华录百纳	0.27	133.82	114681970.62	15.10
慈文传媒	0.05	-90.66	23939773.45	-95.82
华谊兄弟	-2.72	-634.11	1616602326.97	-49.22

注：根据表格内各上市公司2019年第三季度财务报告汇总整理；以下数据如无特殊说明，均来自其公司公开披露报告。

在影视业上市公司的第三季度财务报告期内，光线传媒与北京文化两家公司的表现最引人关注。电影《哪吒之魔童降世》和《流浪地球》分别助力两家公司获得了优秀的票房表现。

光线传媒与其他影视公司形成巨大的对比，归属母公司净利润达到10.04亿元，同比增长463.33%。光线传媒在第三季度的财务报告中对本季度的表现做出如下解释：营业收入年初至报告期末较上年同期增加91.47%，主要是公司电影业务收入大幅增加所致；营业成本年初至报告期末较上年同期增加76.06%，主要是公司电影业务成本增加所致。此外，两部爆款影片《哪吒之魔童降世》和《我和我的祖国》均有光线传媒参与出品，这也是光线传媒收入大幅增长的主要原因。目前光线传媒至少有30个电影项目在策划与制作中，26部影视剧处于筹备阶段。①

北京文化同样具有突出的表现。财报显示，北京文化第三季度归属母公司净利润为1.72亿元，同比增长8452.38%；年初至报告期末，归属母公司净利润为1.17亿元，同比增长152.76%。第三季度的净利润对北京文化前三季度的业绩贡献较大，其营业收入主要来源为电影项目的盈利。本季度北京文化的营收与净利润的增长主要是确认了影片《流浪地球》的收入，其46亿元的票房收入带来的近2.8亿元收入计入了该季度收益。

目前，北京文化在其第三季度财务报告中更新了影视项目进展情况，公司参投或出品的电影有《两只老虎》《受益人》《平原上的夏洛克》《被光抓走的人》《封神三部曲》等多部影视剧作品，具有强势的发展后劲。

值得注意的是，财报中也披露了北京文化完成了对东方山水度假村100%股权的收购事项。此次收购主要以北京文化电影IP为核心，打造以影视主题为主、以“商区+酒店”为核心的电影文旅项目，并配套摄影棚、封神之城、多功能影院、亲子类主题乐园、明星餐饮街区、主题酒店等设施，实现公司业务延伸与产业链布局。

总的来说，2019年第三季度，以光线传媒和北京文化为代表的具有良好发展态势的公司是相似的，其核心收入仍归因于报告期内爆款影片的票房回报。而唯一出现巨额亏损且净利润大幅下滑的华谊兄弟公司，正是因为连续报告期内并无合格的票房成绩单。华谊兄弟因《八佰》迟迟未能定档、上半年《云南虫谷》和《把哥哥退货可以吗》等影片票房未能达到预期等因素，前三个季度的表现均不尽如人意。

根据财报，华谊兄弟第三季度亏损2.72亿元，净利润同比下降634.11%；年初至报告期末，共亏损6.52亿元，净利润同比下降298.56%。营业收入方面，报告期内华谊实现营业收入16.11亿元，其中影视娱乐营收

① 《影视公司财报绝了：8425.38%；-634.11%》，文娱头版，https：//mp.weixin.qq.com/s/12ieuJ6BvMYDH3AqWqM9vw。

15.52 亿元，占比 96%，同比下降 48.17%。在整合优化现有资源配置与产业结构方面，华谊兄弟将重心放在“电影 + 实景”方面，以期提高公司的核心竞争力，但是业务的优化整合及影视项目生产的周期性对季度影业收入也有所影响。

在电影业务方面，2019 年前三季度上映的影片《云南虫谷》《把哥哥退货可以吗》《小小的愿望》的票房收入分别仅为 1.5 亿元、175 万元和 2.65 亿元。《小小的愿望》在经历改档风波后，定档 9 月中旬，但票房并不理想；而由管虎导演的《八佰》经历改档风波，仍没有明确上映消息。这就意味着相对于光线传媒、北京文化等公司，华谊兄弟在报告期内并无可观的电影业务收入来源。此外，华谊兄弟参与投资和联合出品的《我和我的祖国》票房表现不俗，但从其出资比例来看，华谊兄弟从该片获得的收益仅有 500 万 ~600 万元。①

2. 前三季度超半数公司净利润负增长，光线传媒增收居首

根据各影视公司 2019 年第三季度财报披露的数据，2019 年 1 ~9 月的报告期内，10 家影视行业上市公司中有 7 家净利润同比下降，下降比例达到 70%，最高降幅达到 298.56%。其中华谊兄弟与唐德影视亏损最为严重（见表 2）。另外，光线传媒虽同比负增长超过 50%，但仍居 2019 年前三季度净利润第一。同样，北京文化增幅最大，高达 152.76%。

表 2　10 家影视业上市公司 2019 年前三季度财报汇总情况

企业名称	净利润		营业收入	
	金额（元）	同比增幅（%）	金额（元）	同比增幅（%）
光线传媒	1109354264.94	-51.46	2460612205.50	91.47
中国电影	874123038.73	-32.67	6726909772.11	-2.82
上海电影	122170333.90	21.05	806245949.91	-2.16
北京文化	116925857.08	152.76	704703361.43	99.56

① 《影视公司三季度报：佳绩更依赖爆款，撤改档影响多家业绩》，电影票房，https://mp.weixin.qq.com/s/_nD7UcrX_4p7AqzKh9nMAw。

续表

企业名称	净利润		营业收入	
	金额(元)	同比增幅(%)	金额(元)	同比增幅(%)
金逸影视	104875741.19	-24.17	1561540594.53	0.36
华录百纳	91237705.11	126.39	476107172.80	11.94
慈文传媒	89891152.89	-63.38	850907722.86	-36.03
华策影视	24244090.92	-93.18	1309529382.77	-63.43
唐德影视	-42898641.72	-142.81	-360732996.78	-158.77
华谊兄弟	-652215778.99	-298.56	272908531.21	634.11

根据光线传媒发布的2019年前三季度业绩预告，预计净利润最高可达约11.3亿元，比上年同期上升15%。在报告期内，公司归属于上市公司股东的净利润同比下降的主要原因是：报告期内，公司参与投资、发行并计入本报告期票房的影片共十四部（《疯狂的外星人》《四个春天》《夏目友人帐》《阳台上》《风中有朵雨做的云》《雪暴》《千与千寻》《银河补习班》《哪吒之魔童降世》《保持沉默》《铤而走险》《小小的愿望》《友情以上》《我和我的祖国》），总票房为94.17亿元。

值得注意的是，光线传媒2019年前三季度的电影业务利润较上年同期大幅增加，主要是报告期内其出品、发行的《哪吒之魔童降世》等影片取得了优异的票房成绩。此外，光线传媒确认了《八分钟的温暖》《逆流而上的你》《听雪楼》等电视剧投资、发行的收入，电视剧业务利润较上年同期下降。[①] 因此，光线传媒的净利润短期暴增来源于，票房收入50亿元动画影片《哪吒之魔童降世》，更由于该影片是光线传媒主控出品以及宣传发行，因此光线传媒获得大比例收益分成，为报告期内贡献了约10亿元的收益，助力光线传媒在2019年第三季度乃至前三季度业绩排行第一。

唐德影视是在10家上市公司中前三季度业绩中，除华谊兄弟外另一个面临大幅亏损的公司。根据唐德影视发布的2019年第三季度财务报告，唐

① 《影视公司前三季度报：光线如预期净利暴增 10家公司净利下滑比例超过66%》，银幕穿越者，https://mp.weixin.qq.com/s/aar3rSkq4I9oX5pAOWJJfw。

德影视前三季度营业收入 -360732996.78 元，净利润 -42898641.72 元，净利润同比下滑 142.81%。在其报告之中，唐德影视营业收入变动的主要原因为：电视剧《巴清传》版权转让与浙江天猫技术有限公司签署了补充协议，《巴清传》的销售情况发生变化，对此前已经确认的收入和成本予以冲回。同时，电视剧项目销售进度低于预期，上年同期实现的电视剧《战时我们正年少》和《东宫》版权授权收入较大。

此外，唐德影视的尴尬局面也围绕着其头部项目《巴清传》电视剧的变动而引起信用与资产减值损失。而 2019 年第四季度，唐德影视也仅仅有《为了明天》和《朱雀》两部电视剧业务经营计划以及一部《刀凤》电影业务经营计划。唐德影视在持续亏损的状态下，加之融资困难，公司项目发展受到了很大的限制。

（三）2019年电影行业融资事件分析

1. 上市及再融资

据天眼查提供的数据，截至 2019 年 11 月底，文娱板块共发生投融资事件 489 起，相比 2018 年减少 152 起，相比 2017 年减少 428 起，降幅接近一半，投融资表现为“机构向中后期轮次布局，战略融资比重突显”。与前两年相比，融资额度较高的中后期项目融资数量更加稳定，战略融资在一级市场中的比重进一步增加，资本更加看重初创项目在产业和行业中的长期价值。[①]

2019 年整个影视行业上市公司市值平均下跌 72%，整体市值不足此前的 1/3。根据天眼查的公开数据，2019 年全年有 1884 家影视公司关停，华谊兄弟、唐德影视等老牌公司收入利润双双下滑。11 月，印纪传媒正式摘牌，成为首只“面值退市”影视股。影视政策收紧和市场监管趋严背景下，文娱企业 IPO 几近停止，2019 年影视企业中只有猫眼娱乐年初赴港上市，

① 《我们梳理了 2019 年文娱市场 489 起融资事件，结果出乎意料……》，剁椒娱投，2019 年 12 月 16 日。

文化、体育和娱乐业中只有中信出版集团成功实现A股上市。

从资本表现来看，2019年影视行业处于余震调整期。上半年影视公司普遍进入利润下滑、融资难的“冰川时代”，部分影视公司选择寻求国有资本帮助，如慈文传媒、鹿港文化引入国资背景以缓解资金压力。12月初，随着中国电影票房收入突破600亿元大关，影视股迎来了集体性的回暖，A股市场上12只纯影视股价格的平均涨幅高达18.22%，其间万达电影、华谊兄弟、北京文化等多家影视公司的股票价格都出现过涨停的情况。①

从资本构成来看，活跃资方除了华创资本、红杉资本中国这样的一线投资机构之外，更多的是来自如阿里影业、猫眼娱乐等行业内企业。在外部资本更加谨慎的情况下，有限的专业资本将会投入更有价值的项目中，影视股暂时震荡下行反而诱导资本回归“正位”。随着5G的快速推广，VR/AR等新的应用平台有望崛起，从而拉动文娱传媒板块估值回升。

2. 债权融资

2019年影视公司的资产负债率普遍处于高位。据壹娱观察统计，第一季度资产负债率达到50%以上的上市公司就有唐德影视、长城影视、当代东方、东方网络、中南文化、印纪传媒，其中长城影视的资产负债率高达90%以上。为应对资本寒冬带来的融资难题，影视公司综合使用了包括变卖资产、质押贷款、发行可转债、银行授信等方式筹钱。

（1）质押贷款。借助股权质押、应收账款质押向银行申请综合授信与借款是不少影视公司的首选。华谊兄弟、新文化、慈文传媒、华策影视、光线传媒、唐德影视等均因为资本寒冬而向银行申请大额质押贷款。

2019年华谊兄弟共向银行申请了约45亿元的综合授信额度，其中包括将影片《八佰》相关发行合同项下应收账款质押并提供补充担保向民生银行申请7亿元，向浙商银行和招商银行各申请2亿元。截至2019年12月，华谊兄弟王忠军、王忠磊分别质押了所持股票的91.61%和99.67%，其中

① 《“千亿之王”万达华谊陨落，光线市值300亿登顶影视股NO.1》，文娱商业观察，2019年11月22日。

半年到期的股权质押融资额达 9.48 亿元。[①] 2019 年北京文化公告，将发行超短融资券获取银行授信 3 亿元。此前北京文化在 3 月宣布公司符合 2018 年 A 股可转换公司债券的有关规定，拟募集资金总额不超过 20 亿元。这 20 亿元将用于 5 部网剧、4 部电视剧、5 部电影的投资制作项目。

（2）发行企业债。以企业信用担保融资是老牌影视公司的融资优势，万达电影于 2019 年 6 月向证监会申报了公开发行可转换公司债券的申请文件，10 月发布公告将发行规模从不超过人民币 40 亿元调减为不超过人民币 38.15 亿元。2020 年 1 月，随着影视板块回暖，万达电影在资金问题得到解决后终止可转换公司债券的发行。

3. 其他融资方式

（1）政策性投资基金。2019 年 8 月，国家广播电视总局印发《关于推动广播电视和网络视听产业高质量发展的意见》。提出：要建立产业与金融市场对接机制，鼓励广电企业主动对接金融市场，有针对性地在各类资本市场融资，加强与银行、基金、保险、担保、融资租赁等机构合作，解决资金需求；鼓励广播电视和网络视听旗舰企业发起设立股权投资基金，积极参与市场并购重组；优先支持符合条件的广播电视和网络视听企业整合优质经营资源上市融资，尽快利用资本市场做强做大。

A 股影视传媒公司芒果超媒于 2019 年 5 月引进中国移动和中国人寿作为战略投资方，募集资金接近 20 亿元。芒果超媒与中国移动在流量经营、家宽业务和内容合作等方面，具有较强的战略协同价值。随着 5G 时代即将来临，中国移动可以为芒果超媒提供 5G 方面的技术优势，加速芒果超媒有线网络的整合升级。“有明确政策作为担保，为广电系影视公司在融资方面提供了便利条件，筹集的资金可以用来做更多符合主流价值观的影视项目，打造高质量的内容，可以跟随国家‘一带一路’等相关政策，进行对外输出。”[②]

① 《2019 年前三季已亏 6.5 亿　华谊兄弟要“戴帽”?》，网易财经，2020 年 1 月 6 日。

② 《鼓励设立股权投资基金，广电系影视公司迎来政策红利?》，河豚影视档案，2019 年 8 月 19 日。

（2）政府出资和补贴。2019 年，国家进一步加大对电影事业的财政支持力度，中央支持地方电影市场发展补助专项资金近 10 亿元。专项资金项目整体绩效目标包括：繁荣发展电影市场；均衡发展电影市场，支持中西部县城和乡镇影院建设试点，推动电影事业可持续发展，完成影院建设 707 家；提升少数民族语电影译制能力等。直接政府资本具有统筹性，能够促进各地电影事业均衡发展，优先国产电影、民族电影发展。分众传媒发布关于获得政府补助的公告，在近五年的时间里共获得政府补助 50.3 亿元，其中 2019 年累计收到政府补助 6.85 亿元。横店影视公告称，自 2019 年 1 月 1 日以来横店影视累计获得政府补助资金 3361 万元。①

除增加专项资金外，各地方政府的财政补贴也是影视企业重要资金来源。2019 年 3 月，融创文化旗下的东方影都对进棚拍摄的影片发放了补贴，《流浪地球》《疯狂外星人》《环太平洋 2》和《一出好戏》四部电影共计拿到了 3681.12 万元的制作补贴。专项补贴由青岛市财政和西海岸新区政府各出 25%，企业方融创出资 50%，共计 50 亿元。②

政府资本对文化事业重要分支的影视行业的扶持力度基本稳定，仅相关专项资金就涵盖宣传文化发展专项资金、文化产业发展专项基金、国家电影事业发展专项基金、电影精品专项基金、地方政府企业发展基金等多种类型，此外还辅以重大题材、精品项目的奖励性补贴，税收优惠、就业补贴等多层次金融支持。

（四）2019年电影投融资典型案例分析

1. 电影节创投平台

创投会已成为青年导演踏入电影行业的重要渠道，除传统的北京国际电影节、上海国际电影节、First 青年电影展外，2019 年平遥电影展、金鸡百花电影节、海南岛国际电影节都纷纷新增创投版块，为年轻电影人和有潜力

---

① 《亿万政府补助，能为影视企业发展带来多大帮助?》，传媒内参，2020 年 1 月 1 日。

② 《融创文化“再创业”：以东方影都牵引中国内容工业体系升级》，娱乐资本论，2019 年 5 月 17 日。

的电影项目提供零成本融资渠道。2019 年金鸡百花电影节创投大会收到 1262 个项目，最终评审选出 30 个入围名单，表彰 10 个奖项。海南岛国际电影节 H！Action 创投收到来自 17 个国家和地区的 518 个项目，设立 600 万元的奖金池，为电影人提供产业沟通、资源互动和融资平台。

近些年电影节创投呈现入围作品类型化、制作团队专业化和加速产业化的趋势。① 艺术片、新类型影片通常是创投会的“大众”项目，而喜剧、爱情等经典类型反而成为“小众”；大多数能够在比赛中突围的青年导演，背后也有更成熟的电影人和制作团队助力。随着电影市场回归理性，商业电影的类型化是一个必然的趋势，优质类型电影的培育离不开电影节对新人新类型的挖掘。创投会不仅是短期项目方和资本方的交流交易平台，而且应该对接上下游产业链的建设需要，通过资源协同更高效地对优质项目进行孵化。

2. 爱奇艺原创电影计划

在 2019 年的世界大会上，爱奇艺公布了“爱奇艺原创电影”计划，该计划主要内容为以下三点。（1）影片项目的投资规模为人民币 2000 万 ~ 5000 万元，由爱奇艺负责立项、投资与宣发工作，并参与制作公司的创作和制片管理。（2）制作方将获得线下制作费的 15% 作为利润以及中国大陆地区院线发行可分配票房收入最高 20% 作为奖励；独立创作人获得中国大陆地区院线发行可分配票房收入的一部分作为奖励。（3）提高此类项目的影院分账比例，将通常的 52. 269% 提高到 60%，并且将最低结算票价由通常的 35 元左右降至 20 元。②

爱奇艺预期该计划一年能推出十部到十二部影片，每年投入 2 亿 ~6 亿元。爱奇艺希望能够以这样的体量，吸引到行业内的新兴力量。以往，爱奇艺对电影项目的把控，主要是在资金和宣发层面，而此后则会更加注重制作层面的把控。

爱奇艺采用了获取内容版权的方式进入传统院线市场，同时不撼动院线

---

① 《电影节创投的黎明时刻》，悦幕电影观察，2019 年 10 月 14 日。

② 《爱奇艺对电影圈的“极限渗透”亚宁专访》，娱乐资本论，2019 年 5 月 14 日。

市场的利益，在线上线下都获得收入，两者大约达成五比五的利润构成，最终实现项目的盈利。获取内容版权除了可以实现线上长期播放、海外发行之外，还可以围绕 IP 进行立体多元的开发。

电影行业受政策环境与经济环境的影响还将持续一段时间，在这一阶段，资本流动日趋理性，但同时给行业造成了一定的流动性难题，行业内部资金的合理有序流动是推动行业发展的重要力量，电影金融内部秩序的构建仍需科学合理地稳步推进。影视企业作为行业内部的重要微观构成部分，其运营能力与抗风险能力影响着行业整体的风险应对能力。优质内容的创作生产、融资运营能力的提升以及商业发展模式的创新是当下影视企业在困境中自我发展的重要手段，因此在宏观政策层面也应针对电影内容生产与金融发展提供有效助力。

三 电影金融发展对策分析

中国电影需要与金融资本融合发展，才能真正实现产业升级换代、工业化体系完善和工业化水平提高的使命。金融资本在解决资金问题、帮助整合资源以及实现品牌化等方面有着积极的作用。未来，金融资本亟须通过更有效的手段参与到电影行业中来：从国家政策层面，中央关于金融供给侧结构性改革、服务实体经济以及金融体系调整等方面的重大决策方针为构建科学、健康的电影金融体系指明了方向；当前中国电影金融服务政策亟待三个回归——回归国情、回归本体、回归专业，使资本有序地服务于优质内容，最终推动我国电影行业迈上持续健康的发展之路。

（一）优质内容是行业发展的根本推动力

综观 2019 年中国电影行业的发展情况，我们不难看出，尽管行业被资本寒冬所笼罩，但是优质内容依然保持着顽强的生命力，取得了优异的市场表现与社会评价。以“内容为王”为指引，确保电影的“质量”。影视企业的核心竞争力是影视作品，唯有适应观众的需求、满足人民的美好生活的文化需要，才能够取得好的市场效益。

国产电影应当更加关注现实生活，以现实主义为指引，多角度、立体化地反映新时代的社会生活与精神生活，传递积极的价值观念与思想，满足人民群众对优质内容的需求。在发展现实主义的同时，中国电影应当坚持根植传统、守正创新，汲取中华民族传统文化之精粹，追求艺术表现形式的创新与挑战，构建中国电影独一无二的美学体系。

（二）强调制作工艺的专业化与制作流程的标准化

电影工业化的成熟程度是我国成为电影强国不可忽略的问题，产品制作工艺的专业化与制作流程的标准化都是未来电影产品制作升级的重要方面。过去几年，中国电影行业的工业化水平不断提升，无论是在制作流程、制作标准还是在制作理念上都取得了长足的进步，生产的电影产品在技术方面得到了国内外的认可。制作理念趋于成熟的各类系列电影开始崭露头角，电影不再被当作单一的产品推向市场，而是被打包成为品牌向观众展示；电影的制作流程也逐渐向标准化方向发展，出现了一批能够制作出成熟作品的制作人团队。未来，中国电影行业还应朝着更加规范、更加有序的目标发展。

因此，未来电影产品的开发与制作生产应当秉承三种精神：一是秉持工匠精神，通过工匠精神孵化优质产品；二是保持创新精神，不断探索新的表达形式和表现形式，通过创新找到电影产品新的发展路径；三是注重标准化、规范化精神，严格遵循电影生产规律，强化各环节的信息流通和资源协同。

（三）政府与企业应提升行业抗风险能力

影视行业属于高风险领域，受多方面因素影响，抵抗风险的能力较弱，仅靠内容产出远远无法满足企业长期发展的需要，因此影视企业应当提升自身的抗风险能力。例如，与其他产业进行搭配——“影视 + 文旅”的横店模式，影视产业与旅游产业互补互促。影视企业自身应当配备相应的金融产品，合理布局投资项目，从运营能力与业务能力两方面着手，提升自身的抗风险能力。

国家应在扶持中小微企业的政策基础上，制定专门的电影企业的财政与金融扶持政策。电影行业是资金密集型行业，同时具有“轻资产”的特性，在应对行业风险与金融风险的过程中仅凭企业自身的努力是远远不够的，因此还需要国家有关部门切实关注到这一事实，在构建中国电影金融体系的过程中，重点关注如何提升企业应对风险的能力，通过科学合理的体系构建与政策设计，为中小电影企业提供可靠的体系保障与制度保障。

从监管层面，中国电影行业的金融监管本身也在不断学习、不断成长，不断在遏制市场乱象、保护行业健康发展与鼓励行业创新、促进行业增长之间平衡，对电影金融的监管在未来会日益成熟和完善，这将为中国电影的长远发展打下坚实的基础。

（四）创新融合模式探索行业发展新出路

电影与科技、互联网的融合创新对于当下的中国电影至关重要。电影科技的进一步创新升级，是实现中国电影工业化道路的前提与条件，更是中国电影实现强国目标的重要支持与保障。因此中国电影应当重视电影技术的发展，提升国产电影的制作水平与科技含量，整合技术资源，加大科技创新投入，紧跟世界科技发展的趋势与潮流，利用中国互联网技术的发展，争取在“互联网+电影”的全球浪潮下实现弯道超车。

从行业发展层面，伴随着5G的普及，银幕电影、网络电影、电视电影、网剧、电视剧、手机视频等正日益融合为一个越发强大的影视产业。未来的中国电影行业是金融与影视融合的产业，是高科技与影视融合的产业，电影将拥抱资本、拥抱科技、拥抱更为广泛的渠道和表现形式，进入发展的又一个新阶段。

传统影视公司也要注重产业与商业模式的搭建与运作。拥抱互联网企业的资金与技术，以双赢为前提开展与互联网企业的商业合作，利用传统优质内容生产的实力换取互联网企业充足的资金支持，也可以为互联网企业打造泛娱乐生态圈层。同时，国家也应当在原有科技企业优惠政策的基础上制定适用于电影行业的科技研发优惠或补贴政策，或在原有政策基础上进行优化升级，最终实现以高新技术为引领、以优质内容为基础。全国、全行业加大资源与力量的投入，定能让中国电影在新时代里继续勇攀高峰，实现从电影大国到电影强国的质的飞跃。

（五）尊重行业规律提升电影投融资专业度

在从粗放型扩张向精细化提升的转变过程中，投资人要以更专业的态度参与到电影投融资。尤其是在专业的金融资本与电影市场之间，亟待构建新的“安全阀”，推动创新发展及合作共赢模式。电影是“内容为王”“品质为王”的行业，投资机构应当着眼于项目内容本身，导演、演员选择以及前期市场调研，甚至是主控方的选择，都应将项目和内容服务作为出发点。投资人要提升在电影行业的专业度，进一步理解和尊重电影本身的创作规律和艺术规律，以更成熟、更科学的方式去分析和控制电影行业投资的风险，形成更加科学的投资体系。电影企业应当以优质项目为导向，实行精细化的运作与管理，构建良性的商业模式；要进一步加强风险控制意识、建立风险管理制度，通过内部评估、市场调研等方式进行风险把控。

B.8
2019年艺术品市场与艺术品金融发展：调整中寻求突破

范勇　董瑞　张谞*

摘　要： 艺术品金融是文化金融的重要组成部分。本报告分析了2019年我国艺术品市场的发展情况，以及我国艺术品金融的发展环境和发展趋势。本报告认为，当前我国艺术品金融发展有调整、有突破，但整体形势未见大的好转。当前面临的关键问题在于艺术品市场生态结构问题突出，画廊缺位严重；传统金融行业对艺术品金融业务参与度低；艺术品金融专业人才缺乏。本报告建议，应大力发展艺术品市场，培育艺术品收藏的良好氛围；加强艺术品市场的法制建设和市场监管；重视大数据、区块链对艺术品金融的促进作用；重视艺术品金融在文物安全方面的保障作用。

关键词： 艺术品市场　艺术品金融　画廊　文物安全

一　艺术品市场发展现状

（一）对中国艺术品市场造成重大影响的环境因素

2019年国际环境的复杂变化使中国艺术品市场发展频频遭遇不确定性

* 范勇，亚洲艺术品金融商学院创始人，艺术品金融专家。董瑞，艺术市场研究中心（AMRC）总监/首席研究员，上海惟典臻藏文化艺术有限公司执行董事。张谞，中欧交流促进会秘书长，Poe Consulting创始人。

因素。在中美一年多的贸易摩擦中，美国对华关税清单里数次出现与中国艺术相关的商品，且所制定的关税不仅适用于从中国进口的艺术品，还包括世界上任何地方的所有原产自中国的艺术品。而且对此，中国国务院关税税则委员会被迫采取反制措施，决定对原产于美国的5078个税目、约750亿美元商品，加征5%～10%不等的关税，其中艺术类别相关的物品众多，大部分艺术品类关税加收从12月15日起施行。

艺术品被卷入贸易摩擦，使得所有出口到美国的中国艺术品以及所有进口到中国的美国艺术品贸易成本增加，对中美双方艺术品市场均弊大于利：两国的博物馆、美术馆接受对方的文物捐赠将受阻；美国的拍卖行及古董交易商将无法在全球范围的中国艺术品竞争中拿到有竞争力的定价，对于中国情况类似；关税也将扼杀画廊更大范围的文化交流。

负面影响在美国尤甚。由于中国本就不愿文物外流，美方的征税政策损害更多的是美国与英国、日本等国之间的古董贸易；从9月的纽约亚洲艺术周来看，两大拍卖行的成交总额与春季相比均有所回落。不少业内人士认为，这是美国政府对进口艺术品加征关税的政策在纽约的中国艺术品拍场上产生的影响。若加征关税政策持续，很大程度上将导致艺术品交易市场的转移。首先，原定在美国举行的中国古董重要专场从巨额关税上考虑，将转到香港进行拍卖；其次，代理了中国艺术家作品的西方画廊也会更多地选择在中国香港、新加坡、英国或是欧洲大陆做展览和销售。美国将不再是最优目的地。

在经济大环境变化下中国艺术品市场所受的打击较大。2019年9月2日，人民币兑美元的汇率跌破7元关口，而美国财政部正式给中国贴上了“汇率操纵国”的标签。在中美贸易摩擦的背景下，中国经济增速趋缓，2019年国内生产总值为99万亿元，增速下滑至6.1%。随着经济增速下滑，许多藏家开始收紧口袋，经济上的消极因素让他们越来越谨慎，2019年中国艺术品市场表现出焦虑情绪。

香港是重要的艺术品市场，2019发生的修例风波极大扰乱了艺术品市场秩序。2019年修例风波中的暴力冲突多次升级，示威者频繁聚集，对公共交通进行封锁。不安定的社会情绪和示威活动，令全球商界以谨慎的眼光审视香港，香港国际金融中心的地位会被撼动。香港风波扰乱艺术品市场秩序的现象主要集中在当地，对中国内地及其他地区未见显著影响。虽然中环地区暴力升级的10月初正值亚洲艺术品秋拍，但其对艺术品拍卖的扰乱相对有限。由于大部分示威活动发生在晚上和周末，工作日拍卖公司基本能够正常运作，拍卖会均如期举行，未见因社会风波而取消的事件。来自亚洲乃至世界各地的藏家或者他们的代理人也如期出现在了各大会场。但画廊受到的影响较大。

（二）艺术品拍卖依旧处于调整期

1. 书画及古董板块仍是内地市场的中流砥柱

对于我国内地拍卖市场，选取北京保利、中国嘉德、西泠拍卖、中贸圣佳、华艺国际、北京荣宝、北京匡时、广东崇正、北京翰海、上海朵云轩、北京诚轩和北京华辰（按成交额排序）这12家拍卖公司春秋两季大拍公布的数据为样本数据。

2019年，12家拍卖公司的春秋两季大拍总成交额共达196.52亿元，较2018年下降2.18%（见图1）；总成交量与2018年基本持平，为5.41万件。虽然成交额呈现稳中有降趋势，但成交率再上一层，2019年高达74.50%，直逼市场规模最高峰的2011年。这一市场表现反馈出拍卖市场近几年缩量增质的策略已初显成效。

在各板块市场份额占比方面，2019年较2018年有较大反差。2018年热门的油画及当代艺术、古籍碑帖在2019年均有所下降，分别下降了1.9%和1.75%；而2018年呈现全面下降的中国书画板块在2019年却有所回升，除古代书画仍下降0.01%外，近现代书画与当代书画分别上涨0.71%和0.56%。总体而言，中国书画及古董瓷杂板块仍占据内地市场的主要份额。

在高价拍品方面，共计230件拍品过千万元成交，其中亿元部分占据8席，包括中国书画7件和古董瓷杂1件，无油画及当代艺术过亿元成交（见表1）。2019年内地拍卖市场最高价作品为赵孟頫的《致郭右之二帖卷》手

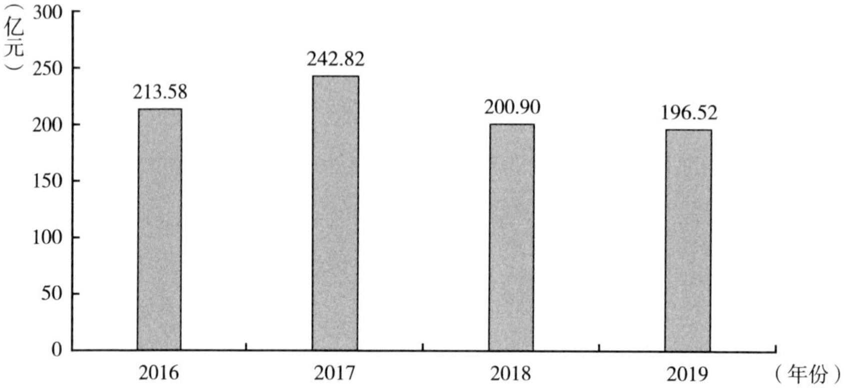

图1　2016～2019 年内地市场12 家拍卖公司总成交额

数据来源：AMRC。

卷，以2.67 亿元成交；近现代书画部分，由李可染领衔，6 件千万元级拍品为内地市场贡献了5.21 亿元；而古董瓷杂板块则以清雍正御制青花釉里红云海腾龙大天球瓶领衔，以1.47 亿元成为该板块在2019 年内地市场唯一过亿元的拍品。

表1　内地市场2019 年成交拍品TOP10

序号	作品	成交价(万元)	品类	拍卖行
1	赵孟頫的《致郭右之二帖卷》手卷	26737.5	中国书画	中国嘉德
2	李可染的《万水千山图》(镜心)	20700	中国书画	北京保利
3	潘天寿的《初晴》(镜心)	20585	中国书画	中国嘉德
4	清雍正御制青花釉里红云海腾龙大天球瓶	14720	古董瓷杂	北京保利
5	吴冠中的《狮子林》	14375	中国书画	中国嘉德
6	王蒙的《芝兰室图》手卷	14605	中国书画	北京保利
7	李可染的《井冈山》(镜心)	13800	中国书画	中国嘉德
8	崔如琢的《冷碧清秋水 秀色空绝世》手卷	13800	中国书画	北京保利
9	清乾隆五十一年御制白玉交龙钮“信天主人”宝玺	9430	古董瓷杂	北京保利
10	清乾隆御制洋彩加金镂雕团螭纹开光内绘“时时报喜”双龙耳转心瓶	9200	古董瓷杂	北京保利

数据来源：AMRC。

2. 油画及当代艺术撑起香港市场半壁江山

对于香港拍卖市场，选取香港苏富比、佳士得香港、保利香港、中国嘉德（香港）（按成交额排序）这4家拍卖公司春秋两季大拍公布的数据为样本数据。

2019年，4家拍卖公司的春秋两季大拍总成交额达149.70亿港元，较2018年下降8.51%（见图2）；总成交量为16616件，较2018年增加了9%；成交率为69.61%，较2018年提升1个百分点。虽然成交量与成交率均有所提高，但市场总成交额不升反降，由此反馈出香港市场的平均成交价格区间趋向低移。

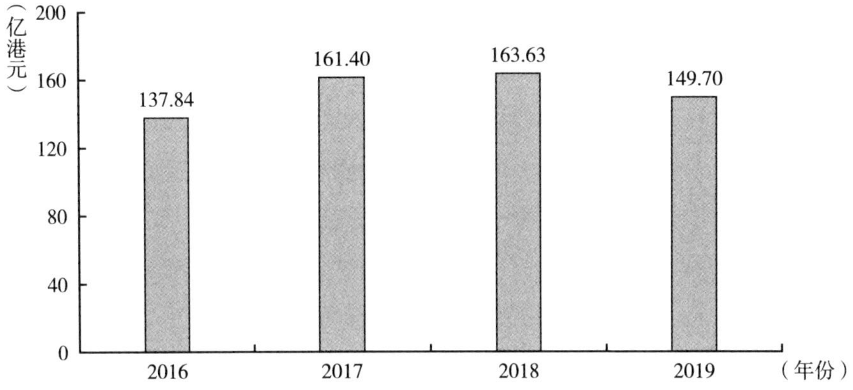

图2　2016~2019年香港市场4家拍卖公司总成交额

数据来源：AMRC。

与内地市场截然不同的现象是，油画及当代艺术板块在香港市场表现得尤为突出，即便是市场遇冷，仍以强劲的抗压性逆势而上，成为各家拍行的成交主力板块。2019年油画及当代艺术为香港市场贡献了高达50%的总成交额，在2018年的基础上再提升了9%；古董瓷杂板块所占份额与2018年相对持平，为30%；而中国书画板块则出现明显疲软，占比仅为20%，成员额相比2018年下降了8%。

在高价拍品方面，共计262件拍品过千万港元成交，其中以过亿港元成交的拍品共14件，包括10件油画及当代艺术、1件古董瓷杂、1件中国书画和2件珠宝尚品。2019年香港拍卖市场最高价作品为常玉的《五裸女》，以3.04亿港元成交，领衔油画及当代艺术板块；近现代书画部分，仅有张大千的《伊吾间瑞雪图》过亿港元成交；古董瓷杂虽仅有清乾隆料胎黄地画珐琅凤舞牡丹包袱瓶过亿港元成交，但以2.07亿港元的成交价成为2019年香港拍卖市场的成交价次高（见表2）。

表2　香港市场2019年成交拍品TOP10

序号	作品	成交价(港元)	品类	拍卖行
1	常玉的《五裸女》	303985000	油画及当代艺术	佳士得香港
2	清乾隆料胎黄地画珐琅凤舞牡丹包袱瓶	207086000	古董瓷杂	香港苏富比
3	常玉的《曲腿裸女》	197974000	油画及当代艺术	香港苏富比
4	奈良美智的《背后藏刀》	195696000	油画及当代艺术	香港苏富比
5	赵无极的《三联作1987－1988》	178000000	油画及当代艺术	佳士得香港
6	张大千的《伊吾间瑞雪图》	162665000	中国书画	香港苏富比
7	艳彩紫粉红色钻石配钻石戒指	155831000	珠宝尚品	香港苏富比
8	吴冠中的《荷花(一)》	130773000	油画及当代艺术	香港苏富比
9	KAWS作品《THE KAWS ALBUM》	115966000	油画及当代艺术	香港苏富比
10	赵无极的《无题》	115966000	油画及当代艺术	香港苏富比

数据来源：AMRC。

3. 新生代艺术家群体潜力巨大

艺术品市场换代司空见惯，早些年被称为青年艺术家的“70后”一代如今已活跃在艺术品市场的第一线。在其之后，“80后”“90后”艺术家也如雨后春笋冒出，成为新的一批被市场关注的新生代艺术家群体。

这批新生代艺术家群体生态百相，他们的成长背景与艺术轨迹有很大差异性，他们有的是中国在地艺术家，包括各大美术院校毕业的学院派艺术家，也包括自学成才的“制度外”艺术家；有的是海归艺术家；有的还未被一线画廊代理；有的却已成功吸引到国际蓝筹画廊的目光；有的还仅在一级市场流通；有的却已经在多家知名拍行中有不错的成交表现……

在“全球40岁以下艺术家2019年度总成交额TOP20”中，中国艺术家占据三席，分别为郝量（第 5 名，年度成交额为 250.7 万美元）、米巧铭（第 9 名，年度成交额为 177.3 万美元）、陈飞（第 19 名，年度成交额为 63.3 万美元）。其中，郝量凭借作品《林间记》以 193.31 万美元的成交价成为该榜单单件作品最高成交的榜首，初显出中国艺术家在全球新生代艺术家中的竞争力。

随着他们的成长，在未来 10～20 年里，他们的声音将在中国市场乃至国际市场中越发响亮；未来的艺术话语权，也将掌握在这群艺术家中佼佼者手中。

4. “千禧一代”与潮流艺术兴起

“千禧一代”高净值人群的崛起不可忽视。据罗兰贝格联合全球退税服务商环球蓝联（Global Blue）在《千禧一代，重塑旅行与购物习惯》报告中提出，中国“千禧一代”消费者将主导未来 10 年中国乃至全球的消费格局。

《2018 中国新中产圈层白皮书》指出，“80 后”是新中产的主力军。目前，30 岁以下的高净值人士已占到 8%，45 岁以下的高净值人士占比超过 50%。他们具有如下特征：成长于互联网发达的全球化时代，很多具有海外留学经历，具有较强的国际视野和全球意识；从职业分布上，新兴行业创业者、职业经理人和其他专业人才占比显著高于总体样本。

根据 Art Economics 和瑞银 2018 年一项关于高净值藏家的调查，亚洲市场高净值藏家的年龄结构发生了明显变化：其中新加坡 46% 的藏家为“千禧一代”，中国香港 39% 的藏家为“千禧一代”。“千禧一代”藏家在艺术品市场的各个领域比其他几代人更为活跃，占高端消费者（100 万美元以上艺术品）的比例达到 45%，约有一半的“千禧一代”藏家会花费超百万美元来进行艺术品资产配置。

“千禧一代”藏家具有一定共性，他们的收藏倾向往往与自身经历密切相关。他们多数人拥有海外留学背景，能够更快地与国际艺术圈接轨；他们具备快速接受新事物的能力和很强的学习能力，容易形成自己的判断力；他们更喜欢前卫新潮的艺术，不像老一辈藏家注重名头，会更看重作品的内涵和艺术性。

随着“千禧一代”藏家势力的崛起，拍卖市场走向多元竞争的“百家争鸣”时期，与此同时，潮流艺术势头猛烈，KAWS、Banksy、奈良美智等一众炙手可热的潮流艺术家正颠覆着中国市场乃至全球市场。

（三）画廊业在夹缝中寻求突破

就画廊的创业期而言，10 年是一个重要的关键节点，在剧烈的市场竞争下，能够存活下来并持续运营的画廊数量呈逐年递减趋势。国内画廊经营年限主要集中在 10 年以内，这一部分画廊占全国画廊总数的 72.5%；经营年限在 11 ~15 年的画廊占全国画廊总数的 14.1%；而能坚持 15 年以上的画廊仅占 13.4%。能持续经营 10 年以上的画廊已具备相对成熟的运营理念和模式，而未能支撑 10 年的画廊大多受困于目前国内画廊的生态困境。

面对本土画廊业困境，画廊联盟应运而生，通过整合画廊彼此的人脉、硬件和渠道等方面的资源优势，达到抱团取暖一起抵抗产业寒冬的目的。2011 年以来，北京、上海等地纷纷成立画廊协会，把各自为战的画廊组织起来，极大地拉动了文化艺术产业的发展。如近年来成功开展的画廊周北京等活动，进一步整合了艺术品市场资源，通过定期组织举办各类艺术展览、创作孵化等活动探索与创新商业模式，打造具有竞争力及国际化的艺术品交易平台。在当前艺术品市场经历大幅度调整的背景下，如果一级市场的经营主体能够集结起来，以画廊联盟的形式介入一些地区文化创意园区的建设，推动画廊产业的集中化、规范化和规模化发展，必能对整个区域市场的发展带来正面影响。

除了区域性画廊集群共建对外交流平台以外，以点对点空间交换为基础的“共享画廊”成为困境之下画廊行业转换思路、突破局限的另一种重要思路，如 2018 年和 2019 年举办的 Condo 上海便是这一概念——画廊跨境联合举办展览，共享空间、客户、渠道等资源，以“共享画廊”模式探索画廊艺术展览模式及大型艺术博览会之外另一种一级市场运作形式的可能。

此外，对于国内画廊而言，还可以尝试多种经营路线，如加强与艺术基金、美术馆、艺术银行等的合作，拓宽资本引入；确定明确的经营特色，尽快树立品牌形象，从而拓展客户资源等。

与中国本土画廊遭遇的问题不同，对于那些拥有更成熟运营机制的国际画廊而言，它们更大的压力来自中国内地高昂的税收。截至 2019 年上半年，中国内地种种税率合计最低都要高达 20.7%，扣除总成本后，仅能获得 0 ~ 9.3% 的利润，并不含进出口关税在内。而美国与中国香港的最低税率分别为 10.5% 和 4.95%，远远小于中国内地市场。[①]

因此，在 2019 年中美贸易摩擦刺激下，经营长达 10 年之久的佩斯北京宣布关门，佩斯画廊计划将更多的人力和物力投入香港空间的经营中。可以窥见，香港作为亚洲艺术品市场中心城市的地位在去年的国际形势下越发凸显。作为免税天堂，香港这座城市在艺术品交易市场中被赋予了与生俱来的优势，巴塞尔艺术博览会等顶级艺博会的聚合效应也带来至关重要的推动作用，中国内地和世界各地藏家在此的参与度越来越高。

虽然内地在税费方面的经营成本高，但是内地藏家整体的购买力依旧对那些在亚洲市场涉足未深的西方画廊具有巨大吸引力。截至 2019 年底，并未见其他国际蓝筹画廊步佩斯后尘放弃内地的艺术品一级市场。反之，同期另一家国际老牌画廊——阿尔敏·莱希宣布在上海外滩琥珀大楼开设新空间，这是它在亚洲的第一个分部。而另外两家国际知名画廊——贝浩登和里森，也在佩斯北京落闸前一年内进驻上海。此外，2020 年上半年上海外滩还将迎来纽约画廊 Edward Ressle。国际蓝筹画廊的中国版图见表 3。

表 3　国际蓝筹画廊的中国版图

画廊	地区
高古轩画廊	香港
佩斯画廊	香港
豪瑟沃斯画廊	香港

① 数据来源：AMRC。

续表

画廊	地区
卓纳画廊	香港
厉为阁	香港
白立方画廊	香港
立木画廊	香港
Simon Lee 画廊	香港
MDC 画廊	香港
贝浩登画廊	香港、上海
里森画廊	上海
阿尔敏·莱希画廊	上海
大田秀则画廊	上海
阿拉里奥画廊	上海
Edward Ressle 画廊	上海
东京画廊 + BTAP	北京

数据来源：AMRC。

从长远来看，中国市场的魅力依旧，税收政策也在改善，如 2019 年 10 月 1 日起开始实行的《关于明确生活性服务业增值税加计抵减政策的公告》称，文化艺术业将适用 15% 加计抵减政策。目前对于与中国内地藏家交易的国际艺术品经销商来说，上海的地方政策似乎更为吸引人，在境内设立小面积的展示空间，寻找大型机构合作举办重要展览，吸引他们到香港等地进行交易以合法避税，是比较常见和节省成本的选择。在经济环境复杂的当下，顺势应变的经营策略是他们长久的生存之道。

（四）经济逆势下艺博会劲头不减

经济逆势下艺术博览会在中国快速兴起并呈现良好的发展态势，2019 年国内主要艺博会在展览规模、参观人数、销售情况上均表现可观。2019 年香港巴塞尔艺术博览会吸引了 8.8 万人前来参观，创下该艺博会人数新高；据不完全统计，近 100 家画廊成交总额超过 1 亿美元；上海西岸艺术与设计博览会在经济逆势下仍保持强劲活力，部分画廊带来的作品在开幕首日就已售罄；2019ART021 据估算参观人数超过 10 万人；艺术北京 2019 是历届规模中最大的一届，参展画廊同比增长 20%，参展作品数量增加 43%，80%的参展商有成交，现场购买 3 件以上作品的买家同比增长 15%；2019 年 JingART 艺览北京的 41 家参展机构销售作品约 200 件，销售总额估算超过 5000 万元，参观人次同比翻倍，达到 2 万余人……这样的例子还有许多。

除了北京、上海、广州、香港这些国内艺术中心城市外，近几年艺博会的风潮也席卷了成都、南京等二线城市。艺博会区域版图的不断扩张，为艺术品市场的在地性发展提供了良好契机。如在 Art Chengdu 国际当代艺术博览会上，川籍艺术家成为许多参展机构的主推对象；2019 首届南京国际艺术博览会也特别辟出南京本地当代艺术区块，集中展现南京本土的艺术生态。艺术博览会在全国各地百花齐放，为一级市场持续注入新生力量。

此外，艺博会也加重了对细分市场的关注。在国内主要艺术博览会逐步发展成熟的背景下，涌现了越来越多主题性艺博会。青年艺术 100、上海青年艺术博览会等旨在发掘新生代艺术家潜力，影像上海艺术博览会、集美·阿尔勒国际摄影季等作品类目小而精，设计上海成为国内艺术设计跨界作品销售以及促成合作的重要平台。无论是艺术领域的细化还是衍生，这些异彩纷呈的博览会主题给观众和市场提供了越发多元化的艺术选择。

（五）上海国际艺术品交易月引领世界艺术品交易中心建设

2019 年 11 月上海举办首个国际艺术品交易月，由上海市委宣传部、市文旅局挂牌，在上海西岸成立“上海国际艺术品交易中心”，启动“上海国际艺术品交易服务平台”。交易中心将打造艺术品交易一站式服务平台，涵盖艺术品登记备案等交易数据建设，展览审批、财税申报等行政配套服务，保险、融资担保等中介服务，通过建立艺术品服务专业机构资源库，为艺术品交易主体提供高品质、规范、专业的市场服务，解决当前艺术品交易领域存在的交易成本较高、流通环节手续较为繁杂、配套服务不够完善等问题。

尽管与纽约、伦敦两大国际城市相比，上海的艺术品市场在开放度、从业主体数量和质量、交易规模、交易配套服务等方面还存在较大差距。但近年来徐汇区积极打响“艺术西岸”品牌，艺术品产业链不断完善，建设了多家高品质的文化艺术场馆，引进多家知名画廊和工作室，打造了西岸艺术与设计博览会等具有国际影响力的艺术展览活动，“上海西岸”作为亚洲艺术标志地和集聚地的品牌已经初具效应，具备了实施上海国际艺术品交易月的基础条件。在此背景下，上海国际艺术品交易月也通过政策引领、品牌打造、交易中心和服务平台建设，逐步推动全市形成交易活跃、主体丰富、人才集聚、服务优质、产业链成熟的千亿元级规模的艺术品交易市场。西岸艺博会、ART021 等交易和艺术品展览展示等百场活动集中开展；苏富比、佳士得等国际国内拍卖行，豪瑟沃斯、香格纳等国际国内知名画廊及国内外艺术家、收藏家参与了活动。

在区域政策利好的背景下，越来越多的国际知名艺术机构将目光投向上海和中国其他地区。2019 年 11 月，上海西岸美术馆正式对外开放，开启了与法国蓬皮杜中心为期五年的展陈合作。这一合作不仅是蓬皮杜中心在亚洲的首个合作项目，也是中国本土美术馆首次与法国顶级美术馆共同探索运营文化机构。未来五年内，西岸美术馆计划呈现 3 个常设展和约 10 个为期半年的特别展，展陈内容由西岸美术馆和蓬皮杜中心共同策划。常设展将为观众带来蓬皮杜中心现当代艺术收藏中的标志性作品，通过三次主题展览的互相补充，较为系统、完整地为中国本土观众展现 20 世纪至 21 世纪国际现当代艺术的历史面貌和发展进程，并为中国的艺术爱好者提供解读经典佳作的视角。特别展将由西岸美术馆和蓬皮杜中心双方共同选题，深度挖掘全球化语境中当下热议的艺术话题，进行跨领域艺术展览，与常设展互为补充。

（六）艺术科技呈现新面貌

随着当今世界进入科技爆炸式发展的新时代，科技的力量从根本上改变了人类的生活方式和社会结构，实现了各个领域的财富增值，也推动了艺术的变革。在全球数字化时代下，计算机正在成为艺术创作的重要媒介。数字媒体艺术的发展历程大致可划分为以下几个时期：50~60年代为计算机艺术的启蒙时代；70年代为计算机艺术的探索时代；80年代为数字媒体艺术的兴起和蓬勃发展时代；90年代为数字媒体艺术的繁荣时期。

而当下的数字媒体艺术已进入多元、深入发展的新阶段。“多元”在于其独特的跨媒介表现形式和艺术风格多样性与个性化，而这也会带来新一轮科技与艺术的新形式美学探索。“深入”则意味着技术与艺术的结合阐发出更多的社会思考。数字媒体艺术的诞生不仅是艺术发展，也是人类社会发展的一个里程碑。随着科技越来越多、越来越深入地融于艺术，对人们的生活方式、思维方式、价值观念和审美趣味等都造成深远的影响，科技在艺术实践中不断迸发出新的内容与观念。

展览、展示是艺术品市场的重要环节，新技术的出现也对画廊、拍卖行运营过程中的技术应用提出了更高的要求。展览的升级意味着艺术品市场的外观也开始呈现新面貌。佩斯画廊所代理的两个国际顶尖的新媒体艺术团体兰登国际和teamLab，提升了画廊本身在全球市场中的品牌形象，其作品更是广受中国市场参与者和观众青睐。兰登国际的《雨屋》在上海余德耀美术馆持续多年展出，teamLab在2019年也拥有了其专属的上海teamLab无界美术馆。艺术结合前卫的技术手段呈现前所未有的立体式感官体验。

2020年初新冠肺炎疫情在全国爆发，由于艺术品市场高度依赖线下展览和交流，艺术品市场的抗风险能力较许多其他行业更弱。在人员流动高度受限的背景下，艺术品市场遭受重创，行业参与者们需要承担高昂的商业空间成本压力，与此同时，其机构运营和交易核心环节、周边环节向线上转移的技术尚未大规模普及，行业自救成为难点。虽然艺术品数字化管理的先进技术手段已在许多国有博物馆和文化机构中广泛运用，观众可以在各机构网站、微信公众号等平台入口观看3D立体化且高清的线上展览，或借助全景虚拟技术等在线逛展馆；艺术品电商和线上拍卖平台也层出不穷。但前者那种高度仿真、沉浸式、具有在场感的线上互动效果未能在后者提供的交易服务中出现，这一问题也为后续艺术品市场中的展览展示环节升级提供了新的方向。

二　艺术品金融发展环境和趋势

（一）世界艺术品金融发展概况

在全球化背景下，随着艺术品市场的发展壮大，人们对艺术品的不断投资推动了艺术品金融的发展。但由于各个国家对艺术品市场的管理政策以及艺术品市场在不同地区的发展不均衡，艺术品金融在全世界范围内的发展也呈现多元化状态。从历史上看，美国、欧洲、亚洲地区艺术品金融的发展状况各不相同。

国际艺术品金融在发展过程中逐渐探索出了多种业务，包括基金业的投资、银行业的介入、艺术品投资顾问的兴起、服务于扶持青年艺术家和公共空间的艺术银行、艺术品资产管理、艺术品财富管理等。其他新的业态也在不断被发掘。

在艺术品市场方面，德勤公司在其《2019 艺术金融报告》中指出，信任、合作和市场透明度是突破艺术品市场未来发展壁垒的关键。2018 年全球艺术品收藏总额估计约有 17.4 亿美元。在过去十年中，财富积聚的速度与艺术品市场发展速度之间的差距越发扩大。2008 ~ 2018 年，高端艺术拍卖市场规模的年平均增长率为 4.6%。2020 年 2 月 Artmarket 与中国雅昌艺术市场监测中心（AMMA）共同发布的《2019 年度全球艺术市场报告》的数据显示，2019 年艺术市场规模下滑 14%。2019 年，美国艺术市场总成交额为 46 亿美元，占全球市场的 35%，较 2018 年下滑 22%，居于世界第一。中国艺术市场总成交额为 41 亿美元，比 2018 年下滑了 9%，居世界第二。英国艺术市场的总成交额为 22 亿美元，比 2018 年下滑了 21%，居世界第三。

在艺术品财富管理方面，2019 年有 86% 的财富管理经理认为将艺术品融入财富管理服务是一个有力的选择。自 2011 年以来，这一数字达到最高值。这些财富管理经理认为，为他们的客户提供更全面的财富管理服务，是他们在服务中增加艺术品板块的主要动机。2017 年有 36% 的艺术品收藏者认为他们购买艺术品的主要目的之一是使投资组合多元化，而到2019年这一数字达到52%。艺术品收藏者们越来越愿意向观众展示他们的藏品，并认为艺术品财富是他们总资产中不可分割的一部分，从而使得艺术品财富在综合财富中所占的比例逐步提高。约有72%的财富管理经理目前有提供艺术品财富管理服务。这些服务中比较常见的是艺术品估值、艺术品资产规划、艺术品市场调研和艺术慈善。

2019年全球艺术品抵押贷款市场规模为210亿~240亿美元。其中，有90%~92%是私人贷款，其余贷款用于艺术品交易，有69%的艺术品收藏者愿意把他们的藏品用于贷款抵押，有50%的艺术从业者认为艺术品抵押贷款是所有艺术品金融服务中与其最为相关的一项，有32%的欧洲私人银行认为它们会在未来重点关注这个领域。艺术品抵押贷款业务所面临的核心挑战是风险评估、缺乏流动性、估值以及法律框架缺失。2016~2018年，艺术品抵押贷款市场的规模平均每年增长10%左右。

在过去的一年中，艺术品仍被视为一种有价值的资产类别。世界排名前100的艺术家作品价格的复合年增长率为8%。艺术品与黄金价格有着极强的正相关关系。所以，艺术品作为一种投资工具，正在扮演着保值的角色。随着艺术品价值的增长，大多数持有艺术品时间超过十年的拍卖委托人从“持有有效期”中受益。

在2019年，科学技术驱动了艺术品市场的变革。很多艺术品收藏者和艺术专业人士都认为科技将在多方面深远地影响艺术品市场。艺术品市场的透明度和艺术品市场的规则也将会受到科技的影响。此外，他们还认为明确艺术品来源和可塑性、反对价格操控和其他竞争行为、树立国际标准、公平公正等也会受到技术的影响。

欧盟成员国在2020年1月10日之前把2018/843法令（也被称为“反洗钱五号令”或“AMLD5”）纳入了本国的法律体系。这一法令覆盖美术馆或拍卖行所进行的交易中价值大于或等于10000欧元的单个或一系列关联交易。多数的财富管理经理认为，法规的修订将提升艺术品市场的信任度，对风险管理有帮助。

（二）国内博物馆发展的情况和趋势

根据国家文物局副局长关强对2019年中国的博物馆行业的总结，截至2019年全国登记注册的博物馆达5354家，其中4743家博物馆免费对社会公众进行开放。国有博物馆占主导地位，同时，国家陆续出台了一系列政策，使得非国有博物馆也得到了快速发展，目前非国有博物馆超过了1000家。全国博物馆全年共举办陈列展览2.6万个、社会教育活动20万次，接待观众11.26亿人次。

随着前些年推行的博物馆数字化工作的顺利进行，大量文物的数字信息得到了采集，目前逐步开始通过各种形式的共享，推动藏品数据的社会化利用。比如，国家文物局已在官网分两批次向全社会开放总计340多万件的可移动文物信息，吉林省数字博物馆在线服务平台为全省107家博物馆提供展示平台和窗口，故宫博物院将186万件藏品信息全部在网上公布，中国国家博物馆也向社会公开了78万件馆藏文物信息。

中国博物馆变得更加开放、更加亲民以及更加多元，博物馆逐渐从传统的文物收藏展示空间升级成为社交空间。据调查，超过40%的游客表示愿意在节假日走进博物馆参观。为了满足公众这种文化休闲和社会交往的需求，博物馆还增加了部分文化集会活动，如音乐会、鉴赏会、时装发布会、颁奖典礼等，让公众可以在博物馆围绕共同感兴趣的话题展开讨论，增进彼此的了解与交往。

2015年3月20日，《博物馆条例》正式实施，明确博物馆可以从事商业经营活动，挖掘藏品内涵，与文化创意、旅游等产业相结合，并鼓励博物馆多渠道筹措资金促进自身发展。故宫博物院前院长单霁翔表示，故宫博物院的文创产品收入在2017年已达到15亿元。2019年12月，售价59元的2020版《故宫日历》，在故宫出版社的官方旗舰网店上，单月销售超过4万本。同时期各类博物馆也纷纷效仿，开始了文创产品的开发和销售实践，博物馆运营进入全面的文创时代，通过周边文化产品获取收益。但同时，故宫的参观人数、藏品特性等许多特点是无法复制的，大量的博物馆文创产品受开发模式、开发成本等限制，出现了同质化现象，很多产品销量不好，大量地浪费了资源，需要引起警惕。

随着之前数字化博物馆发展到一定的阶段，关于新的智慧博物馆的探讨也被越来越多的人所关注。

（三）艺术品行业法律和政策的变化对行业的影响

随着近年来艺术品市场的蓬勃发展，与艺术品行业相关的纠纷也越来越多。比如，关于2019年2月某国内知名艺术家作品涉嫌抄袭的事件迅速传遍了各类社交媒体，引发了原作与抄袭的讨论；又如2015年某艺术家的作品真伪问题，也在当年策展人出示了艺术家亲笔信件之后落下帷幕。再如，艺术机构代理艺术家作品时，在委托、制作、销售、展出过程中所牵涉的版权及所有权问题也会经常引发多方争论……这些实例无不体现出，从艺术家进行创作到艺术品面向公众的过程中，有非常多的环节需要法律来界定。

根据中央财经大学刘双舟教授的观点，法律对艺术品市场的作用包括确认和保护权利、明确义务及规范行为等三个方面。在艺术品行业至少有9个领域与法律有着密切关系，这些都属于艺术法范畴：

（1）艺术品创作：在创作过程中有确权、登记、备案等一系列活动需要法律规范。

（2）艺术品推广：一级市场中的画廊业、博览会等应是艺术品推广的主体，在经营中涉及很多法律问题。

（3）艺术品交易，这是艺术品市场中最活跃的一个领域，艺术品交易主要有物权交易和版权交易，具体形式有拍卖、文交所以及其他交易形式，涉及物权法、合同法、专门的拍卖法等。

（4）艺术品收藏领域：这里指狭义上的收藏，即博物馆、艺术馆、美术馆等对艺术品的收藏、维护和保管等活动。

（5）艺术品管理：主要指政府对市场的行政管理活动，包括税收、贸易、物流、鉴定、评估等。

（6）艺术品衍生品领域：主要涉及艺术品授权和再生产。

（7）艺术品保护：有很多艺术品本身就是文物，需要法律给予特殊保护，此外艺术品市场还与非物质文化遗产保护有很大关联。

（8）艺术品支持：包括国家艺术基金、社会艺术资助、艺术赞助、艺术捐赠等内容。

（9）艺术品金融：这是随着资产化而出现的一种新的金融现象，其中艺术品投资基金、艺术品信托、艺术品保险、艺术品质押融资等都需要法律的规范。

总体来说，目前文化立法在中国的法律界还是一个短版，与经济发展领域法律体系的不断完善相比，文化领域的立法还过于滞后。

与艺术品最为接近的法律文件是 2004 年文化部制定的《美术品经营管理办法》，以及 2009 年文化部与海关总署联合制定的《美术品进出口管理暂行规定》。根据该规定，文化部负责对美术品进出口经营活动进行审批管理，海关负责对美术品进出境环节进行监管。

随着国家对文化产业的重视，从 2010 年开始越来越多与之相关的法律法规相继出台，包括：2009 年版的《文物艺术品拍卖规程》（SB/T 10538 - 2009）及其 2017 年的更新版本《文物艺术品拍卖规程》（SB/T 10538 - 2017）；2011 年颁布的《中华人民共和国非物质文化遗产法》；2016 年由文化部发布的《艺术品经营管理办法》，这也是目前国内唯一一个与艺术品相关的全国性法律文件，以及同年国家文物局出台的《文物拍卖管理办法》；2018 年，最高法、最高检等五个政府部门联合颁布的《涉案文物鉴定评估管理办法》。

虽然国家已经出台了上述法律法规，但目前，我国的艺术品市场法律体系的建设可以说才刚起步，还有部分法律的空缺。例如，国务院常务会议 2015 年通过了《博物馆条例》，但此条例的法律层级太低，无法满足实际应用的要求。

在西方社会比较常见的艺术捐赠享受税务优惠以用于侧面支持艺术生态

的相关条例有欠缺；艺术品金融这个相对新兴的领域几乎没有任何专门的法律予以调整和规范。

（四）财富管理行业的发展与艺术品金融的关系

2019 年 10 月底发布的《2019 中国艺术财富白皮书》显示了艺术品作为一种另类资产在财富管理中的作用日益显现。研究表明，48.6% 的人士看好艺术品投资，近 48% 的人士认为目前艺术品适合进入财富管理范畴。但目前艺术品投资在信息透明、法律机制、专业人才和价格形成机制等方面依然有待进一步完善。我国的艺术品财富管理目前主要形成了艺术基金、艺术品产权交易、艺术品贷款、艺术银行、艺术保税区、家族艺术信托和艺术品财富管理与咨询七大模式。

2019 年，中国的人均 GDP 首次超过一万美元，这意味着人们对艺术品财富品管理的需求增大。原因是根据国际艺术品市场的发展规律，当人均 GDP 超过 3000 美元的时候，收藏需求会出现显著增长；当人均 GDP 达到 5000 美元的时候，收藏需要会进入“井喷时代”。2018 年，金融账户涉税信息自动交换标准（Common Reporting Standard，CRS）在中国正式落地，金融账户管控力度的加大对中国艺术品财富管理会产生积极影响。艺术品投资正在成为抵御通货膨胀、提供超额回报的增值工具。艺术品投资虽然存在一定的风险，但艺术品带来的审美、文化与精神体验是其他投资标的无法取代的。中国高净值人群与“新中产阶层”的扩大，使得艺术品财富的社会关注度不断提高。当前良好的国际与国内艺术品市场环境为艺术品财富管理行业提供了机遇。

2019 年，艺术市场研究中心（AMRC）的一项调研显示高净值人群和市场专业人士对艺术品市场均表现出较强的信心，这有利于艺术品财富管理行业的发展。被调研的人士中有 48.60% 看好艺术品作为投资目标，这一数字仅次于私募股权基金（48.86%），超越了黄金投资（48.20%），由此可见，艺术品成为另类投资目标的首选之一。有 47.89% 的被调研人士认为目前艺术品适合作为资产进入财富管理范畴，仅有 23% 的被调研人士认为目前还不适合。被调研人士认为艺术品收藏的最大吸引力在投资回报、审美体验与代际传承三个点上，艺术品财富管理与咨询服务、家族艺术信托在未来三年中较其他模式有更大的发展前景。

艺术品财富管理机构在本质上具有商业性，但它们在运作中经常会融合营利及公益两种属性。艺术品财富管理机构的运作均致力于提供一个持续性的综合平台，并将艺术品市场不同的参与者联结起来。其中，艺术赞助及捐赠等业务的性质就近于公益属性，其功能主要是为企业增加品牌效益，提升其形象与社会影响力。近年来于中国兴起的企业收藏和企业美术馆，其功能和目标不限于通过艺术品使企业实现获利，许多时候更是出于整体性考虑，如增进企业与社会公众的联结，或使企业理念获得更大的传播，增加投资人和消费者对它的信心等，功效甚为多元，但其综合效益仍有助于增进企业获利。

中国的艺术品财富管理起步晚但发展快。在艺术品财富管理实践中，中国在行业交叉方面的探索比较活跃，在艺术品产权交易、金融产品、艺术消费投资等方面有一些创新发展。中国的艺术品财富管理实践主要从产品和服务两个层面展开（如图 4 所示）。

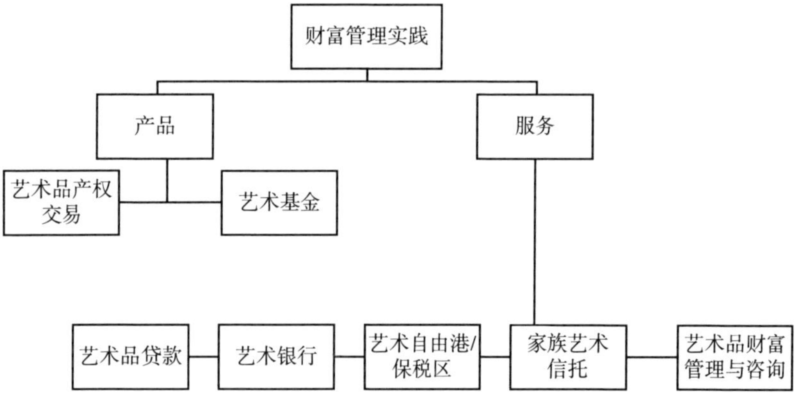

图 3　中国艺术品财富管理业务示意

在未来，随着全民美育达成共识、金融科技颠覆财富管理的逻辑定式、国家利好政策密集出台、艺术品财富管理行业社会化以及“金融 +”模式推动市场不断创新，我国艺术品财富管理将有更深远的发展，艺术品财富管理将呈现专业化、分工化、资源整合平台化等特点。整体化的艺术品财富管理能有效实现艺术品资产的增值。企业美术馆、商业银行、艺术银行、艺术基金会、艺术品交易公司等机构将成为中国艺术品财富管理的主体。艺术品财富管理的服务范围将囊括精英阶层与大众。艺术品金融产业将走向系统化、集中化、社会化、大众化的道路。人们在艺术品金融中多样化、多方面、多层次的投资需求和精神文化需要将不断得到满足。

（五）科技创新将进一步提升艺术品金融创新的水平

随着科技的不断进步，如基于可靠数据源的大数据建模、基于应用场景的区块链技术、基于解决方案的云计算平台、基于机器学习的人工智能等，技术与金融业务的关系越来越密切，两者的发展呈现一体化的趋势。在中国，艺术、金融、技术逐渐相互融合，科技应用到艺术品金融领域，发展出了一套体系，可称为“艺术金融科技”。在这套体系中，互联网发挥了重要作用，通过构建和完善以客户为中心的平台，强化了艺术品及其资源资产化、金融化的能力。艺术金融科技为中国艺术品金融的发展带来了新的可能性，同时也在催生新的业态，不断促进跨界融合、业务创新及商业模式创新。

《中国艺术金融科技发展年度研究报告（2018）》分析了中国艺术金融科技的发展有以下七大热点：互联网艺术金融、艺术品鉴证备案、区块链、客户管理（客户画像）、智能投顾、数据服务、微信小程序。

报告还指出了当前中国艺术金融科技在发展中面临着以下问题：（1）艺术金融及其产业业态发育不成熟，决定了艺术金融科技的应用尚处于研究探索层面；（2）艺术金融科技是互联网金融向纵深发展的结果，但是艺术金融科技赖以发展的金融信息化基础缺失；（3）中国艺术金融数据资源不足，限制了艺术金融科技的发展；（4）中国艺术金融与技术的融合还存在空白，实际应用存在障碍；（5）艺术金融科技在现有条件下要广泛实施，艺术金融发展的内在规律及运营的结构化需要进一步深化研究与探索。

三　艺术品金融发展面临的问题及对策

（一）艺术品金融发展面临的问题

1. 艺术品市场生态结构问题突出，画廊缺位严重

近年，中国艺术品市场得到了一定程度的发展。在市场经济大潮冲击下，从事日常交易的一级市场主体（如现代画廊、传统画店、文物商店以及网上画店等）普遍经营不良，有些萎靡不振；而建立在一级市场基础上的二级市场却相对火爆，占据了70%～80%的市场交易份额。艺术品市场反差较大的畸形“繁荣”景象，一直伴随着整个市场重兴迄今，不利于艺术品市场健康有序地向前发展。

目前中国艺术品市场存在的问题，除了法制规范、运行秩序、行为监管、诚信道德危机和市场要素培育等方面外，单就一级市场中的“现代画廊”这一重要环节的发展来说，就可以窥见一斑。上述社会经济和文化环境等主客观因素，造成画廊行业迄今依旧如同一只雏鸟，难以飞得高、飞得远。如果没有一级市场的健康繁荣发展，一味地期待中国艺术品市场早熟，显然是不现实和徒劳的。在艺术品市场繁荣的背后，画廊业的长期缺位理应被重视起来。

2. 传统金融行业对艺术品金融业务参与度低

中国艺术品金融创新业态发展快，但是传统金融行业参与度非常低，越来越显示出被边缘化的趋势。2014年，中国传统金融体系参与艺术品金融的规模与中国艺术品金融总规模之比约为80%以上，而到2015年，这个比例变为40%左右，2016年达到了不足25%的程度，2019年更是跌落至10%，反映出传统金融体系参与度不高的事实。

反观欧美，艺术品金融化在西方金融界有悠久历史，世界上历史最悠久和投资业务最大的几家银行，包括瑞士联合银行、瑞士信贷银行、荷兰银行、德意志银行、花旗银行等金融机构，都涉猎艺术品金融并已经形成了一

套完整的艺术银行服务系统，下设有专门的艺术银行部。银行的艺术服务项目包括鉴定、估价、收藏、保存、艺术信托、艺术基金等专业金融手段。藏家将艺术品保单交由银行保管，就可以以艺术品为担保从银行领取资金，作为其他类型投资的杠杆；藏家还可以将藏品“租借”给银行举办展览等，获取额外的收入，艺术银行在这个过程中通过提供服务来获取利益，是一种典型的双赢。传统金融业打破体制机制障碍、以更开放的心态参与到艺术品金融的事业中来，除了需要传统金融相关从业者提升艺术品财富管理专业素养外，还非常依赖艺术品市场自身的规范。

3. 艺术品金融专业人才缺乏，制约产业发展

中国的艺术品金融市场方兴未艾，但由于缺乏合格人才而造成市场鱼龙混杂。在我国数百所高校中，仅有少数开办艺术管理和文化管理相关专业。从金融和艺术品专业的角度看，艺术品金融市场监管人员既需要在经济分析和金融政策执行方面具备扎实的金融知识，又需要对艺术品行业的特殊性进行深入的把握。目前我国800多万名金融从业人员中，具备艺术品专业知识和艺术品经营管理能力的人才仅有少数。据统计，我国800多万名金融人才中有5%的人员将从事与艺术相关的岗位，以此推算，艺术品金融的高级人才缺口将达到40万人。市场存在需求，转型需要抓手，如同机构要持牌经营，人才也应达标持证上岗，人才培养是文化艺术健康发展的关键所在。可喜的是，亚洲艺术品金融商学院的成立，可以为上海乃至全国的文化艺术产业解决人才输送问题，弥补中国艺术品产业发展的短板。

（二）加快发展艺术品金融的对策建议

1. 大力发展艺术品市场，培育艺术品收藏的良好氛围

发展针对中产阶级和高净值人群的艺术品市场在一定程度上可以缓解贫富矛盾。一些企业收藏家通过兴建博物馆或美术馆，将私人行为转换为社会公益行为，把收藏当作事业和社会责任来做，激发了更多群体和组织参与到艺术品市场中来。

艺术品市场具有精神愉悦和财富增值的双重功效，艺术品的鉴赏可以提

升人的美学和精神境界。近年来中国社会生活水平有了很大的提高，但是对美育教育重视不够。目前艺术品市场的发展和繁荣不只是为了增加投资渠道和投资工具，更重要的是提升全民的文化和审美素养。因此，需要大力发展中国的艺术品市场，发挥艺术品市场的“蓄水池”功能，不仅可以从物质上吸引社会存量资金，还能够从精神上提升全社会的审美和文化品位。应研究将社会存量资金的过剩流动性转化为文化艺术品的购买力，研究政策的促推机制，推动以收藏为目的的艺术品市场的良性循环，引导资金流向艺术品市场。

2. 加强艺术品市场的法制建设和市场监管

不断净化和优化艺术品市场的环境，培养信誉和信用，形成规范和标准。培育科学与健康向上的收藏与投资文化，利用文化的传播与价值作用，普及健康的收藏理念与理性的收藏投资行为，为中国艺术品市场的科学、规范与有序发展提供强有力的文化支撑。构建中国艺术品市场的法制体系，加强对艺术品市场的监管，严厉打击各种违法现象。

完善中国艺术品市场体系基础要素的建设，实现艺术品市场长期健康发展，政府政策的导向起着关键的作用。加快推进艺术品市场法制建设，解决我国艺术品市场存在的市场乱象和监管缺失问题。促进第三方鉴定机构的发展，逐步建立具有公信力的市场评估和鉴定机构，降低市场信息不对称程度。

3. 重视大数据、区块链对艺术品金融的促进作用

中共中央政治局于2019年10月24日下午就区块链技术发展现状和趋势进行第十八次集体学习。习近平强调，把区块链作为核心技术自主创新的重要突破口，加快推动区块链技术和产业创新发展。

由于在解决信息不对称、中介机构的中心化与“信息孤岛”等问题方面具有明显优势，区块链在金融行业中的应用日新月异，已越来越多地出现在供应链金融、支付、资产证券化、票据、征信和风险管理等传统业务中。区块链与金融业务的结合，已实现由理念向产品的跨越，并正在深刻地影响金融业务的变革。

区块链的出现，或可通过技术手段确保平台数据链的完整性和可追溯性，以解决本该作为独立信用平台存在的文交所“数据失真”的历史难题。虽说同样受制于艺术品的真伪鉴定环节，但文交所可以在艺术品版权、文化企业股权、数字资产登记确权等范围内实践区块链技术，相比电商、拍卖行有着更多的操作空间。随着国家层面对区块链的重视，相信一直萦绕在艺术品金融周围的诸如鉴定溯源等问题将迎刃而解。

4. 重视艺术品金融在文物安全方面的保障作用

近年来世界各地多处著名文物古迹或博物馆遭受火灾损坏，有些甚至给国家文物事业带来不可挽回的损失，极其惨重。一次次令人痛心疾首的火灾再次提醒人们，风险无处不在，包括博物馆、美术馆、画廊等艺术品场所需要加强风险管控。

全国政协委员、中国保监会原副主席周延礼曾公开表示，保险业作为金融体系的重要组成部分，有其特有的经济补偿、资金融通和风险管理的功能，在文创产品制作和营销、市场开发和推广方面可发挥“助推器”和“稳定器”作用。国内博物馆对文物艺术品的保险意识虽在加强，但多靠“自保”，风险管控欠佳。总体来看，我国的文物保险市场，无论是在体系完善，还是在市场意识方面，在很大程度上仍然处于初级阶段。与一些发达国家和地区比较来看，目前我国文物保险市场文物投保率过低。未来国家文物管理部门和金融保险等各界应该探索一套适合中国文物保险的体制机制，充分发挥艺术品金融对文物安全的保障作用。

B.9
2019年主要传媒产业发展与资本市场：分化的一二级市场

杨永民　田 威*

摘　要： 本报告将继续沿用2017年、2018年传统媒体/新媒体的分类，在传统媒体/新媒体领域挑选了四个子行业。其中，图书行业在保持高速增长的同时，图书平均质量也明显提高，这又进一步加剧了行业的马太效应；图书行业资本市场的表现为二级市场活跃度大于一级市场。剧集行业呈现供给侧的改善，供给内容质量提高，供给渠道进一步丰富；剧集行业资本市场呈现明显的一二级分化——二级市场惨淡而一级市场则明显回暖。短视频行业作为目前的移动互联网第二流量高地，已基本进入应用成熟期，存量厮杀会更加显著，扬帆出海以及加大对直播的扶持是必然选择。游戏行业的国内存量用户市场已经趋于饱和，市场增速的提高更多的是借助于游戏品质的提高，而发行渠道的洗牌会加速这一过程。此外，TapTap社区的成功引发全体传媒行业对新一代"社区+传媒"的思考。本报告最后总结分析了传媒行业的投资机遇，除去年已经提出的"流量下沉""人工智能""5G赋能"外，新增了出海和社区化。

* 杨永民，亮马投资创始合伙人，亮马商学院秘书长，香港家族办公室协会华北区副秘书长，励岸投资咨询公司离岸金融业务高级顾问，原天弘基金股权投资部总经理。田威，中电建（北京）基金管理有限公司投资总监，亮马商学院联合创始人。

关键词： 传媒产业 图书行业 剧集行业 短视频行业 游戏行业

传媒产业是指传播各类信息、知识的传媒实体部分所构成的产业，它是生产、传播各种以文字、图形、艺术、语言、影像、声音、数码、符号等形式存在的信息产品以及提供各种增值服务的特殊产业。

按照业态的出现及规模化、产业化时点，传媒产业包括以下两类：（1）传统媒体产业——含图书、平面媒体、广播、电视、电影等；（2）新媒体产业——含互联网、移动互联网以及基于这二者进行数字信息传播的数字出版、移动资讯、在线阅读、动漫、游戏、数字化影视、IPTV、自媒体视频、自媒体社交、网络音频、在线直播、短视频等。

本报告的分析范围主要涵盖传统媒体中的图书、电视（主要为剧集制作行业），以及新媒体中的短视频、游戏。

一 图书行业发展状况及其资本市场分析

（一）图书行业发展状况

1. 2019年中国图书零售市场码洋规模高速增长

2019 年中国图书零售市场码洋规模为 1022.7 亿元，同比增长 14.4%，增速高于 2018 年（具体见图 1）。

2. 书号审核门槛提高为全行业提质增效

根据开卷信息的数据，我国图书零售市场 2019 年发行新书 19.4 万种（具体见图 2），同比下降 6.70%。主要原因是国家新闻出版署限制发放新书号。但是在单品种的平均成交额方面，2019 年则同比增长超 30%。

3. 渠道方面：线上销售渠道增速企稳但折扣比例再创新高，线下实体店销售渠道触底回升

根据开卷信息统计，2019 年线上销售渠道码洋规模为 715.1 亿元（见

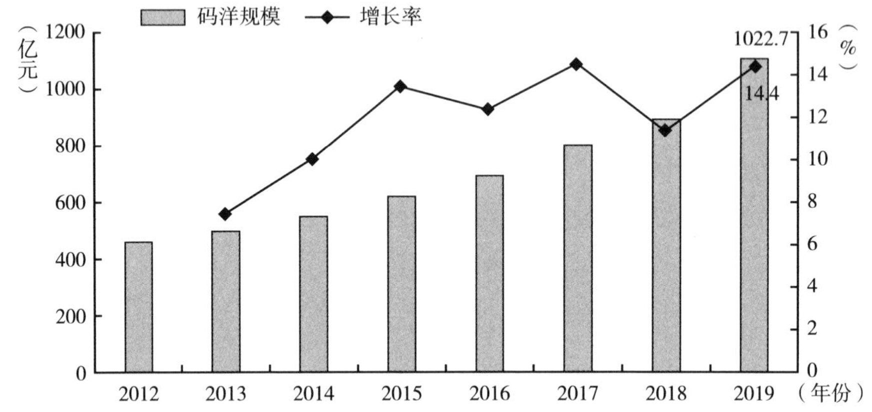

图 1　2012～2019 年中国图书零售市场的码洋规模及其增长情况

数据来源：开卷信息、广发证券发展研究中心。

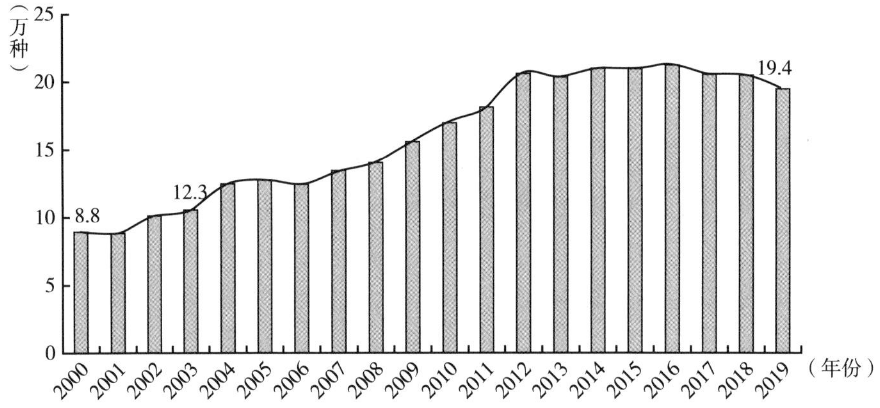

图 2　2000～2019 年中国图书零售市场的新书品种数量

数据来源：开卷信息、广发证券发展研究中心。

图 3），同比增长 24.9%，与 2018 年基本持平。但是从线上销售渠道的平均折扣看，从 2018 年的六二折进一步下降至 2019 年的五九折。

2019 年线下实体店渠道码洋规模为 307.6 亿元，同比下降 4.2%，相较 2018 年有所收窄。其中 2019 年上半年，线下实体店渠道码洋规模同比减少 12%（见图 4），而 2019 年前三季度线下实体店渠道的码洋受七十周年主题性出版物放量的影响，增速回升至 －7%。

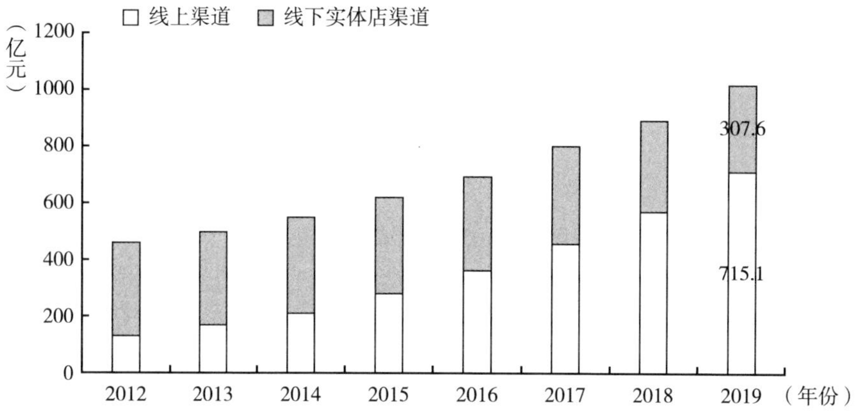

图3　2012～2019年中国图书零售市场分渠道的码洋规模

数据来源：开卷信息、广发证券发展研究中心。

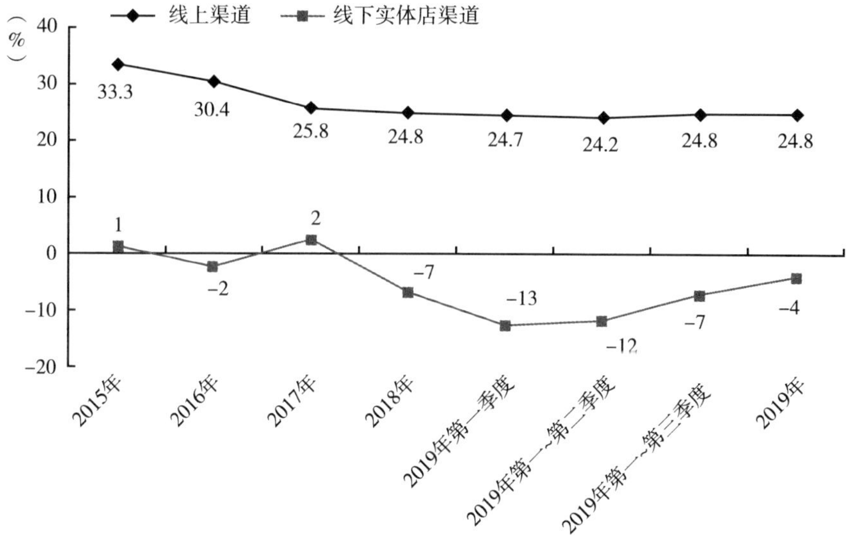

图4　2015～2019年中国图书零售市场分渠道的码洋增速

数据来源：开卷信息、广发证券发展研究中心。

4. 品类方面：少儿和社科两大品类市场占比名列前茅

2019年前三季度少儿类图书码洋维持份额第一，占比高达26.1%，对应的增速为17.2%，高于2018年的13.7%。但是由于少儿类图书主要通过线上渠道销售，考虑折扣因素，因此实际增速会低于17.2%。

社科类图书的同期占比为25.6%，增速为22.8%（在所有一级品类中位列第一）。

5. 行业马太效应加剧

头部品种的码洋贡献率在过去6年间持续增长（见图5）。其中，线上渠道的头部效应更加显著。

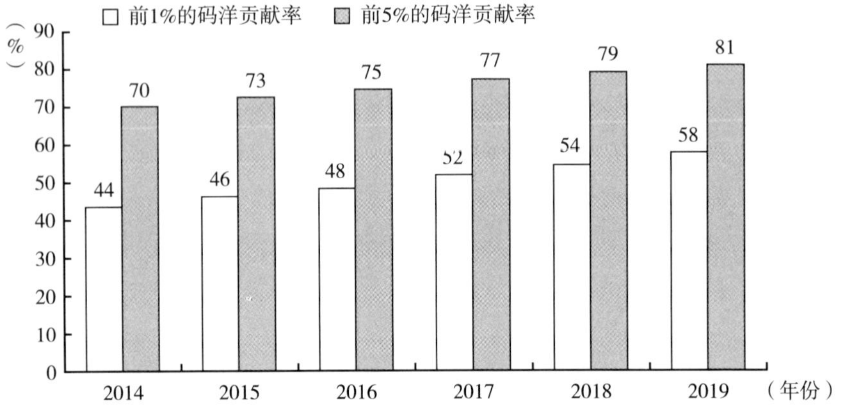

图5　2014～2019年中国图书零售市场的码洋集中度

数据来源：开卷信息、广发证券发展研究中心。

（二）图书行业资本市场分析

2019年，我国图书行业合计2家企业挂牌新三板，1家企业IPO；共有2家企业发行了9只债券融资；一级市场上，有1起股权融资案例但无并购案例。

1. 新三板市场

2019年，我国图书行业合计2家企业新三板挂牌，与2018年持平，较2017年减少3家。按照区域分布来看，2019年挂牌的2家企业均在山东省（具体见表1）。

表 1　2019 年挂牌新三板的图书行业企业

证券代码	简称	挂牌日期	省份	城市
873262. OC	百川教科	2019 - 07 - 02	山东省	济南市
873338. OC	智乐星	2019 - 08 - 14	山东省	济南市

资料来源：新元文智。

2019 年，我国图书行业共有 2 家新三板企业进行了增发以募集资金，合计募集资金 5595 万元（具体见表 2）。

表 2　2019 年图书行业新三板企业增发募集资金规模

证券代码	公司名称	募集资金(万元)
836711. OC	合肥志诚教育股份有限公司	3600. 00
833632. OC	荣信教育文化产业发展股份有限公司	1995. 00

资料来源：新元文智。

2. IPO 及再融资市场

2019 年，我国图书行业仅中信出版进行了首次公开募股（具体见表 3），较 2018 年增加 1 家。2019 年无上市公司进行增发融资。

表 3　2019 年 IPO 的图书行业企业

证券代码	简称	上市日期	省份	募资规模(亿元)
300788. SZ	中信出版	2019 - 07 - 05	北京市	7. 6

资料来源：新元文智。

3. 债券融资市场

2019 年图书业共有 2 家企业合计发行了 9 只债券。其中，安徽出版集团有限责任公司、中文天地出版传媒集团股份有限公司分别发行 6 只、3 只（具体见表 4）。9 只债券合计融资 61 亿元，包括 1 只中期票据、3 只短期融资券、5 只超短期融资券。

表4　2019年图书行业企业债券融资情况

发行时间	企业名称	债券名称	债券类型	发行量（亿元）
2019-01-18	安徽出版集团有限责任公司	19皖出版CP001	短期融资券	6
2019-02-25	安徽出版集团有限责任公司	19皖出版CP002	短期融资券	6
2019-03-04	中文天地出版传媒集团股份有限公司	19中文天地SCP001	超短期融资券	10
2019-03-04	中文天地出版传媒集团股份有限公司	19中文天地MTN001	中期票据	5
2019-04-12	安徽出版集团有限责任公司	19皖出版SCP001	超短期融资券	5
2019-06-28	中文天地出版传媒集团股份有限公司	19中文天地SCP002	超短期融资券	10
2019-08-13	安徽出版集团有限责任公司	19皖出版SCP002	超短期融资券	6
2019-11-21	安徽出版集团有限责任公司	19皖出版SCP003	超短期融资券	7
2019-12-23	安徽出版集团有限责任公司	19皖出版CP003	短期融资券	6

资料来源：Wind。

4. 非上市股权（PE）融资市场

根据新元文智统计，2019年图书行业非上市股权融资仅1例——北京紫峰文化发展有限公司C轮融资1亿元。

5. 并购市场

根据新元文智统计，2019年图书行业企业无并购案例。

（三）图书行业上市公司经营趋势

1. 营业收入规模增速疲软，但有所改善

2018年A股图书行业上市公司营业收入合计1147.35亿元，较2017年增长2.47%（具体见图6）。从十年间数据来看，2016年之前公司营收增速属于两位数，自2017年降为个位数。

2. 净利润下滑严重，毛利润率稳定的情况下净利润率骤降

2018年A股图书行业上市公司净利润合计61.79亿元（具体见图7），较2017年减少49.32%。2018年A股图书行业上市公司综合毛利润率稳定在30%以上，但净利润率从2017年的11.22%下滑至5.67%（具体见图8）。

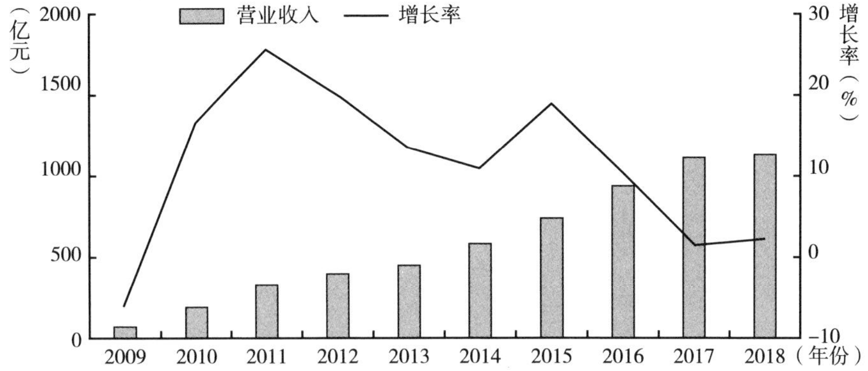

图6　2009～2018年图书行业上市公司合计营业收入

数据来源：Wind

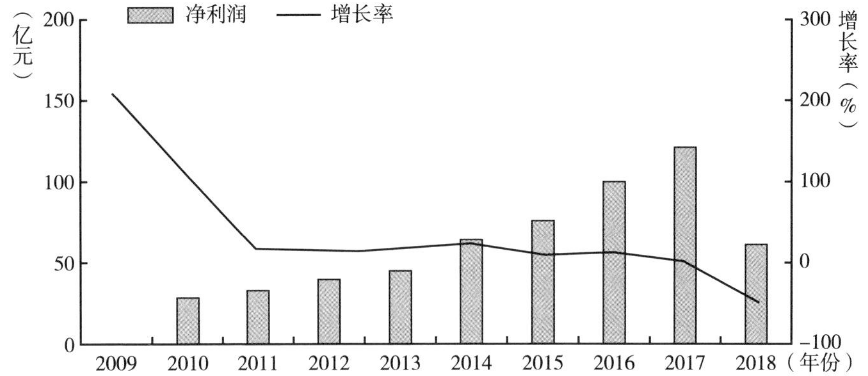

图7　2009～2018年图书行业上市公司合计净利润

数据来源：Wind

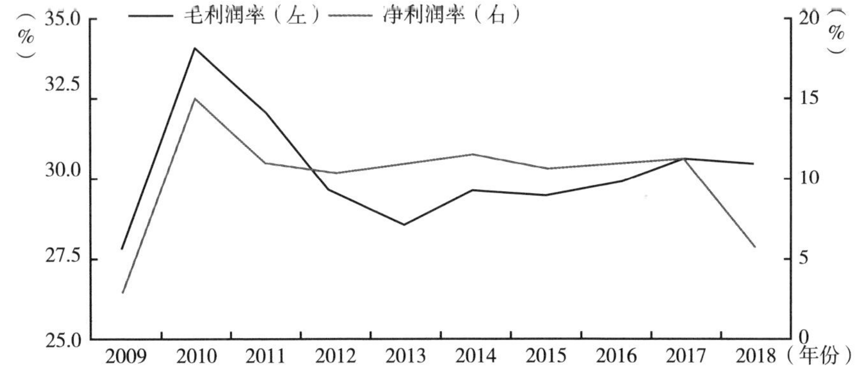

图8　2009～2018年图书行业上市公司综合毛利润率及净利润率

数据来源：Wind

3. 现金销售比稳定在100%以上，但比率呈触底反弹趋势

2018 年 A 股图书行业上市公司销售商品收到现金合计 1176.53 亿元，营业收入合计 1147.35 亿元，现金销售比为 102.54%，较 2017 年增长 1.01 个百分点。对比十年间数据可知，现金销售比呈现明显触底反弹趋势（具体见图 9）。

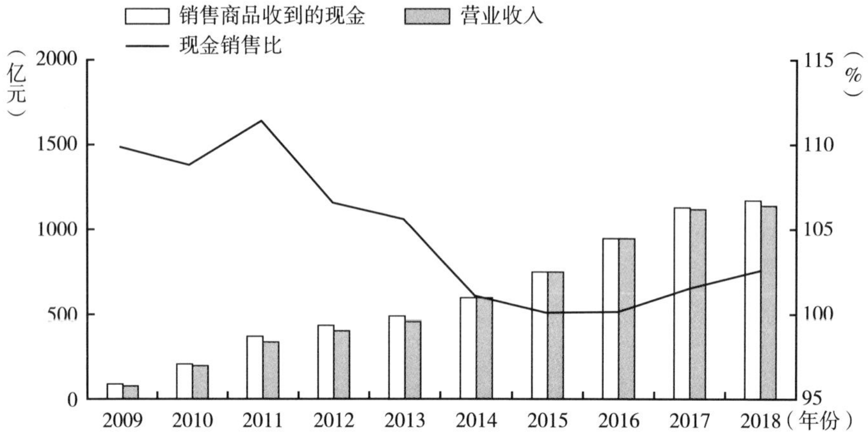

图 9　2009～2018 年图书行业上市公司现金销售比

数据来源：Wind。

4. 资产负债率呈下滑趋势

A 股图书行业上市公司整体资产负债率自 2010 年回落至 30.88% 后，至 2014 年持续上涨至 35.47%，2015 年、2016 年又连续回落，至 31.70%，2017 年、2018 年连续两年反弹回升，至 35.41%（见图 10）。

二　剧集行业发展现状及其资本市场分析[①]

（一）剧集行业发展现状

1. 供给侧改革初显成效

2019 年是影视行业进入寒冬的第二年，政策收紧、资本退潮、行业洗牌

① 延续 2018 年的报告，由于剧集行业（包含电视剧、网剧）网台联动越来越频繁，且审查标准趋同，因此合并分析，不再将电视剧、网剧做分类讨论。

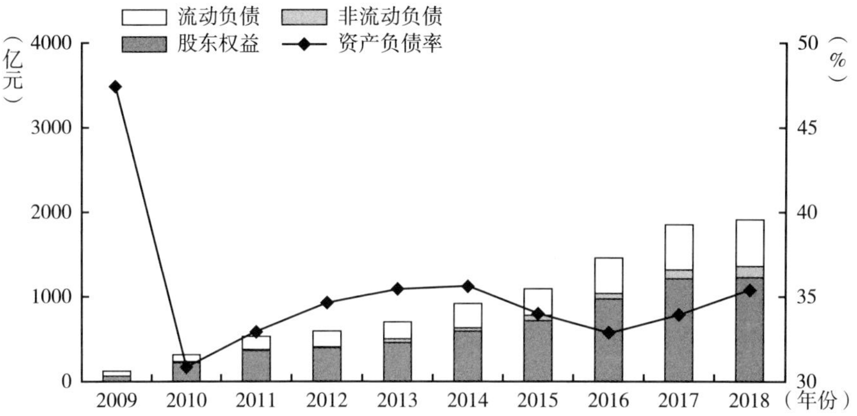

图 10　2009～2018 年图书行业上市公司资产负债率

数据来源：Wind。

趋势更加明晰，行业也在调整中呈现新的变化：剧集供给侧改革初见成效。首先，电视剧拍摄备案与发行许可的数量均有下降。2018 年下半年以来剧集投资收缩，电视剧拍摄备案数量明显回落，根据相关公示数据，2019 年电视剧拍摄备案总计 835 部、31081 集，分别较去年减少 21.60%、26.04%；单部剧集长度也在“防注水”政策导向下相应缩短，2019 年平均每部备案剧集长度为 37 集，低于 2018 年的 40 集（见图 11）。反映出投资层面的收紧而趋于理性。

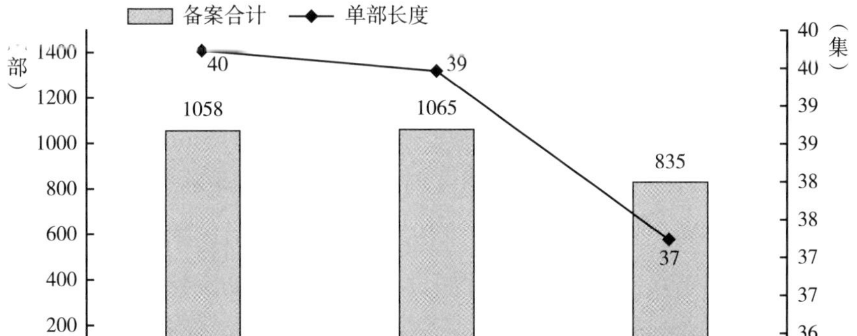

图 11　2019 年剧集拍摄备案数量统计

数据来源：国家新闻出版署、山西证券研究所。

其次，在总量控制的同时，总体收视率更加均衡（见图12）。《外交风云》《大江大河》《小欢喜》《都挺好》《光荣时代》《老酒馆》《奔腾年代》等收视破1，电视剧豆瓣评分7分以上。

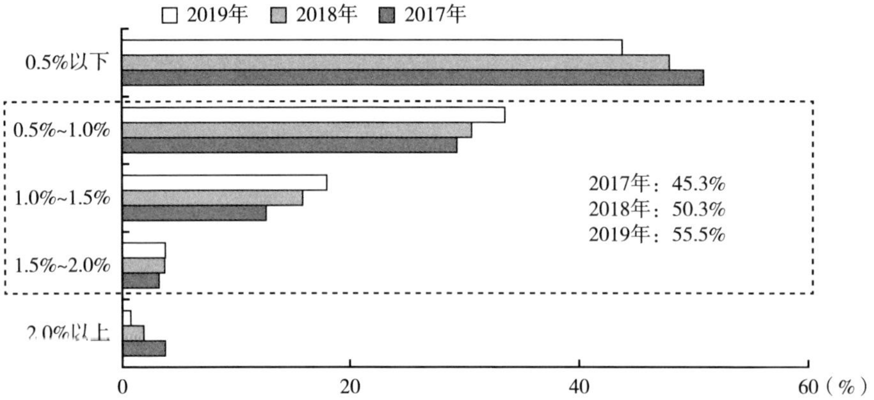

图12　2019年电视剧收视分布情况

数据来源：国家新闻出版署、山西证券研究所。

2. 内容方面，古代与近代题材调整幅度较大

从备案题材看，2019年各题材备案数量均有所减少，其中古代题材在古装剧调控下备案数量明显减少，由2018年的152部减少至56部，占比由14.27%下降至6.71%；近代题材备案数量由202部减少至117部，占比由18.97%下降至14.01%；反之当代与现代题材剧集占比有所提升，分别备案604部、50部，占比分别达到72.34%、5.99%。

从发行层面看，2019年前三季度现代题材电视剧取得发行许可的数量增加至19部（同比增加111%），当代题材98部（同比减少20%）、近代题材29部（同比减少40%）、古代题材13部（同比减少48%）（见图13），可见现实题材优势更为明显。

3. 网络播放渠道排播多元化、品质提升

题材类型方面，首先，网播承接了部分难以上星的题材，如古装偶像、穿越等剧集，如暑期档大热的《陈情令》《长安十二时辰》以及年末热门剧集

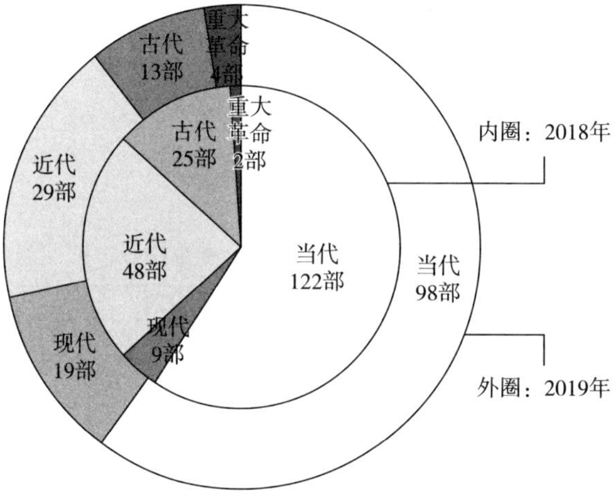

图 13　2019 年前三季度取得发行许可电视剧题材分布统计

数据来源：国家新闻出版署、山西证券研究所。

《庆余年》《鹤唳华亭》等。其次，在线视频网站在不同类型剧集排播上不断尝试，市场呈现更加丰富多元的内容类型。骨朵网络影视显示，腾讯 2019 年网络剧覆盖 20 个剧集类型，以都市爱情、青春校园、当代悬疑等数量居多，同时也在电竞、萌宠、律政等细分类型上有所尝试；爱奇艺与优酷则分别涉及 24 个和 13 个题材，不同之处在于爱奇艺以都市爱情剧为主，而优酷以悬疑剧居多，《长安十二时辰》《鹤唳华亭》等均获得良好反响；芒果 TV 继续深耕女性和青春垂直细分市场，覆盖 7 种类型且以都市爱情和青春校园剧居多。

质量方面，与 2018 年相比，2019 年网络剧的热度和口碑提升明显：热度居前的网播剧集不仅以网络剧数量居多，且以《陈情令》《长安十二时辰》《致我们暖暖的小时光》《宸汐缘》等为代表的头部网剧的豆瓣评分均在 7 分以上。据骨朵网络影视的数据统计，2019 年豆瓣评分 7 分以上、评分人数超过 5 万人的网络剧多达 10 部，远高于 2018 年的 4 部。

（二）剧集行业资本市场分析

2019 年，我国剧集行业无企业新三板挂牌，无企业 IPO，1 家上市公司再融资；无企业发行债券融资；一级市场上，10 家公司获得融资，有 2 起并购案例。总体来看，我国剧集行业企业二级市场寒冬持续，一级市场春意萌生。

1. 新三板市场

2019 年，我国剧集行业无企业新三板挂牌，1 家剧集行业新三板企业增发以募集资金（具体见表 5）。

表 5　2019 年新三板再融资的剧集行业企业

证券代码	简称	增发日期	募资规模(亿元)
837747. OC	长江文化	2019 - 06 - 31	1. 34

资料来源：新元文智。

2. IPO 及再融资市场

2019 年，我国剧集行业无公司 IPO。在上市公司增发市场，仅 1 家上市公司——当代明诚于 2019 年增发募集 8. 26 亿元。无可转债发行案例。

3. 债券融资市场

2019 年无剧集行业企业发行债券。

4. 非上市股权（PE）融资市场

根据新元文智统计，2019 年仅 10 家企业实施了 PE 融资（具体见表 6）。

表 6　2019 年 PE 融资的剧集业企业

时间	被投资方全称	被投资方简称	融资额(万元)	投资方
2019 - 02 - 02	北京雄孩子传媒科技有限公司	雄孩子传媒	未披露	国中创投等
2019 - 03 - 08	极映影业(上海)有限公司	极映影业	1000. 00	—
2019 - 03 - 24	上海十三月影视投资有限公司	十三月影视	未披露	辰海资本
2019 - 01 - 22	新疆愚恒影业集团有限公司	愚恒影业	1888. 89	上海龙韵广告传播股份有限公司
2019 - 09 - 19	霍尔果斯当代陆玖文化传媒有限公司	当代陆玖	12000	当代东方
2019 - 10 - 25	北京沐光时代文化传媒有限公司	沐光时代	未披露	经纬中国、艾瑞资本(艾瑞)
2019 - 10 - 21	好枫青芸文化传媒(上海)有限公司	好枫青芸	未披露	腾讯
2019 - 10 - 10	上海亭东影业有限公司	亭东影业	未披露	华创资本
2019 - 11 - 25	北京想象颗粒文化传媒有限公司	想象颗粒	未披露	创梦创投
2019 - 12 - 02	上海兴格文化传媒有限公司	兴格传媒	未披露	海通创意资本

资料来源：新元文智。

5. 并购市场

根据新元文智统计，2019 年剧集行业发生了 2 起企业并购案例（具体见表 7）。

表 7　2019 年剧集行业企业并购案例

时间	被并购方	并购方	金额(万元)
2019－05－13	山东庸正传媒有限公司	星座魔山影视传媒股份有限公司	250
2019－12－20	西安梦舟影视文化传播有限责任公司	安徽鑫科新材料股份有限公司	未透露

资料来源：新元文智。

（三）剧集行业上市公司经营趋势

1. 营业收入8年来首次负增长

2018 年 A 股剧集行业上市公司营业收入合计 231.08 亿元，较 2017 年下降 1.05%。该负增长为 2011 年来首次（见图 14）。

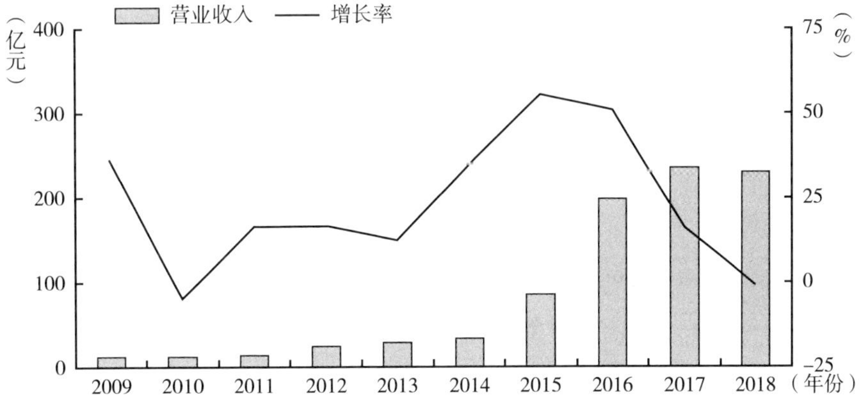

图 14　2009～2018 年剧集行业上市公司合计营业收入

数据来源：Wind。

2. 净利润增速趋缓，毛/净利润率反向变化

2018 年 A 股剧集行业上市公司净利润合计 －94.87 亿元，首次出现断

崖式亏损；毛利润率首次断崖式下降至 24.48%；净利润率首次断崖式下降至 -41.44%（具体见图 15 和图 16）。

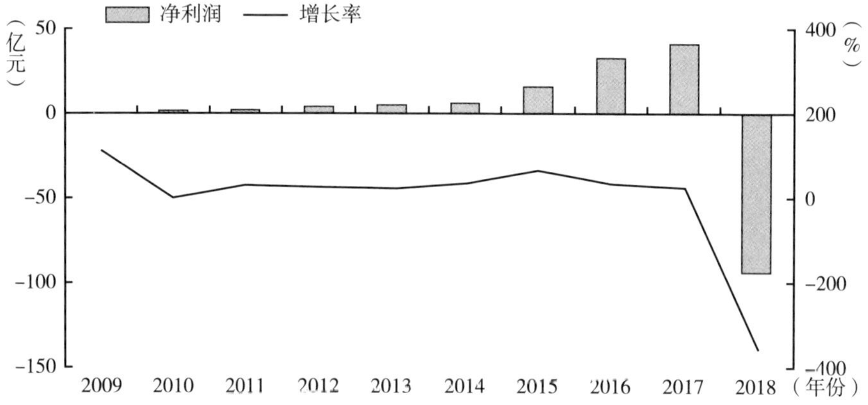

图 15　2009～2018 年剧集行业上市公司合计净利润

数据来源：Wind。

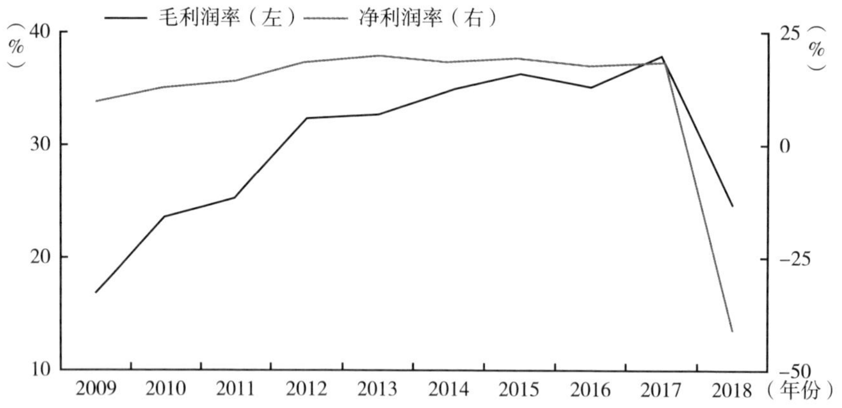

图 16　2009～2018 年剧集行业上市公司毛利润率及净利润率

数据来源：Wind。

3. 现金销售比反弹上升

2018 年 A 股剧集行业上市公司销售商品收到现金合计 227.11 亿元、营业收入合计 231.08 亿元，现金销售比为 98.28%，较 2017 年上升 3.92 个百分点。对比十年间数据可知，现金销售比处于下降后反弹上升趋势（见图 17）。

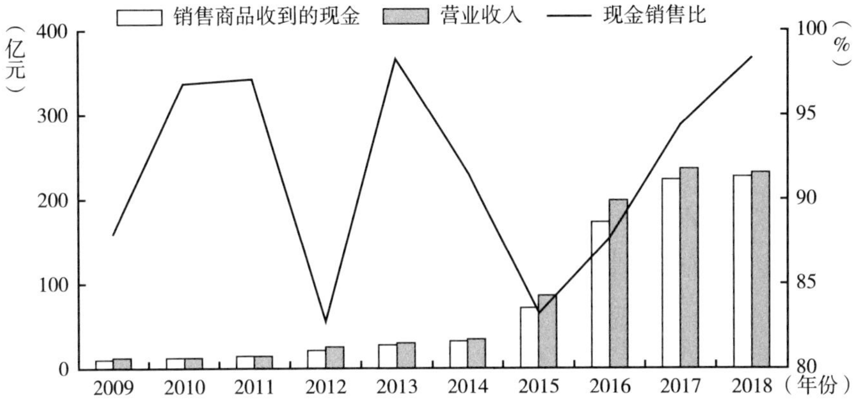

图17　2009～2018年剧集行业上市公司现金销售比

数据来源：Wind。

4. 资产负债率连续上升

A股剧集行业上市公司整体资产负债率在2011～2013年连续3年下降后，2014～2018年连续五年上升至46.10%（见图18）。

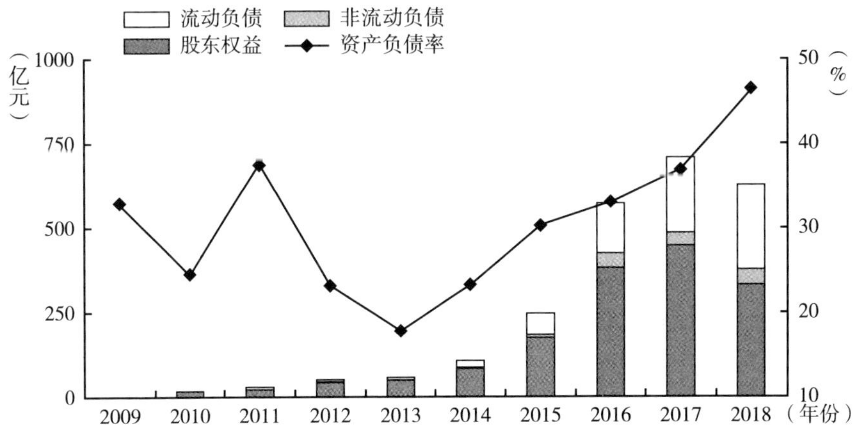

图18　2009～2018年剧集行业上市公司资产负债率

数据来源：Wind。

三　短视频行业发展现状及重点案例分析

延续去年的报告，本报告所研究的短视频业态为独立运营的以短视频传播为主流量的业态。

（一）短视频行业发展现状

1. 短视频行业基本进入应用成熟期

经过2005～2010年的探索期、2011～2015年的市场启动期、2016～2020年的高速发展期（见图19），短视频行业的市场价值、流量占比已经成为移动互联网领域的一极。同时，观察该行业的商业变现模式及核心企业发展策略，可以判断短视频行业已经进入应用成熟期。

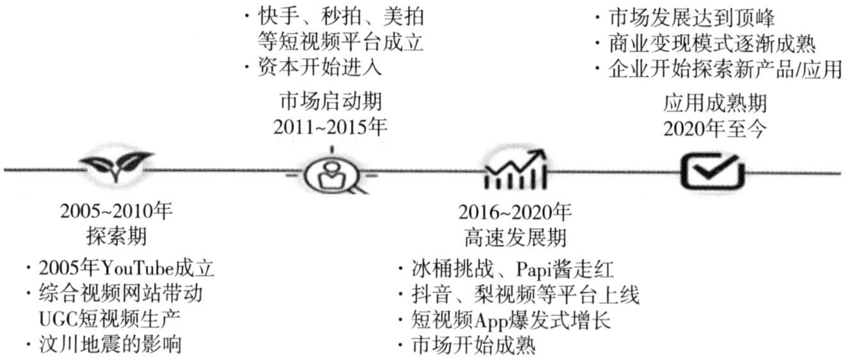

图19　我国短视频行业发展阶段

资料来源：易观智库、信达证券研究中心。

2. 按流量计算，短视频行业已经成为移动互联网第二大行业

根据2018年末数据，我国全网短视频用户量为6.48亿人（2019年上半年增至8.57亿人），同比上涨58%（具体见图20），全网渗透率达78.2%。此外，短视频媒介的全网使用时长依然保持高速增长——2018年12月短视频的月使用时长为167.6亿小时，同比增加170.1%（具体见图

21）。据此，短视频已经成为移动互联网第二大行业。当然，也应当注意到，国内短视频用户规模及使用时长的同比增长率已经出现下滑。

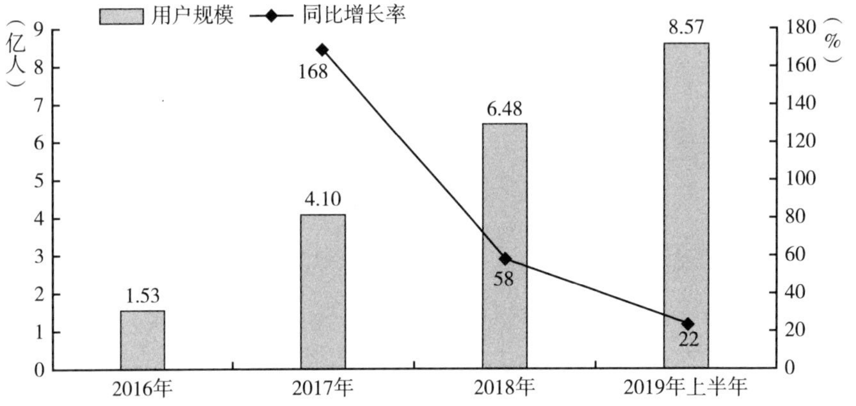

图 20　2016～2019 年我国短视频用户规模及增速

数据来源：前瞻产业研究院、信达证券研发中心。

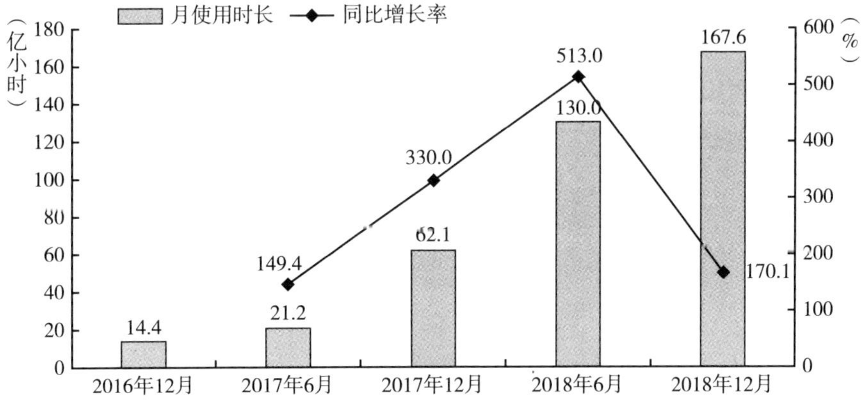

图 21　2016～2018 年我国短视频月使用时长及增速

数据来源：前瞻产业研究院、信达证券研发中心。

3. 我国短视频行业潜在增长规模依然较大

随着新技术的赋能、MCN 机构等行业润滑剂的繁荣以及更为多元化的商业变现模式，即使用户规模及使用时长增速存在下滑的情况，短视频行业依然增长潜力较大。根据相关机构的预计，短视频市场规模有望在 2021 年超过 2000 亿元（见图 22）。

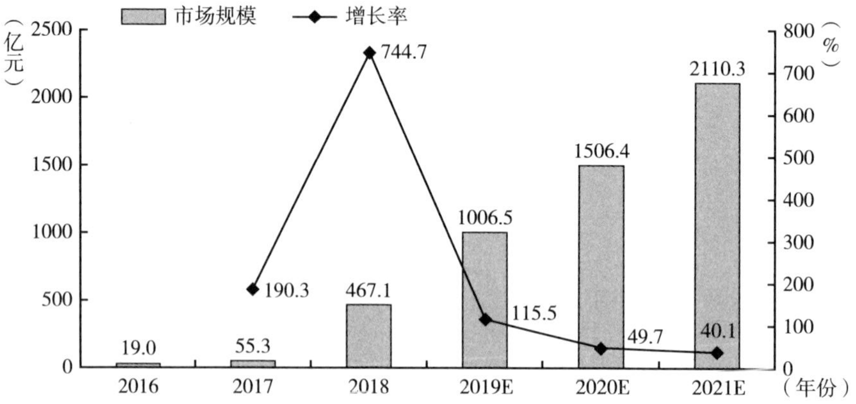

图 22　我国短视频行业市场规模预测

数据来源：艾瑞咨询、信达证券研发中心。

4. MCN 机构推动内容生产与变现

在短视频行业的上游参与者（见图 23）中，UGC 规模最大但内容平均质量不高；PGC 规模小、内容优但变现模式相对单一；PUGC 的内容垂直化程度高、变现能力最强（见图 24）。

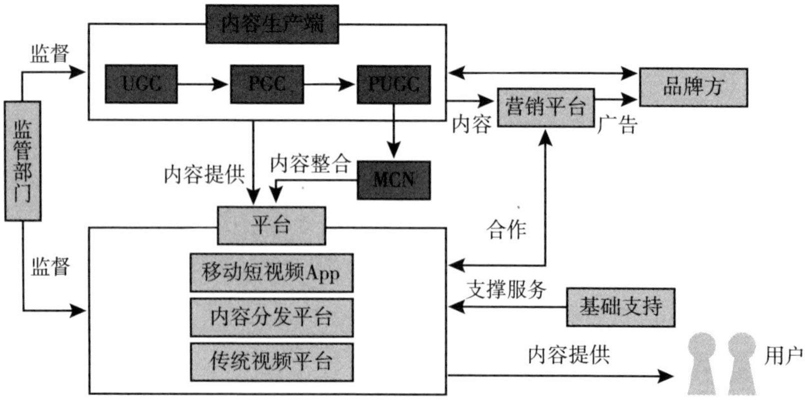

图 23　短视频行业产业链

资料来源：艾瑞咨询、信达证券研发中心。

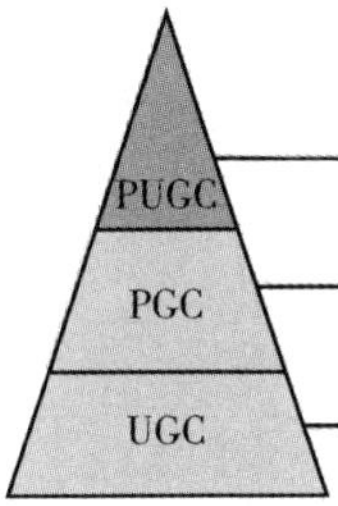

创作者	群体基数	内容	成本	门槛	用户黏性	流量	变现	属性
专业机构	小	优质垂直化	高	高	高	占据头部流量	变现能力强	媒体+社交
专业人士（网红）	小	精细	较高	较高	较高	能吸引一定流量	有一定变现能力	社交
草根用户	大	粗糙分散	低	低	低	集中长尾部分	模式不清晰	社交

图 24　短视频行业上游参与者特征

资料来源：艾瑞咨询、信达证券研发中心。

就蓬勃发展的 PUGC 而言，内容创作方面，MCN 机构一方面协助旗下的关键意见领袖通过专业、集约、流程化制作进行持续的内容输出；另一方面为平台加强了对关键意见领袖内容的引导、管理。商业变现方面，MCN 机构通过在各主流平台的多方入驻、更为集约化的宣推投放、更多商业机会的整合谈判，提高了整体变现能力。

5. 行业马太效应加剧

近年来短视频行业已经形成由抖音和快手构成第一梯队的“两超多强三梯队”竞争格局（具体见图 25 和图 26）。

（二）短视频龙头——抖音案例分析

抖音作为晚于快手、美拍等短视频平台成立的公司，是一匹黑马，冲出重围独占鳌头。

1. 发展阶段回顾

抖音的发展可以划分为以下三个阶段。

（1）第一阶段——产品阶段：专注产品迭代与功能开发。2016 年 9 月至 2017 年 4 月，抖音发力点侧重于对产品功能的完善，以便持续提高用户体验。这一阶段，抖音呈现“高频迭代开发”的特征。并且这一阶段的绝大部分迭代都是围绕“产品”，比如在配乐效果、拍摄效果、可编辑表情、产品易用性等方面改善用户体验。

（2）第二阶段——运营阶段：着力传播运营，促进用户增长。2017 年

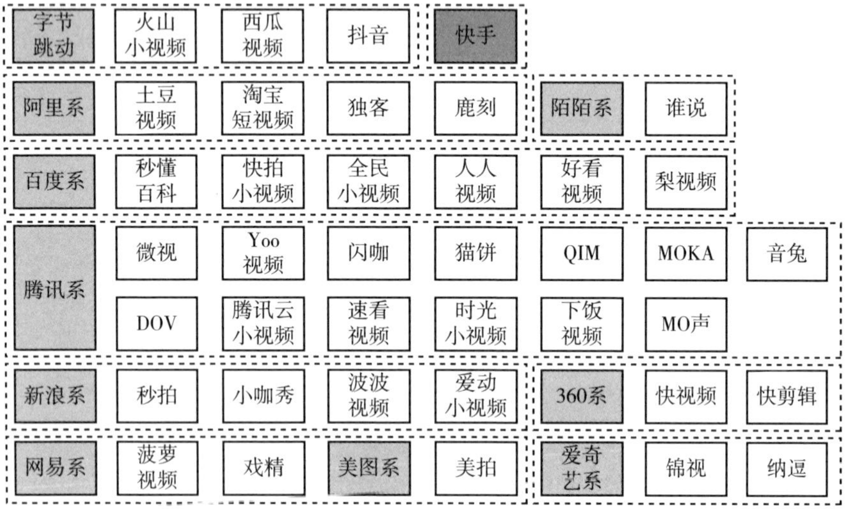

图 25　我国短视频行业竞争格局

资料来源：前瞻产业研究院、信达证券研发中心。

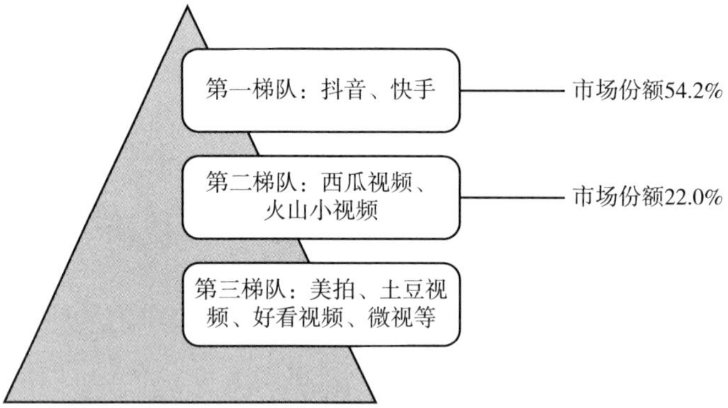

图 26　我国短视频行业市场份额

资料来源：前瞻产业研究院、信达证券研发中心。

4 月至 2017 年 12 月，抖音则将重心放在运营上。这一阶段，抖音的经营目标首先是流量获取、其次是探寻商业模式，比如通过赞助国内主流综艺节目、引入明星等。经过对运营的持续发力，抖音成功进入同类产品的第一梯队——iOS 总榜排名第二、摄影与录像类排名第一。

同时，抖音还依靠母公司今日头条的资金实力收购了北美音乐短视频社交平台 Musical. ly。完成收购后，抖音的日下载量涨幅超过 5 倍。

（3）第三阶段——提质阶段：顺应广电政策加强内容质量、实施降维打击。2018 年开始，抖音已经占据流量高地。此时，在顺应广电政策的基础上，抖音一方面不断提升其内容质量；另一方面利用其用户主要集中在一二线城市的特点，降维向三四线城市渗透。通过降维打击，抖音流量超越快手。

2. 现有变现生态链下的竞争策略

（1）全球化扩张。在国内短视频用户规模及使用时长增速下滑的背景下，抖音进一步加快全球化扩张。2017 年 5 月（国内短视频使用时长增速峰值期），国际版抖音软件——Tik Tok 就正式上线 Google Play。截至 2020 年 1 月，抖音已在 141 个国家上线，占据了 117 个国家 Apple Store 娱乐榜第一位、24 个国家娱乐榜第二位；同时在美国、加拿大、澳大利亚、法国、瑞士、新西兰等 37 个国家占据总榜第一。

（2）加大直播扶持力度。2019 年 4 月，抖音宣布引入 1000 家直播公会；2019 年底，抖音更是提出将进一步加大直播扶持力度，具体包括：流量支持——给予创作者更多流量补贴；搭建优质创作者引入体系——为创作者提供专属的直播流量加速包；为公会提供一对一的高效运营对接和 7 × 24 小时的全周天服务等。直播的流量属性与短视频的流量属性天然互补，互为依托、互为转化，将进一步提升用户黏性和流量变现能力。

小专题：短视频与直播

直播流量相对于短视频流量，其私域属性更强，单位流量变现能力更强；但自来水事件属性受限制，无法像碎片化的短视频那样“总有一款击中你”，因此病毒式传播受限。此外，私域流量会导致平台的话语权受限。

2018 年底，快手在直播领域的单月流水为 20 亿元。曾经的行业流水龙头——陌陌，被远远地甩在了身后。

2019 年，抖音发力直播业务；2019 年底，抖音与快手两家在直播领域的合计单月流水已经几近行业的半壁江山。

初步结论——由于直播的消费重度性、提供门槛高以及变现方式的单一性，单个独立移动直播平台（尤其秀场直播）用户规模有限。直播更适合作为“自来水流量显著”平台的变现手段，比如陌生人社交流量平台的陌陌。

（3）产品体系多元化。2019 年 8 月 30 日，容量更小、下载更为便利的抖音极速版在 OPPO 应用市场最先上架，随后在华为、应用宝等安卓软件商店陆续上线，强化流量覆盖和全网渗透。2019 年底，火山小视频品牌重塑成为“抖音火山版”，该 App 在产品设计、用户定位上更加靠近快手，以便攫取、渗透快手的传统用户群；截至 2020 年 2 月 15 日累计下载量也达到了 2.06 亿次。

四　游戏行业发展现状及重点案例分析

（一）游戏行业发展现状

1. 2020年手游行业收入增速或超2019年

2019 年中国游戏市场实际销售收入为 2308.8 亿元，同比增长 7.7%，增速同比提高 2.4 个百分点（见图 27）；同时，用户规模为 6.4 亿人，同比上涨仅 1.59%（见图 28）。

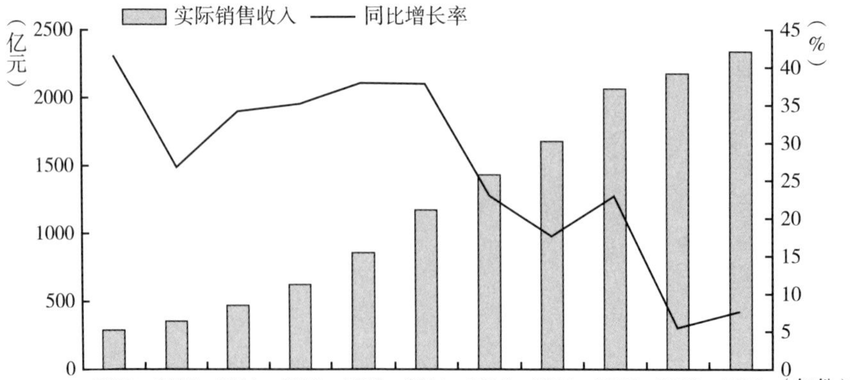

图 27　2009～2019 年中国游戏市场实际销售收入规模及增速

数据来源：GPC&IDC、东吴证券研究所。

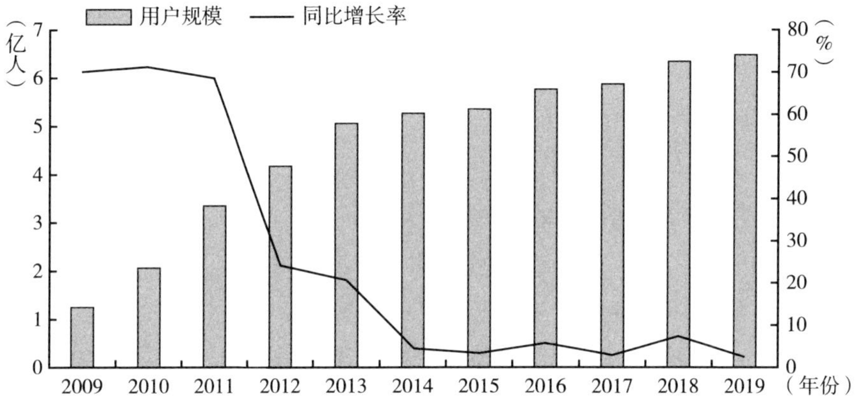

图28　2009～2019年中国游戏市场用户规模及增速

数据来源：GPC&IDC、东吴证券研究所。

其中，手游份额占比升至68.5%，同比增长6.0个百分点（见图29）。

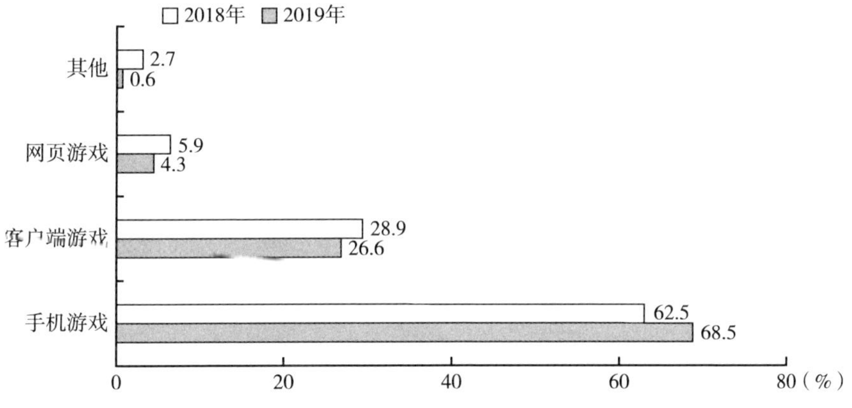

图29　2018～2019年中国游戏行业主要市场实际销售收入占比

数据来源：GPC&IDC、东吴证券研究所。

由于游戏行业处于稳定低增长阶段、用户红利逐渐见顶，同时存量玩家追求高品质游戏，游戏体验感成为吸引用户的关键，行业精品化趋势凸显，过去单纯依靠买量而不追求创新的模式陷入瓶颈，各大厂商注重研发精品化及品效合一。

在此背景下，结合版号审批进度恢复正常、疫情的一定影响等因素，手游行业增速会有提升。

2. 发行渠道或将重新洗牌

（1）今日头条有明确信号进军游戏发行领域。今日头条入局有利于手游行业的长期发展，这将打破已有行业格局，迫使传统发行渠道让利内容提供商，从而短期非常有利于游戏研发商提升溢价能力。而对于内容创意行业，更充足的利润空间会提升游戏研发商的创意积极性。

（2）“云游戏”助力发行新业态。2020 年是国内主流云游戏平台进入测试的一年。云游戏平台的测试及投运将为研发商的核心内容再次变现丰富渠道。

3. 海外市场仍为重要增量市场

在国内游戏市场用户红利接近尾声，但全球范围内仍存流量红利的情况下，游戏厂商出海势在必行。据测算 2022 年全球移动游戏市场规模将达 954 亿美元，未来三年复合增速为 11.7%（见图 30），增速超越国内。

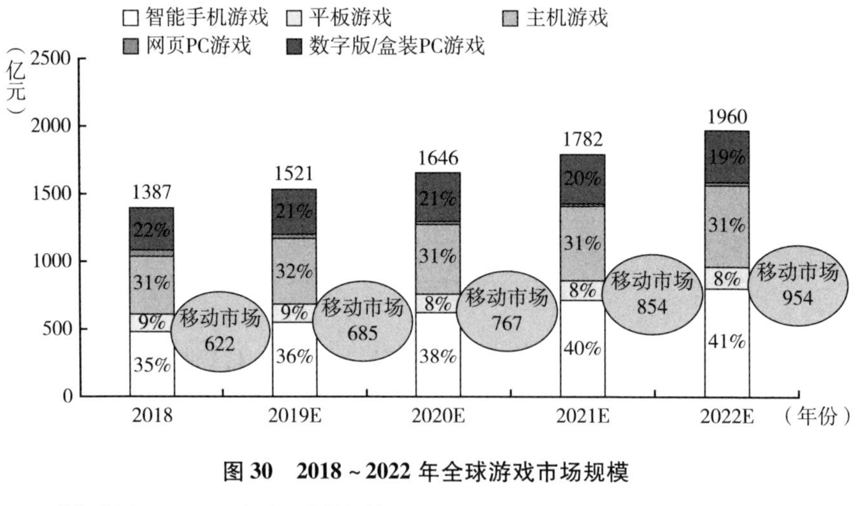

图 30　2018～2022 年全球游戏市场规模

数据来源：Newzoo、东吴证券研究所。

2019 年自主研发游戏出海增速快于国内手游行业增速。2019 年中国自主研发的网络游戏海外市场实际销售收入为 115.9 亿美元（折合人民币 825.2

亿元），同比增长21.0%（见图31）。同一时期，国内市场实际销售收入为1895.1亿元，同比增长15.3%。国产游戏海外销售增速再次超越国内。

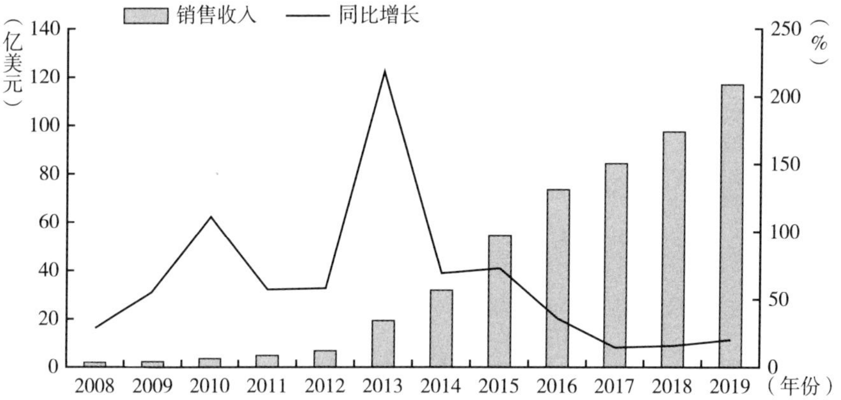

图31　2008~2019年中国自主研发网络游戏海外市场实际销售收入

数据来源：Newzoo、东吴证券研究所。

（二）游戏黑马——心动公司案例分析

1. 公司简介

心动公司（HK.02400）成立于2011年，早期专注于研发、发行和运营网页游戏。2013年，该公司网页游戏注册用户超2亿人。2014年进军韩国市场，是国内最早一批从事海外业务的公司。同年11月，在腾讯平台上发布第一款回合制手游《仙侠道》，入局手游领域。2016年8月投资、12月收购易玩，实现对游戏社区TapTap的控制。2017年、2018年通过对龙成进行两轮股票收购，完善了海外网络游戏运营与发行。

IGG、游族网络、三七互娱、吉比特通过子公司分别持有该公司5.81%、2.03%、2.03%、0.63%的股份。字节跳动、米哈游、莉莉丝、叠纸作为其IPO基石投资者认购心动公司1.8亿港元左右的股份，约占发行规模的20%。

同时，吉比特亦参与了TapTap的B轮融资。

2. 商业模式——“内容 + 社区”引流促活，游戏营运及信息服务进行变现

一方面，心动公司通过自主研发以及版权采购，打造多元化产品矩阵；另一方面，以 TapTap 社区吸引开发商、沉淀用户，以便与游戏主业协同增长。

（1）游戏业务。2016 年末、2017 年末、2018 年末及 2019 年第三季度末，网络游戏累计注册玩家的数量分别为 1510 万人、3840 万人、9130 万人、1.65 亿人；月活跃用户由 187 万人上升到 1918 万人；平均月付费用户由 17.0 万人增长到 64.0 万人（见图 32）。

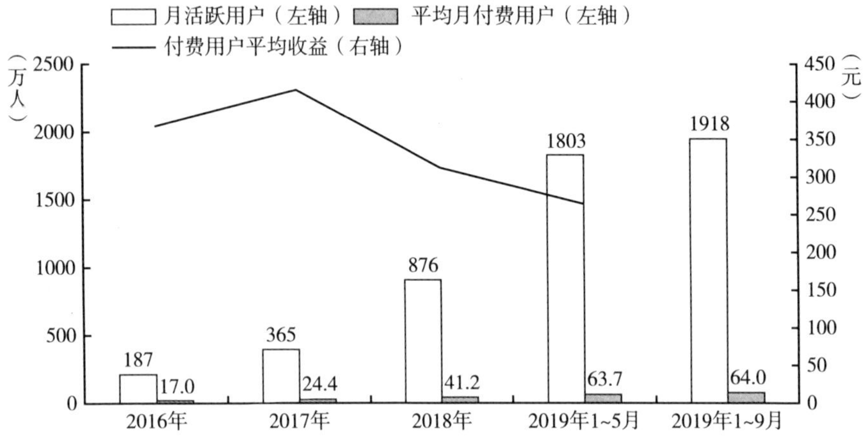

图 32　心动公司网络游戏业务业绩增长情况

资料来源：心动公司、东吴证券研究所。

（2）社区业务。注册用户层面：2016 年末、2017 年末、2018 年末，TapTap 社区的月活跃用户分别为 90 万人、1020 万人、1500 万人；截至 2019 年 9 月 30 日，TapTap 社区月活跃用户已经达到 1700 万人，注册用户数为 5210 万人。注册开发商层面：2016 年、2017 年、2018 年分别新增 748 家、3991 家及 2923 家开发商；截至 2019 年 9 月 30 日，TapTap 社区注册开发商数量达到 10000 多家。

（3）变现方式。对于游戏业务，可分为以下两种：免费游戏，通过销售游戏内虚拟物品获取游戏收入；付费游戏，游戏玩家需在下载游戏前支付

固定价格才能不受限制地使用未付费玩家享受不到的游戏内容。近三年，免费游戏收入占游戏收入的96.3%；其中，手游占93.6%（2018年）。

对于社区业务，主要为来自TapTap社区的信息服务收入，包括如下两种：向游戏开发商、游戏发行商及广告代理人提供在线推广服务，采用CPS或CPA定价模式；针对付费游戏收取不超过5%的分发费用。

3. 独有竞争力——TapTap社区

TapTap社区是中国领先的游戏社区平台。玩家在应用内下载、购买、评价、讨论游戏，通过与其他玩家的交流发现更多好游戏，安卓系统为TapTap社区用户流量的主要入口。TapTap社区只收录官方包，不与开发者分成，是国内率先支持付费购买正版安卓游戏的第三方平台。

2016～2019年，TapTap社区发展迅速，按2018年的月活跃用户已成为中国最大的游戏社区平台。随着月活跃用户的增长，TapTap社区游戏下载、游戏评测及论坛帖子的数量也迅速上升。截至2019年9月30日，TapTap社区注册用户累计超过5210万人，可下载手机游戏超过6500款，提供新闻及信息的游戏超过41000多款，累计游戏下载6.94亿次、游戏关注5.75亿次、游戏评测1060万次。

TapTap社区的商业模式改变了传统游戏社区主要依赖联合运营分成的惯例，而是依托广告变现。首先平台以不收取分成费用的免费游戏为主，其次付费游戏虽然收取5%的分发费用，但减去支付渠道抽成、税务等相关成本后，几乎没有盈利。同时，TapTap社区的广告投放兼顾平台营收与用户、广告主体验。（1）原生广告，与编辑推荐内容形式和谐统一，增强用户对广告的接受度。目前唯一一个广告位是首页的第二个图片位。只有其广告主已在TapTap社区上注册为开发者，TapTap社区上评分大于等于3分的游戏才具有推广资格，广告素材须经过审核。（2）自动个性化内容推荐系统，根据玩家的设备类型、历史行为数据等匹配广告与玩家，做到精准投放。（3）用户不喜欢的广告可手动关闭后不再接收，系统经过机器学习后尽量避免向同类玩家展示类似广告。算法、数据及人性化的设计使得广告亦能实现使玩家“发现好游戏”的社区愿景。

作为用户及游戏开发商纽带的 TapTap 社区也最终获益，2018 年信息服务收入达 2.95 亿元，同比增长 263.9%，毛利率达 88%，月活跃用户数在中国的游戏社区平台中排名第一。活跃高质量的社区又成为商业变现的基础，社区增长与商业变现之间形成良性循环，利于平台长远发展。

五 传媒行业投资机遇

延续去年报告的判断，继续看好“三四线城市 + 农村”流量的下沉、人工智能赋能、5G 赋能的传媒企业。具体论述可以详见去年的报告，在此需要特别说明的是，相对于人工智能、5G 等新技术（或者说持续更新技术）的赋能，流量下沉的机会时间点更加确切。

此外，结合前文尤其是案例分析，我们对传媒行业的投资机遇新增以下两点判断。

（一）互联网、移动互联网媒体的海外扩张

正如前文对抖音的分析，互联网、移动互联网传媒企业早期出海一定程度上受压于国内网民渗透率、使用时长增长趋近饱和。但在仔细对比传媒行业的两大核心要素——内容以及渠道后可以发现，我国企业在内容及渠道的研发生产、商业模式创新、新技术应用、自我迭代频率等方面不弱分毫。

同时，对传媒内容本身精品化、消费形式互动性、消费过程代入感、推介效率精准度等的需求具有全人类的共性。有条件的互联网、移动互联网传媒企业不妨从人性出发仔细分析需求、打磨产品并基于境内产品的优势扬帆出海。

（二）积极打造工具化社区

传媒领域生成的往往为精神消费品，相对于实物消费品，其消费后的效用取得具有规律性下的非标准化。消费者往往需要通过社区去点评、讨论、社交、组团等，因此在传媒领域的不同细分行业均不乏社区这一业态，但现

有社区往往属于无主业联动的单一型社区，或是功能单一的传统社区，这些社区都已经或准备实施上下游一体化等转型。

而正如前文对TapTap社区的分析，笔者认为，未来的传媒行业社区应该是在期初有主业现金流作运营支撑、有主业产品抛砖引玉的工具化社区。传媒领域的工具化社区，不以追求短期变现为目的，而是以提高该行业消费者与制作者、发行（渠道）商的沟通效率、互动效果为目标，以为该行业参与者提供开发、制作、发行乃至结算、变现工具为目标。

参考文献

[1] 旷实、徐呈隽：《图书行业2019年总结——行业稳健增长，头部需求拐点渐显》，广发证券发展研究中心，2020。

[2] 徐雪洁：《传媒行业2020年投资策略》，山西证券研究所，2020。

[3] 王建会：《从抖音爆发探究私域流量变现的可能边界》，信达证券研发中心，2020。

[4] 张良卫、周良玖：《再读抖音：加速全球化及流量变现，关注产业链相关投资机会》，东吴证券研究所，2020。

[5] 张良卫、李赛：《自研代理共擎游戏业务，TapTap社区资产大有可为》，东吴证券研究所，2020。

B.10

2019年创意设计服务业资本市场：融资规模居前，资金流入放缓

刘德良　徐艳平*

摘　要： 我国创意设计服务业规模稳步扩大，产业体系逐步完善，备受资金市场青睐。2019年我国创意设计服务业共计流入资金198.03亿元，融资规模居于文化产业前列。其中，私募股权融资为最重要的资金来源渠道，以85.80亿元的融资额占比四成多；上市首发融资、上市再融资两个渠道的融资额均呈增长态势，对创意设计服务业的支撑作用越发明显；债券、信托、众筹渠道涉及资金规模虽然有所下滑，但资本运作越发频繁。分行业来看，广告服务领域为吸引主力，设计服务领域融资活跃度高。分地区来看，浙江、北京、上海、广东、湖南、四川六个地区流入资金量大，吸纳超九成的资金。

关键词： 创意设计服务　广告服务　设计服务　私募股权　新三板

一　我国创意设计服务业发展情况

创意设计服务业作为文化产业的核心领域，在提升传统产业附加值、助推经济高质量发展中发挥着重要作用。近几年，在强化创新驱动、着力推进

---

* 刘德良，新元智库和新元资本创办人。徐艳平，新元智库文化金融部研究经理。

供给侧结构性改革的政策引领下，我国创意设计服务业获得快速发展，已成为我国文化产业中重要的增长极。

（一）政策环境分析

目前，创意设计服务业已成为我国文化产业中最重要的增长极之一。近年来，我国出台一系列涉及创意设计服务业的政策文件。如《国务院关于推进文化创意和设计服务与相关产业融合发展的若干意见》指出，到2020年，文化创意和设计服务业增加值占文化产业增加值的比重明显提高，相关产业产品和服务的附加值明显提高；《中国制造2025》强调，推动工业化和信息化深度融合，推进中国由制造大国向制造强国转变；2019年《文化产业促进法（草案）》第二十二条设单独条款提出，积极推动创意设计服务业发展，丰富创意设计文化内涵，促进创意设计产品的交易和成果转化，提升制造业和现代服务业的文化含量和附加值。在一系列利好政策的助推下，我国创意设计服务业快速发展，越发成为推动产业转型升级、满足人民群众美好生活需求、提升国家文化软实力和产业竞争力的重要驱动力。

（二）发展现状分析

近年来，在强化创新驱动、着力推进供给侧结构性改革的政策引领下，我国创意设计服务业获得快速发展，相关企业营业收入规模不断增长。据国家统计局公布的统计数据，2019年，全国5.8万家规模以上文化及相关产业企业实现营业收入86624亿元，按可比口径计算比上年增长7.0%，保持平稳较快增长。其中，创意设计服务业实现营业收入12276亿元，增长11.3%，增速较上年有所放缓；收入占文化及相关产业总收入的14.2%，比2018年提高了1.8个百分点。可见，我国创意设计服务业在文化产业中的地位不断提高。

二　我国创意设计服务业投融资情况

近几年，伴随信息化、智能化等创新技术的应用以及利好政策的不断推动，我国创意设计服务业与金融领域的融合程度进一步加深，融资渠道多元化发展。

（一）资金流入

1. 资金流入放缓，私募股权融资渠道吸纳超四成资金

新元文智－文化产业投融资大数据系统（文融通）的数据显示，2019年，我国创意设计服务业通过私募股权融资、上市首发融资、债券、上市再融资（定向增发）、新三板融资、众筹、信托渠道共计流入资金 198.03 亿元，同比下降 14.58%，整体资金流入放缓。分渠道来看，我国创意设计服务业资金流入以私募股权融资为主（见图 1），涉及资金 85.80 亿元（占比 43.33%），同比下降 34.32%。与私募股权融资渠道不同，上市首发融资、上市再融资两个渠道融资额实现增长，分别同比增长 109.21%、8.77%。

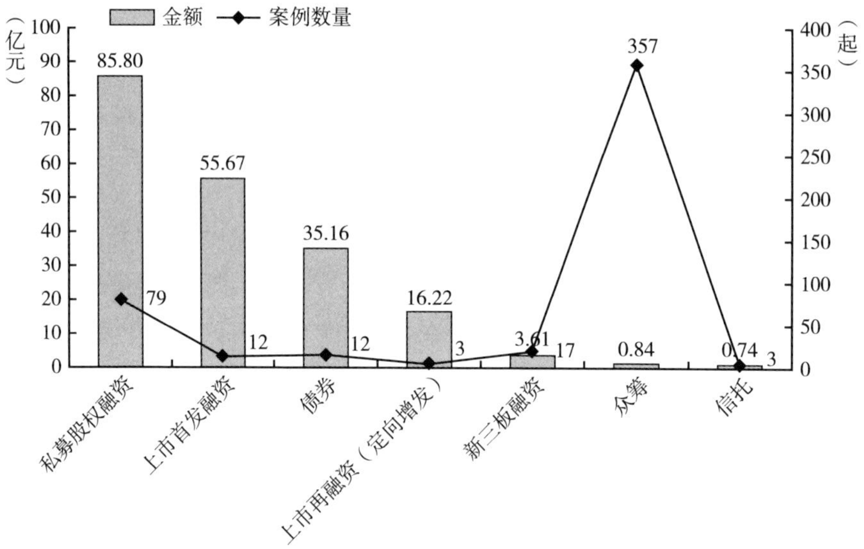

图 1　2019 年我国创意设计服务业各融资渠道资金流入情况

注：计算资金流入时，为避免重复计算，上市再融资、新三板融资中不计相应的债券、信托融资。

数据来源：新元文智－文化产业投融资大数据系统（文融通）。

2. 广告服务融资规模大，设计服务融资活跃度高

创意设计服务业包含广告服务和设计服务两个细分领域。新元文智－文化产业投融资大数据系统（文融通）的数据显示，2019 年，我国广告服务领域以 91 起案例吸纳资金 159. 71 亿元，融资规模遥遥领先。设计服务领域融资活跃度高，涉及案例 392 起；但该领域的融资规模相对较小，为 38. 32 亿元（见图 2）。此外，需要特别说明的是，广告服务、设计服务两个领域备受国家重视且政策利好不断释放，未来将朝着健康有序的方向快速发展，融资需求将持续旺盛。

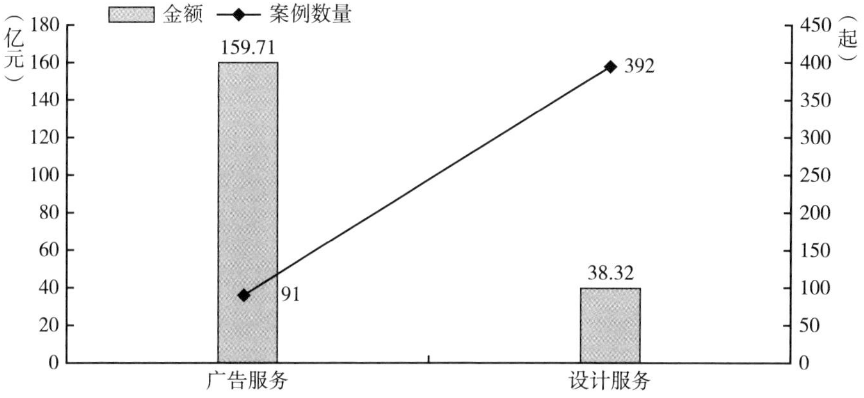

图 2　2019 年我国创意设计服务业各领域资金流入情况

数据来源：新元文智－文化产业投融资大数据系统（文融通）。

3. 浙江融资额领先全国，且呈现增长态势

2019 年，我国创意设计服务业募集资金主要流入浙江、北京、上海、广东、湖南、四川六个地区，分别涉及资金 55. 43 亿元、39. 80 亿元、37. 21 亿元、28. 13 亿元、15. 04 亿元、10. 19 亿元，合计吸纳九成多资金（见图 3）。其中，浙江以 61 起、55. 43 亿元的成绩高居全国首位，虽然案例数量较 2018 年减少 41 起，但融资规模增长 0. 26%。北京融资案例数量、融资规模双向增长，案例数量由 2018 年的 110 起增加到 124 起；融资规模同比增长 48. 36%，增至 39. 80 亿元，居全国次席。

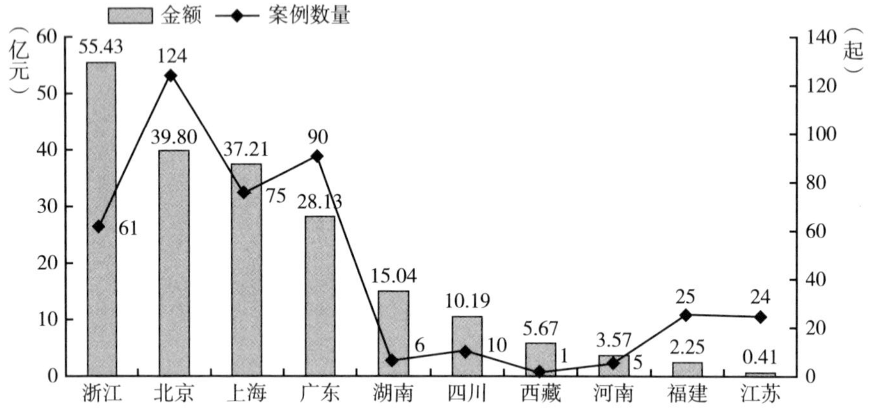

图 3　2019 年我国创意设计服务业资金流入地区（TOP10）

数据来源：新元文智 - 文化产业投融资大数据系统（文融通）。

（二）私募股权

1. 市场降温，融资活跃度下滑近四成

据新元文智 - 文化产业投融资大数据系统（文融通）统计，2019 年，我国创意设计服务业私募股权融资活跃度呈现下滑走势，共发生 79 起融资事件，同比下降 35.77%（见图 4）。其中，透露金额的事件有 55 起，涉及资金规模 85.80 亿元，同比下降 34.32%。整体来看，2019 年我国创意设计服务业私募股权市场有所降温，融资案例数量、融资规模均呈现下滑趋势。

2. 广告服务领域融资额突破70亿元，占比超八成

2019 年，广告服务领域通过私募股权融资渠道募集资金 71.97 亿元，占私募股权融资渠道总融资额的 83.88%；设计服务领域募集的资金规模相对较少，为 13.83 亿元，占比 16.12%（见图 5）。

3. 成熟期企业融资能力强，但活跃度低于初创期企业

2019 年，我国初创期（种子天使轮、Pre - A 轮、A 轮、A + 轮）创意设计服务企业融资活跃度下滑，共发生案例 33 起（见图 6），同比下降 64.13%；涉及资金规模共计 5.18 亿元，同比下降 85.41%。成熟期（B 轮、

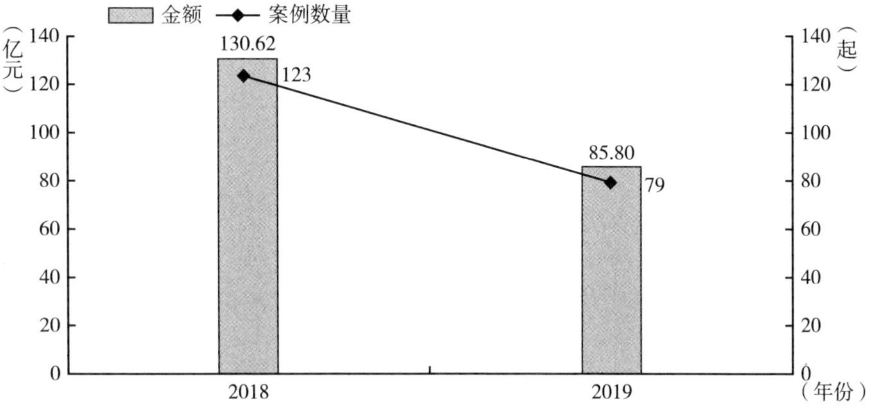

图4　2018～2019年我国创意设计服务业私募股权融资情况

数据来源：新元文智－文化产业投融资大数据系统（文融通）。

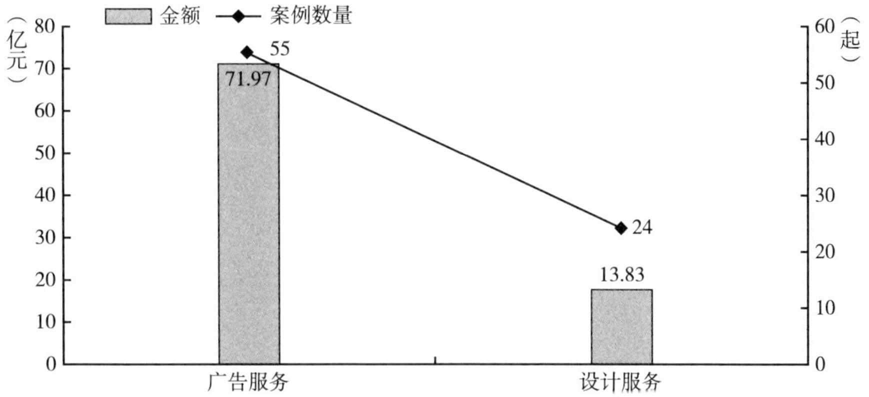

图5　2019年我国创意设计服务业私募股权融资领域分布情况

数据来源：新元文智－文化产业投融资大数据系统（文融通）。

B+轮、C轮、D轮、D+轮、F轮－上市前）创意设计服务企业共发生融资案例21起，低于初创期企业，同比增长10.53%；涉及资金规模同比下降34.92%，降至43.76亿元，但仍是初创期企业的8倍多，可见成熟期的创意设计服务企业吸金实力强。

4. 北京创意设计服务业私募股权融资额实现增长，跃居全国之首

从区域分布来看，2019年北京市创意设计服务业私募股权融资规模出现大

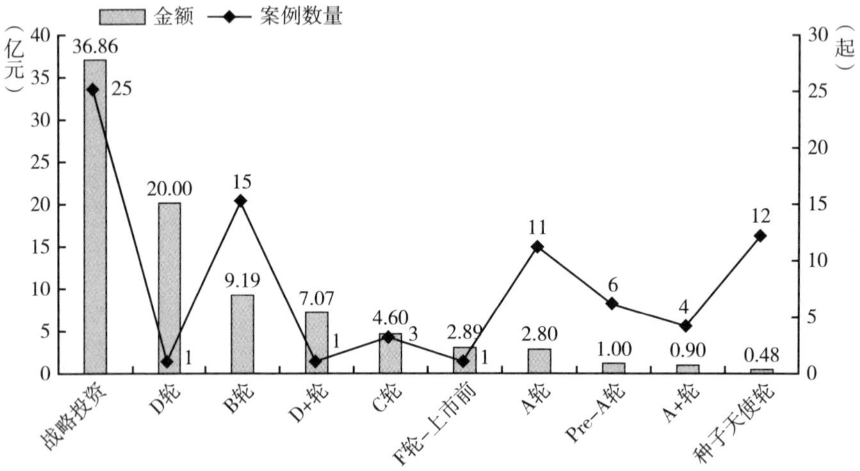

图6　2019年我国创意设计服务业私募股权融资轮次分布情况

数据来源：新元文智－文化产业投融资大数据系统（文融通）。

幅增长，由2018年的18.02亿元增长为32.89亿元，以38.34%的占比跃居全国之首。浙江融资规模位列次席，为20.19亿元，占比23.54%（见图7）。从融资活跃度来看，北京、上海是私募股权融资高发地区，分别发生融资案例23起、20起，但案例数量均呈现下滑趋势，分比同比下降43.90%、16.67%。

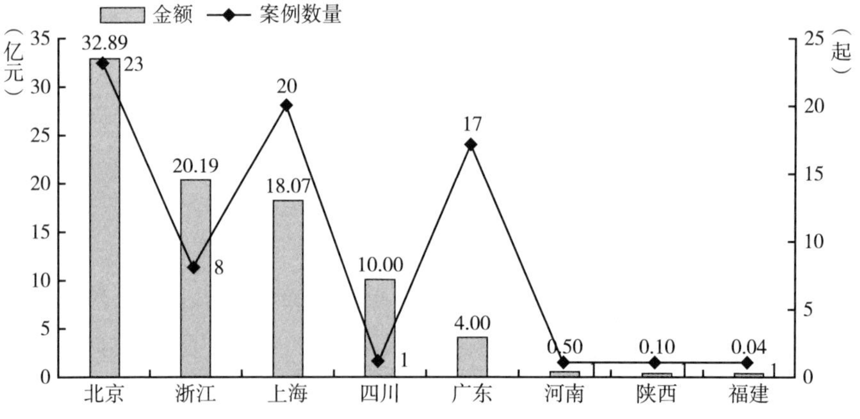

图7　2019年我国创意设计服务业私募股权融资地区分布情况

注：山东、江西、江苏、湖北发生的7起案例均未透露详细金额，在图中未体现。
数据来源：新元文智－文化产业投融资大数据系统（文融通）。

（三）上市

1. 上市首发融资

12 家企业成功 IPO，上市首发融资规模呈增长趋势。数据显示，2019 年我国共计有 12 家创意设计服务企业成功上市，首发募集资金 55.67 亿元（包括 8 家企业在深交所上市，首发募集资金 40.80 亿元；4 家企业在港交所上市，首发募集资金 14.87 亿元）。从增长情况来看，2019 年，我国新增上市创意设计服务企业数量较 2018 年增加 7 家；首发融资金额同比增长 109.20%（见图 8），创意设计服务企业 IPO 上市资本市场平稳向好。此外，截至 2019 年末，我国 A 股市场上市创意设计服务企业累计达 71 家，占 A 股上市文化企业总数的 18.73%。

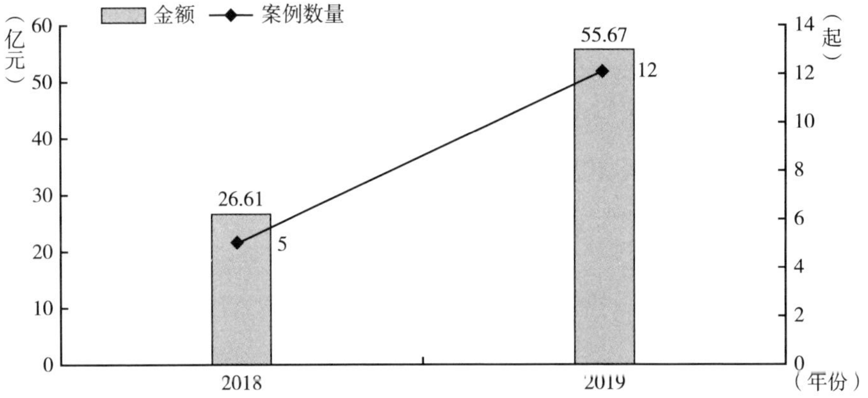

图 8　2018～2019 年我国创意设计服务企业上市首发融资情况

数据来源：新元文智－文化产业投融资大数据系统（文融通）。

新增上市广告服务企业居多，吸金能力也更强。2019 年，我国新增上市创意设计服务企业中，广告服务企业居多，共计 9 家，设计服务企业新增 3 家；广告服务企业首发融资额也领先，为 39.38 亿元（占比 70.74%），设计服务企业首发融资 16.29 亿元（占比 29.26%）（见图 9）。

新增上市企业集中在京浙粤三地，且浙粤两地募资额领先。2019 年我

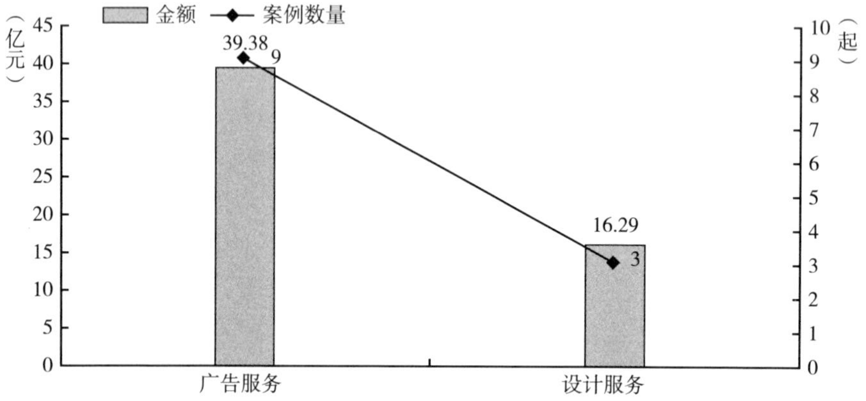

图9　2019年我国创意设计服务企业上市首发融资领域分布情况

数据来源：新元文智－文化产业投融资大数据系统（文融通）。

国新增上市创意设计服务企业主要集中在浙江、广东、北京三个地区，分别新增3家、4家、3家，合计占全国的83.33%。其中，浙江、广东吸金能力较强，首发募集资金分别为18.66亿元、18.43亿元，占比分别为33.52%、33.11%（见图10）。

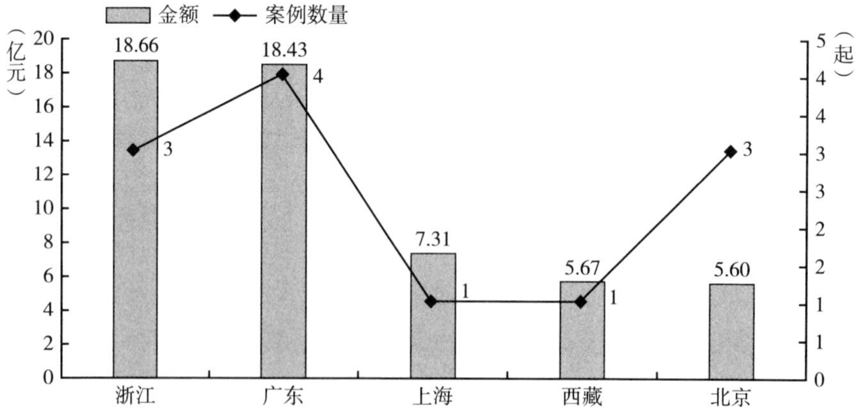

图10　2019年我国创意设计服务企业上市首发融资地区分布情况

数据来源：新元文智－文化产业投融资大数据系统（文融通）。

2. 上市后再融资

再融资案例数增长一倍，但融资规模反向下滑。据新元文智－文化产业投融资大数据系统（文融通）统计，2019 年，我国上市创意设计服务企业发生 12 起再融资事件，成功融资 44.88 亿元。与去年相比，虽然融资活跃度有所提升，增幅达 100.00%，但融资规模同比下降 10.04%（见图 11）。

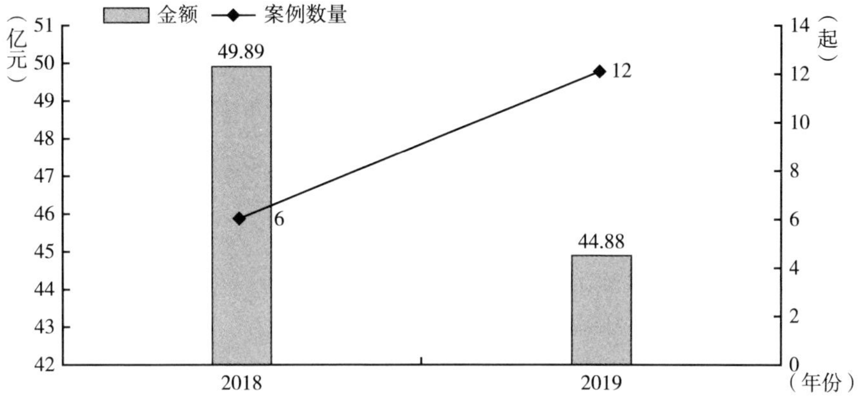

图 11　2018～2019 年我国创意设计服务企业上市后再融资情况

数据来源：新元文智－文化产业投融资大数据系统（文融通）。

以债券融资为主，吸纳逾六成资金。从上市创意设计服务企业的融资类型来看，63.85% 的资金来自债券融资，为 28.66 亿元。此外，定向增发融资发生 3 起事件，涉及资金规模为 16.22 亿元（占比 36.15%）（见图 12）。

湖南再融资规模领跑全国，且呈增长态势。从地区分布来看，湖南省上市创意设计服务企业再融资规模大幅增长，由 2018 年的 10.00 亿元增长为 15.00 亿元，占比高达 33.42%，领先于国内其他地区。上海成功打破 2018 年零融资的局面，涉及资金 10.33 亿元，跃升至次席（见图 13）。

3. 上市后投资

投资规模下降三成多，上市创意设计服务企业投资越发谨慎。2019 年，我国上市创意设计服务企业投资案例数量、投资规模呈现双向下滑走势，共计发生投资案例 96 起，较 2018 年减少 2 起；涉及资金 94.84 亿元，同比下

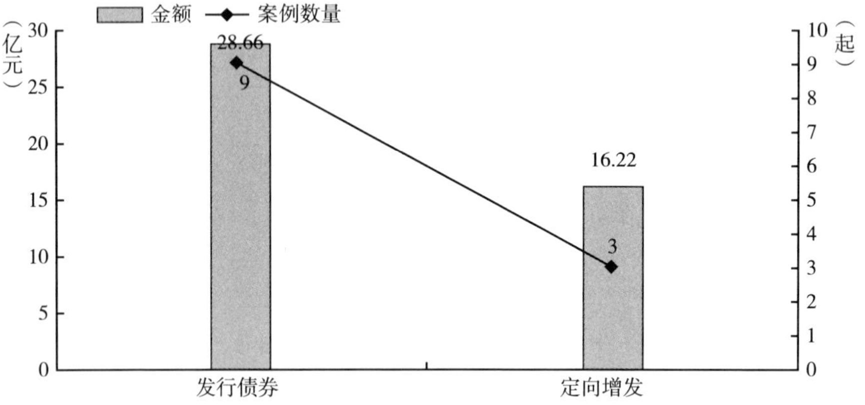

图12　2019年我国创意设计服务企业上市后再融资类型分布情况

数据来源：新元文智－文化产业投融资大数据系统（文融通）。

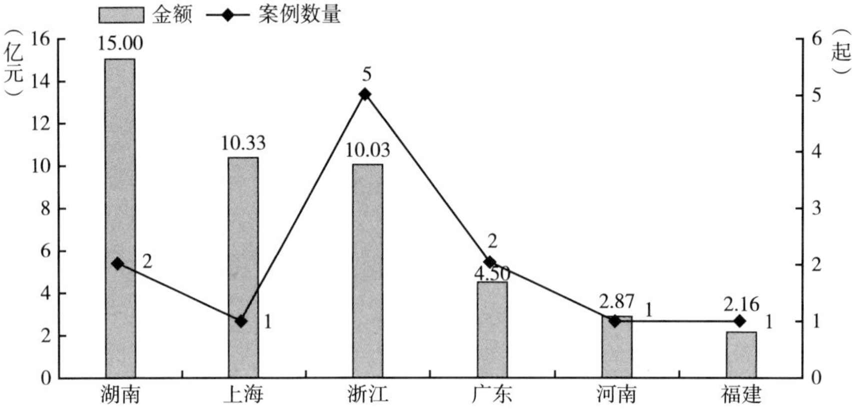

图13　2019年我国创意设计服务企业上市后再融资地区分布情况

数据来源：新元文智－文化产业投融资大数据系统（文融通）。

降32.73%（见图14）。

并购投资规模领先，占比过半。从具体投资方式来看，2019年，我国上市创意设计服务企业的投资以并购为主，投资规模达52.36亿元，占比过半；投资基金、新设子公司、股权投资三种方式投资规模相对较小，分别为16.65亿元、13.76亿元、12.06亿元（见图15）。

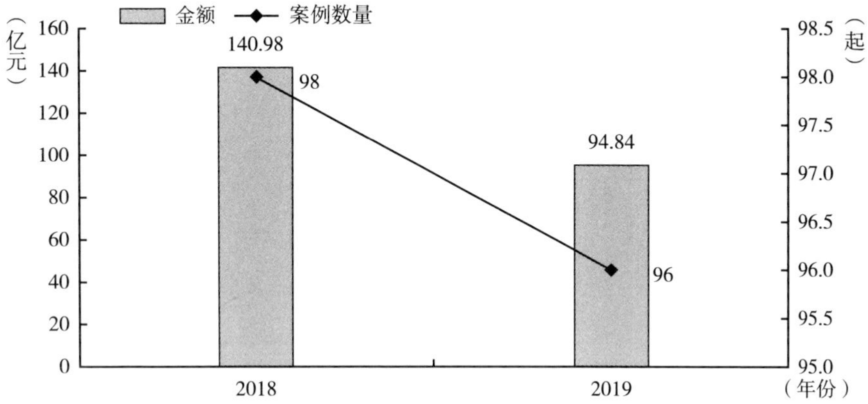

图 14　2018～2019 年我国创意设计服务企业上市后投资情况

数据来源：新元文智－文化产业投融资大数据系统（文融通）。

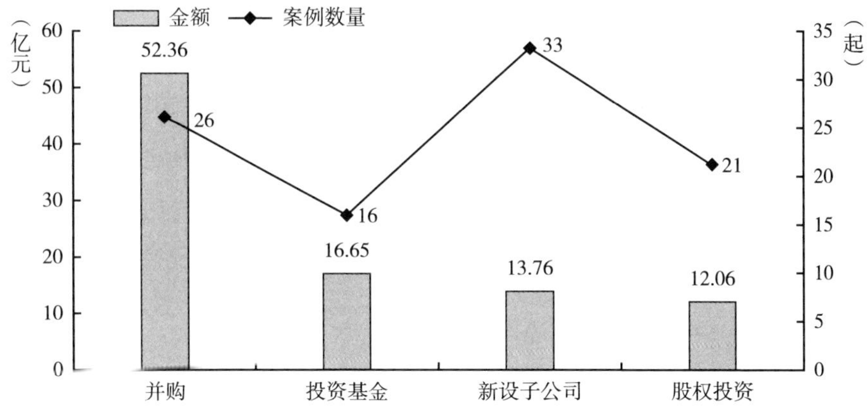

图 15　2019 年我国创意设计服务企业上市后投资类型分布情况

数据来源：新元文智－文化产业投融资大数据系统（文融通）。

北京投资规模居首，但呈收缩状态。数据显示，2019 年，北京创意设计服务企业投资规模由 2018 年的 31.18 亿元下降至 26.19 亿元，投资规模有所收缩，但依然稳居全国首位。广东创意设计服务企业发生投资案例 23 起，资本运作最为频繁（见图 16），但较 2018 年减少 4 起。

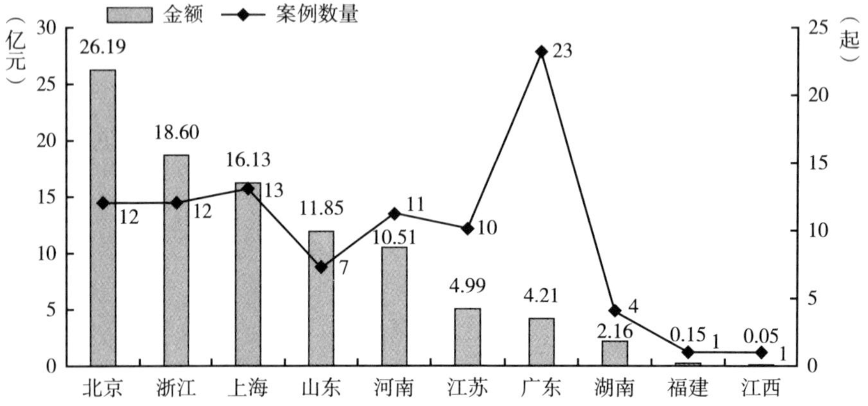

图 16　2019 年我国创意设计服务企业上市后投资地区分布（TOP10）

数据来源：新元文智－文化产业投融资大数据系统（文融通）。

（四）新三板

1. 挂牌

2019 年，我国有 6 家创意设计服务企业登陆新三板，较 2018 年大幅减少（减少 9 家）。从行业分布来看，广告服务类企业共 5 家，设计服务领域仅有 1 家企业成功挂牌新三板。从区域分布来看，上海新增挂牌创意设计服务企业数量相对较多，共计 2 家，广东、江苏、山西、重庆四个地区则各新增 1 家（见图 17）。

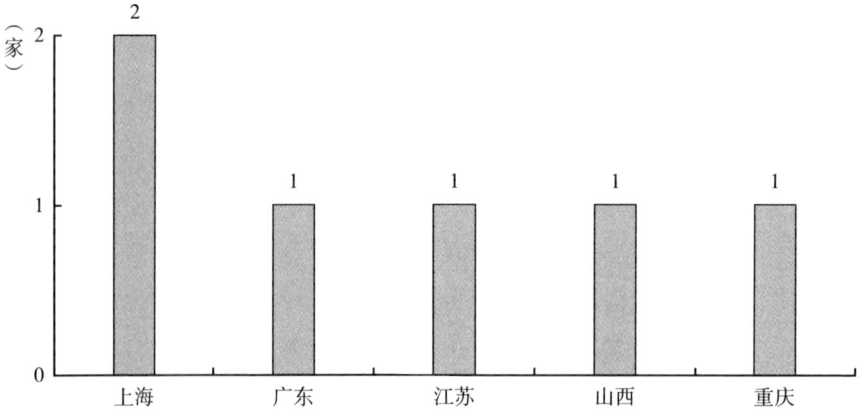

图 17　2019 年我国创意设计服务业挂牌新三板企业地区分布情况

数据来源：新元文智－文化产业投融资大数据系统（文融通）。

2. 挂牌后融资

融资规模大幅缩水，市场表现低迷。新三板是中小微创意设计服务企业直接融资的重要平台，其融资规模一定程度上能反映出市场信心变化。2019年，我国已挂牌创意设计服务企业融资规模大幅缩水，市场表现低迷。据新元文智－文化产业投融资大数据系统（文融通）统计，已挂牌创意设计服务企业共发生融资事件17起，同比下降63.83%；涉及资金规模为3.61亿元，同比下降62.20%（见图18）。

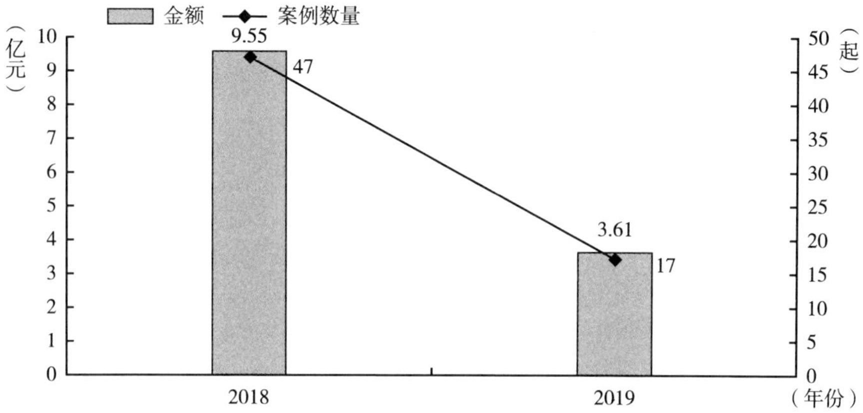

图18　2018～2019年我国创意设计服务企业挂牌后融资情况

数据来源：新元文智－文化产业投融资大数据系统（文融通）。

广告服务为吸金主力，过半资金流入广告服务领域。据新元文智－文化产业投融资大数据系统（文融通）统计，2019年，已挂牌广告服务企业吸纳资金2.88亿元，为新三板创意设计服务企业的吸金主力，过半的资金流入广告服务细分领域；广告服务企业资本运作也相对频繁，融资案例达到14起，占新三板创意设计服务企业融资案例数量的82.35%（见图19）。

广东融资额居首，吸纳超三成资金。据新元文智－文化产业投融资大数据系统（文融通）统计，2019年，已挂牌创意设计服务企业融资主要分布在广东、北京、上海、江苏、河南、重庆等8个地区。其中，广东吸金规模达1.13亿元（占比31.30%）；其次，北京吸纳资金1.09亿元（占比30.19%）；其余的上海、江苏、河南、重庆等地区融资规模均在1亿元以下（见图20）。

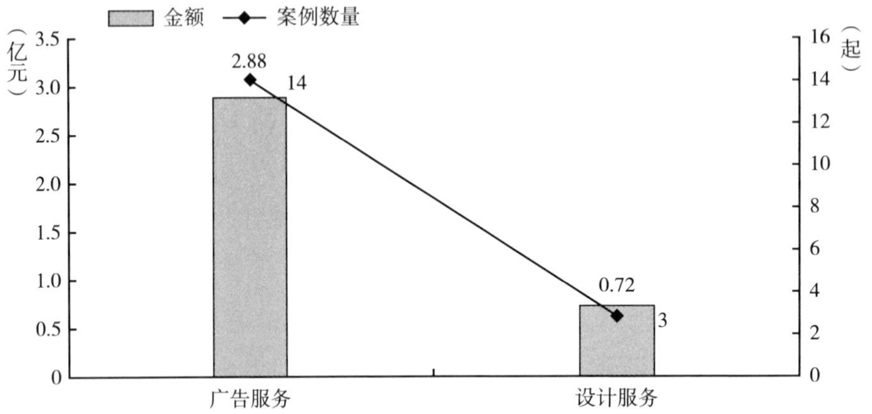

图 19　2019 年我国创意设计服务企业挂牌后融资领域分布

数据来源：新元文智 - 文化产业投融资大数据系统（文融通）。

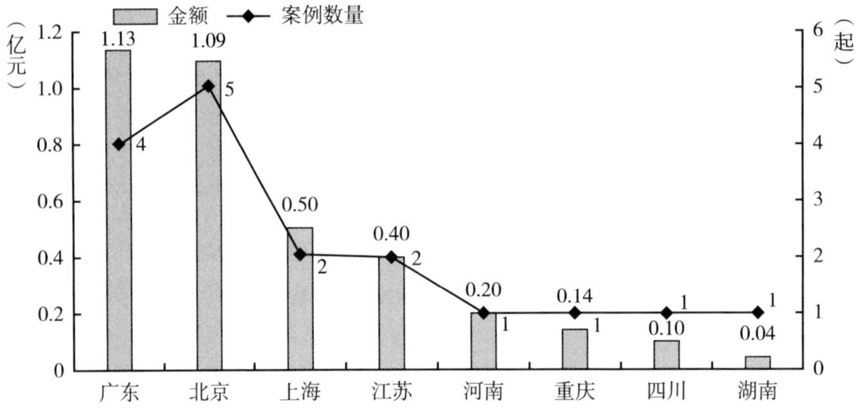

图 20　2019 年我国创意设计服务企业挂牌后融资地区分布情况

数据来源：新元文智 - 文化产业投融资大数据系统（文融通）。

3. 挂牌后投资

已挂牌创意设计服务企业投资趋于谨慎，投资额下滑近四成。据新元文智 - 文化产业投融资大数据系统（文融通）统计，2019 年，我国已挂牌创意设计服务企业投资案例数量、投资规模双向下滑。其中，投资案例数量为 166 起，较 2018 年减少 129 起；涉及资金为 10.06 亿元，同比下降 36.25%（见图 21），市场明显降温。

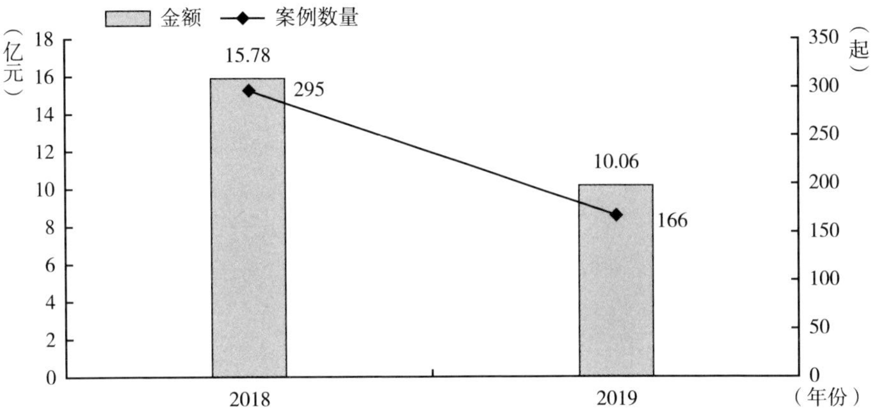

图 21　2018～2019 年我国创意设计服务企业挂牌后投资情况

数据来源：新元文智－文化产业投融资大数据系统（文融通）。

新设子公司投资案例数量、投资规模双向居首。2019 年，已挂牌创意设计服务企业投资涉及新设子公司、并购、股权投资、投资基金四种方式。其中，新设子公司投资案例数量、投资规模双向领先，104 起事件涉及资金 7.10 亿元。并购、股权投资、投资基金分别发生 38 起、22 起、2 起事件，分别涉及资金 2.30 亿元、0.51 亿元、0.14 亿元（见图 22）。

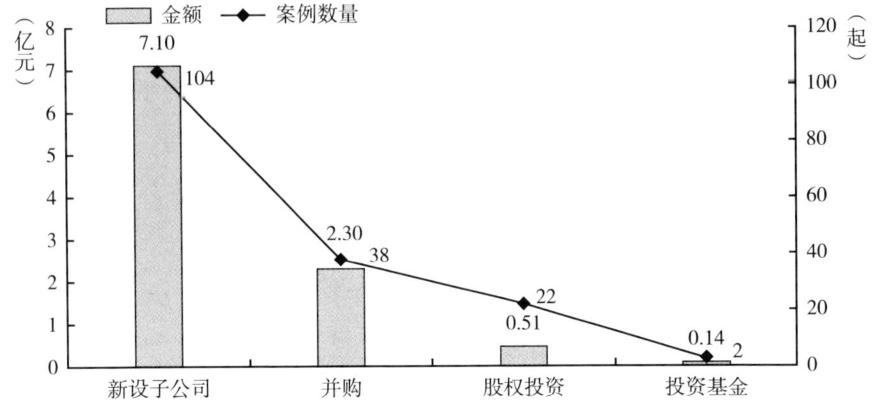

图 22　2019 年我国创意设计服务企业挂牌后投资类型

数据来源：新元文智－文化产业投融资大数据系统（文融通）。

北京投资扩张最为强劲，领跑全国市场。从区域分布来看，2019 年，北京、上海、广东、浙江、福建等 20 个省份的已挂牌创意设计服务企业均有投资事件发生。其中，北京市已挂牌创意设计服务企业的投资扩张表现最为强劲，投资资金规模达 2. 21 亿元，占比为 21. 97%（见图 23）。

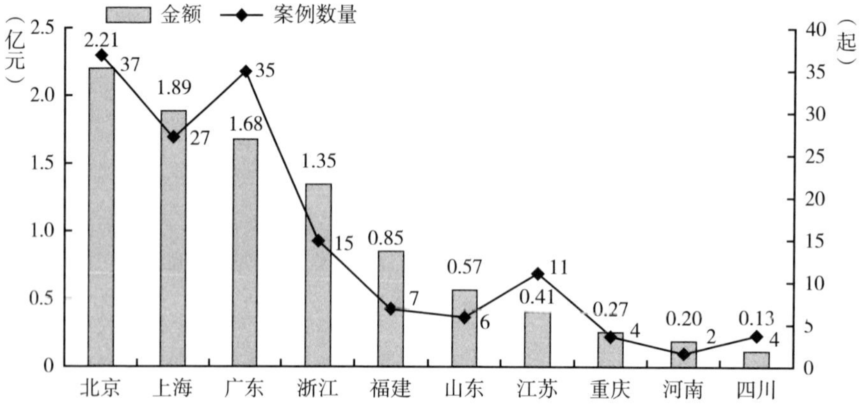

图 23　2019 年我国创意设计服务企业挂牌后投资地区分布情况（TOP10）

数据来源：新元文智 - 文化产业投融资大数据系统（文融通）。

（五）债券

1. 债券融资案例数量上升、融资规模下滑

2019 年，我国创意设计服务业在债券融资市场表现低迷。据新元文智 - 文化产业投融资大数据系统（文融通）统计，2019 年，我国创意设计服务业共计发行 12 起债券，较 2018 年增加 5 起；涉及资金规模为 35. 16 亿元，同比下降 19. 54%（见图 24）。

2. 中期票据融资额居首，超短期融资券发生案例数量领先

2019 年，我国创意设计服务业发行的债券涉及中期票据、超短期融资券、可换股债券、公司债四种类型。其中，中期票据涉及资金规模领先，为 17. 00 亿元；超短期融资券涉及案例数量最多，为 7 起，且涉及资金规模仅次于中期票据（见图 25）。

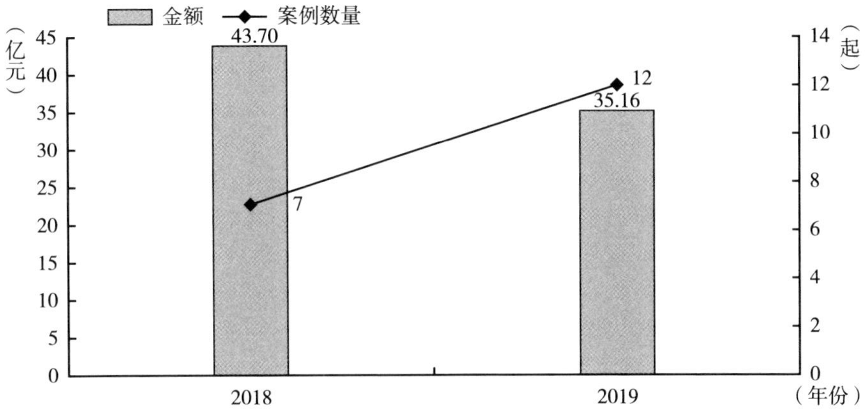

图 24　2018～2019 年我国创意设计服务业债券融资情况

数据来源：新元文智－文化产业投融资大数据系统（文融通）。

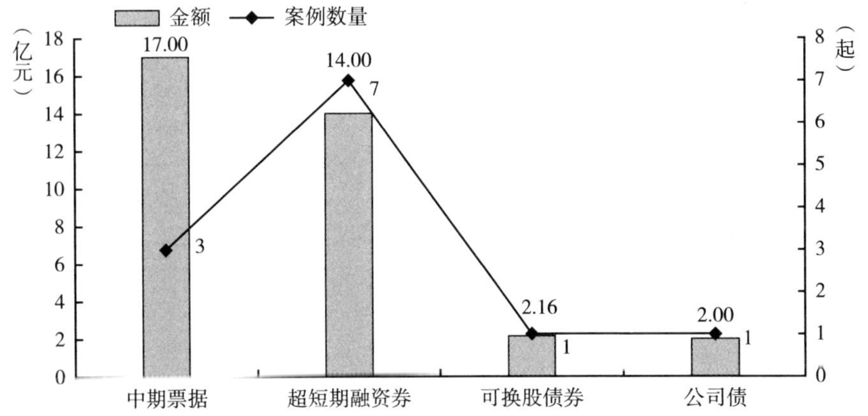

图 25　2019 年我国创意设计服务业债券融资类型分布情况

数据来源：新元文智－文化产业投融资大数据系统（文融通）。

3. 湖南、浙江成债券发行高地，发债规模合计占比八成多

2019 年，创意设计服务业发债集中在湖南、浙江两个地区，发债规模合计占比为 81.06%（见图 26）。其中，湖南发债数量由 2018 年的 1 起增至 2 起，融资规模顺势增长 50.00%，增至 15.00 亿元，居于全国首位；浙江发债数量虽然由 2018 年的 1 起增至 7 起，但发债规模同比下降 38.57%，降至 13.50 亿元。

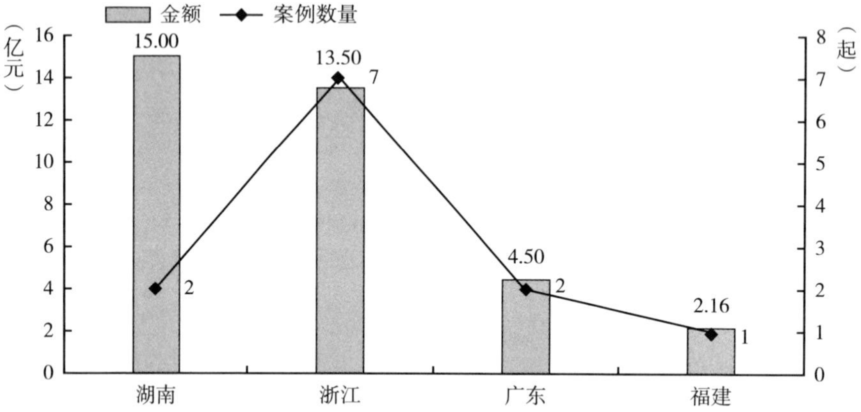

图 26　2019 年我国创意设计服务业债券融资地区分布情况

数据来源：新元文智－文化产业投融资大数据系统（文融通）。

（六）信托

据新元文智－文化产业投融资大数据系统（文融通）统计，2019 年，我国创意设计服务业信托融资活跃度明显提升，共计 3 起，较 2018 年增加 2 起；涉及资金规模为 0.74 亿元，同比下降 87.67%，平均单笔信托发行规模仅为 0.25 亿元（见图 27）。具体来看，2019 年 3 起信托融资案例的发行主体均为上海叙派建筑装饰设计工程有限公司，所募集的资金主要用于日常经营周转。

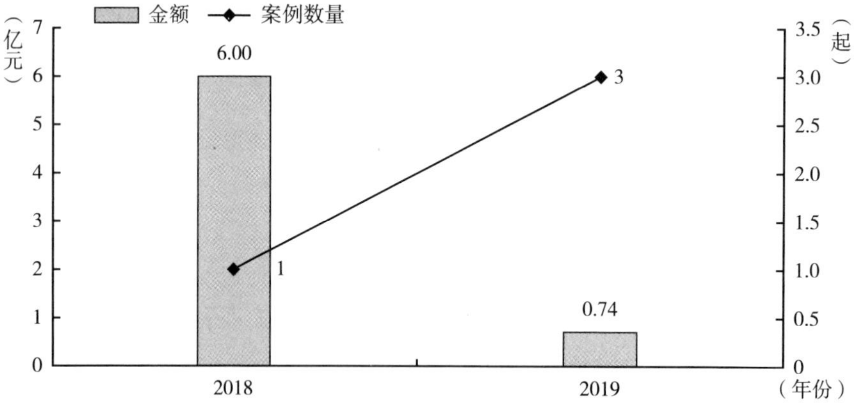

图 27　2018～2019 年我国创意设计服务业信托融资情况

数据来源：新元文智－文化产业投融资大数据系统（文融通）。

（七）并购

1. 并购活跃度上升，但涉及资金规模下滑

据新元文智－文化产业投融资大数据系统（文融通）统计，2019年，我国创意设计服务业共发生24起并购事件，同比增长14.29%，并购活跃度有所上升；涉及资金规模为13.21亿元，同比下降90.42%，并购市场规模紧缩（见图28）。进一步分析，资金规模大幅下滑主要因2018年北京天下秀科技股份有限公司、浙江华坤道威数据科技有限公司有大额并购事件发生导致。

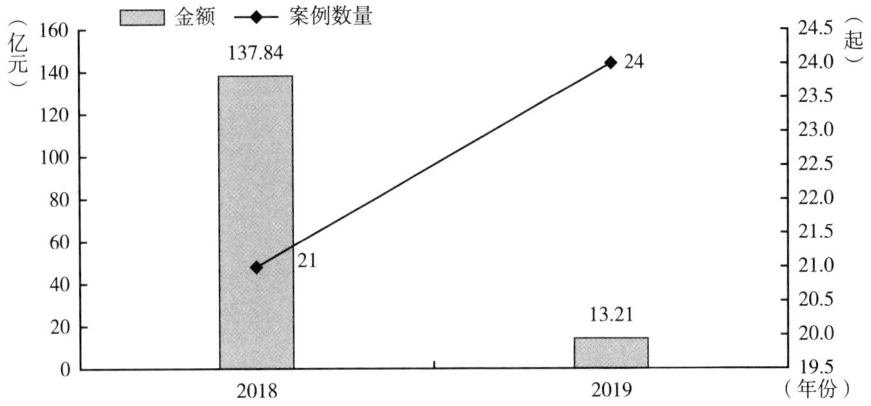

图28　2018～2019年我国创意设计服务业并购情况

数据来源：新元文智－文化产业投融资大数据系统（文融通）。

2. 设计服务吸金近八成，遥遥领先

据新元文智－文化产业投融资大数据系统（文融通）统计，2019年，我国设计服务领域并购规模最高，达11.71亿元，占总规模的比重为88.64%，遥遥领先于广告服务领域（见图29）。

3. 浙江并购规模全国领先，占比超四成

从地区分布来看，2019年，我国创意设计服务业并购主要集中在浙江、上海、广东三个地区（见图30）。其中，浙江并购规模全国领先，涉

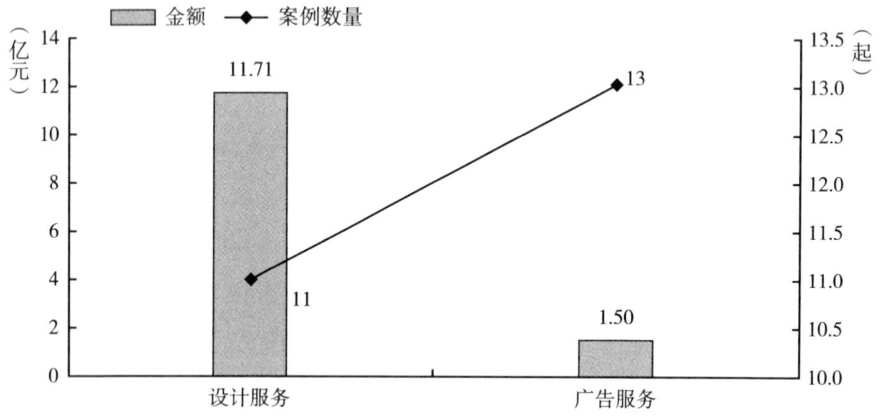

图 29　2019 年全国创意设计服务业各领域并购情况

数据来源：新元文智－文化产业投融资大数据系统（文融通）。

及资金 5.83 亿元，占比高达 44.13%；案例数量（4 起）居全国第二。上海并购案例数量居首，涉及事件 6 起，占比 25.00%；并购规模（4.13 亿元）仅次于浙江。广东并购案例数量、并购规模均位列第三名，3 起案例涉及资金 2.79 亿元。

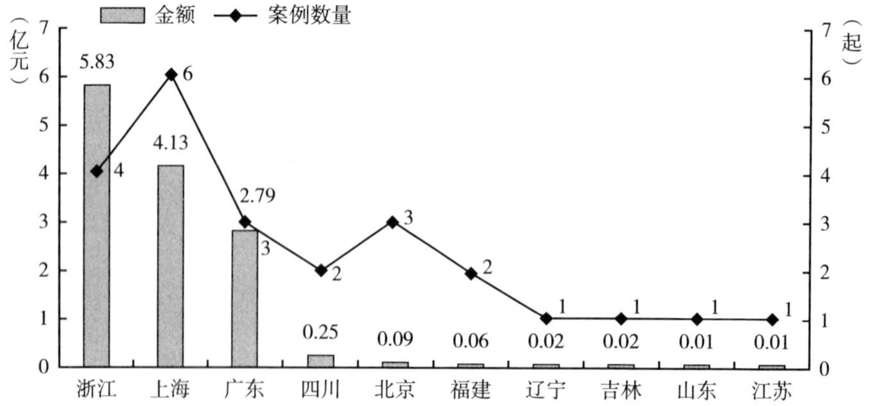

图 30　2019 年我国创意设计服务业并购地区分布情况（TOP10）

数据来源：新元文智－文化产业投融资大数据系统（文融通）。

（八）众筹

1. 融资规模下滑近三成，全数为奖励众筹融资

据新元文智－文化产业投融资大数据系统（文融通）统计，2019 年，我国创意设计服务业众筹融资案例共计 357 起，涉及资金为 0.84 亿元，分别同比增长 1.71%、下降 27.59%（见图 31）。在众筹的发展模式中，奖励众筹无疑是最受参与者欢迎的众筹形式，2019 年创意设计服务业众筹渠道所融资金全数来源于奖励众筹，且全数流入设计服务领域。

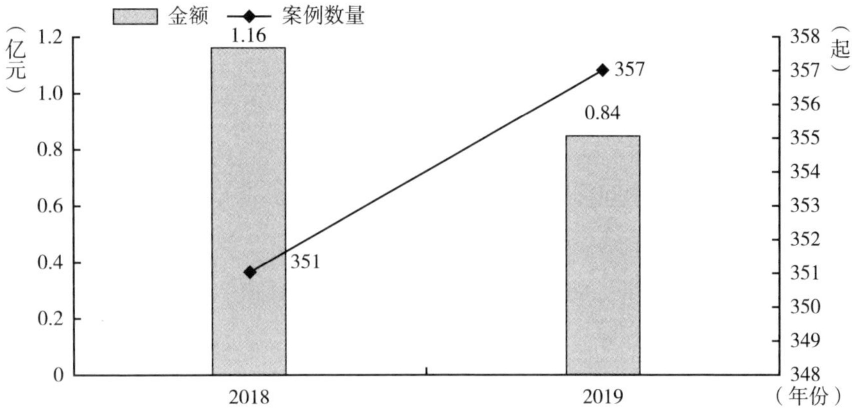

图 31　2018～2019 年我国创意设计服务业众筹融资情况

数据来源：新元文智－文化产业投融资大数据系统（文融通）。

2. 北京众筹活跃度高，上海众筹融资额升至首位

据新元文智－文化产业投融资大数据系统（文融通）统计，2019 年，上海地区创意设计服务业众筹融资规模同比增长 148.60%，达 2575.28 万元（占比 30.54%），升至全国首位。北京地区虽然融资规模由 3711.60 万元下降至 2202.19 万元，但融资活跃度仍遥遥领先于其他地区，案例数量占比高达 26.05%（见图 32）。

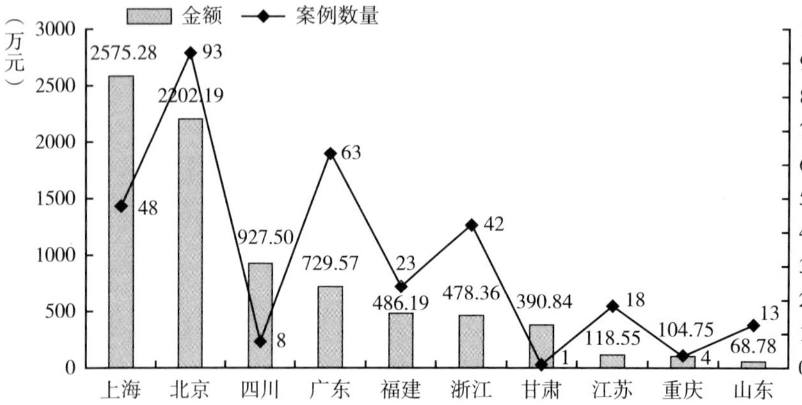

图 32　2019 年我国创意设计服务业众筹融资地区分布情况（TOP10）

数据来源：新元文智－文化产业投融资大数据系统（文融通）。

三　我国创意设计服务业投融资案例解析

（一）壹网壹创：成功登陆深交所，首发募资7.66亿元

1. 公司介绍

2019 年 9 月 27 日，壹网壹创成功登陆深圳证券交易所创业板，证券代码为 300792，发行价格为 38.3 元/股，首发募集资金 7.66 亿元。壹网壹创成立于 2012 年，主营业务是为国内外知名快消品牌提供全网各渠道电子商务服务。其作为品牌方的重要战略合作伙伴，从品牌形象塑造、产品设计策划、整合营销策划、视觉设计、大数据分析、线上品牌运营、精准广告投放、CRM 管理、售前售后服务、仓储物流等全链条为品牌提供线上服务，帮助各品牌方提升知名度与市场份额。目前，壹网壹创已与宝洁集团、强生（中国）百雀羚集团、美国伊丽莎白雅顿公司、日本资生堂集团、韩国爱茉莉太平洋集团等企业开展了长期合作。

2. 财务情况

2016～2018 年，壹网壹创营收和利润双双实现较快增长。2016～2018

年，壹网壹创营业收入分别为5.07亿元、7.04亿元、10.13亿元，净利润分别为4744.74万元、1.38亿元、1.63亿元。2019年1~9月，壹网壹创营业收入实现7.90亿元，同比增长50.61%；归属于上市公司股东的净利润为9619.17万元，同比增长29.38%。

3. 业务模式

壹网壹创主营业务分为品牌线上服务和线上分销两类。其中，品牌线上服务细分为品牌线上营销服务和品牌线上管理服务，品牌线上营销服务的客户为终端消费者，品牌线上管理服务的主要客户为国内外美妆、日化类品牌方；品牌线上分销的客户为第三方B2C平台和天猫、淘宝中小卖家。

4. 竞争优势

代运营公司作为轻资产模式代表，核心竞争优势在于"人才"，即年轻、高效的运营团队，壹网壹创拥有有效的激励机制、特色的组织架构、健全的人才孵化和培养体系，有助于强化和巩固人才堡垒，实现可持续发展。此外，作为天猫官方认证的六星级服务商，壹网壹创具备行业领先的整合营销和数据分析服务能力，能全链条深度参与品牌决策，为品牌企业提供一站式高附加值的运营服务，其在美妆领域口碑与影响力大，曾打造了像百雀羚、宝洁OLAY等经典案例，客户矩阵快速拓展。

当面对品牌方在市场发展和品牌升级的需求时，服务商的两点能力至关重要：产品设计与中台管理。前者考验的是代运营公司的用户与市场洞察力，在新品地位不断抬升以及营销同质化的当下尤其重要。后者将直接决定它可以走多快、走多远。在产品设计能力方面，壹网壹创从创始第一天起，就坚持反传统，不依赖信息差，而是围绕着提升品牌的价值感展开业务，这倒逼出了壹网壹创的产品设计能力。在中台管理上，壹网壹创的几位联合创始人各有所长，推动壹网壹创在管理、设计、运营、营销等多个维度全面发展。

（二）明略数据：完成20亿元D轮融资，由腾讯领投

1. 案例详情

2019年3月，明略数据宣布完成由腾讯领投、金拓资本和中航信托跟

投的20亿元D轮融资。D轮融资后，明略数据将发展三大战略升级举措。

2015年7月，明略数据完成A轮近1亿元融资，由弘道天瑞投资和硅谷天堂共同投资；2016年8月获得由红杉资本中国基金领投的2亿元B轮融资；2017年10月获得由腾讯产业共赢基金投资的10亿元C轮融资。

2. 公司简介

明略数据成立于2014年，致力于探索新一代人工智能技术在知识和管理复杂度高的行业中的落地，打通感知与认知智能，通过多模态人工智能和大数据技术，连接人、机器、组织的智慧，最终实现具有分析决策能力的高阶人工智能应用，让组织内部高效运转，让更多的人和资源投入创新的工作当中。

3. 产品优势

目前，明略数据有六大产品，两款核心产品。一款是知识图谱数据库技术——蜂巢。知识图谱是机器大脑中的知识库、人工智能应用的基础设施。明略数据通过使用基于图数据库的混合存储技术实现大规模知识图谱数据存储。不同于以往关系型数据库的存储，而是将所有数据以实体-关系-事件-属性的形式存储，这种形式直观展示了数据以及数据背后的关联；明略数据充分利用知识图谱数据存储，优化搜索引擎，并实现基于语义的检索和多种复杂推理。

另一款是2018年9月升级的行业人工智能大脑——明智系统2.0。明略数据通过面向人工智能的大数据治理产品CONA将海量多源异构数据治理成行业知识，再基于知识图谱数据库蜂巢完成行业知识图谱存储，随后通过行业大脑SCOPA的机器学习、符号推理等技术实现秒级运算和在线分析挖掘，从而逐步构建公安大脑、金融风控大脑、工业安全大脑，并通过企业级Siri小明（LiteMind）完成人机交互，以对话的形式降低人工智能产品使用门槛，提供业务支持，降低知识劳动力成本。

4. 发展战略

明略数据的三大战略升级举措具体如下。（1）强化人工智能科研顶层设计力量。2018年，IEEE Fellow、国家“千人计划”特聘专家吴信东教授出任首席科学家，并领导成立了明略科学院。（2）打造人工智能前沿技术+产业平台化。2019年，明略数据与行业业务进一步深入结合，与各个垂直领域的领军企业成立联合基金、人工智能研究院、人工智能科技园区等，为企业发展和管理提升提供更加智能和全面的决策依据。（3）构建“感知-认知-行动”人工智能闭环，进一步推动人工智能在行业落地。未来，明略数据将定位为中国领先的一站式企业级人工智能产品与服务平台，致力于探索新一代人工智能技术在知识和管理复杂度高的行业中的落地。

区 域 篇

Regional Reports

B.11
2019年北京市文化金融发展分析报告

刘德良　刘晓哲*

摘　要： 随着文化产业在经济发展中的重要性日益凸显，北京市文化与金融产业间的联系日趋紧密。据新元文智－文化产业投融资大数据系统（文融通）统计，2019 年北京市通过主要资本渠道流入文化产业的资金为 725.51 亿元，其中私募股权融资贡献最大，并且融资规模全国领先。此外，建议通过构建上市服务联盟、设立私募股权二级市场投资基金、促进文娱平台金融化、降低融资难度与成本等，促进北京市文化金融进一步发展。

关键词： 文化金融　私募股权　新三板挂牌　债券　北京

* 刘德良，新元智库和新元资本创办人，兼任清华大学新经济与新产业研究中心特约研究员、中国人民大学文化产业研究院特约专家、中央财经大学文化经济研究院特约专家等。刘晓哲，新元智库文化金融部研究主管。

一　北京市文化金融发展环境

（一）文化产业发展环境：规模以上法人单位收入和金融业增加值实现增长，运行态势向好

1. 文化产业对经济增长发挥促进作用，规模以上法人单位收入增长8.2%

2019 年，北京文化产业运行态势良好。根据北京市统计局发布的数据，全年规模以上文化产业法人单位收入为 12849.7 亿元，对比 2018 年增长 8.2%，与同期规模以上第三产业法人单位收入增长速度相比，高 2.4 个百分点，对首都经济持续增长发挥了重要促进作用。其中收入占比超过 10%的行业有新闻信息服务业、创意设计服务业、文化传播渠道业、内容创作生产业（见图 1）。

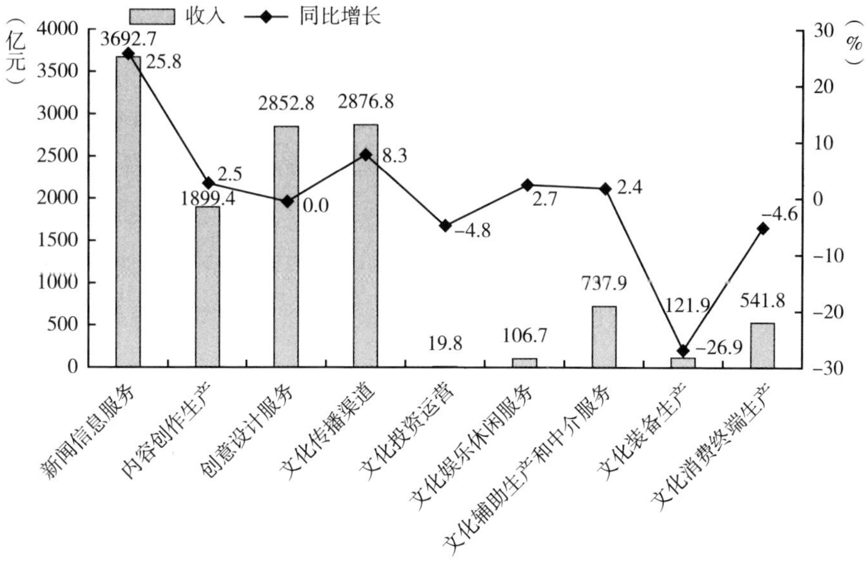

图 1　2019 年北京文化产业规模以上法人单位收入情况

数据来源：北京市统计局。

2. 金融业运行态势向好，实现增加值6544.8亿元

北京市金融业运行态势整体向好，有力带动了经济增长及财税增收，并且作为支柱行业，对经济高质量发展起到了有力支撑作用。根据北京市地方金融监督管理局发布的《2019 年度全市金融运行情况》，2019 年全市金融业增加值为 6544.8 亿元，同比增长 9.5%，占地区生产总值的 18.5%。

（二）文化产业投融资市场环境：改革创新不断推进，市场环境进一步改善

2019 年北京市文化产业投融资市场环境得到了进一步的优化，一方面我国不断完善与加快多层次资本市场体系建设；另一方面北京市出台了一系列的文化金融政策措施，激发市场活力，推进北京文化金融发展。

1. 推进多层次资本市场建设，优化文化金融环境

随着多层次资本市场建设的推进，2019 年，文化产业投融资市场环境向好。根据 Wind 统计，2019 年共有 164 家企业申请首发上市，其中 138 家获通过，发审委进行 IPO 审核的过会率为 84.15%，高于 2018 年的 57.51%，同时近几年“IPO 堰塞湖”现象也得到了一定的缓解，极大地激发了文化企业上市热情。2019 年 6 月，我国科创板正式开板，为文化科技型企业上市融资提供了新的便利通道。2019 年末，新三板市场全面启动深化改革，如推出精选层，提高了文化企业挂牌投融资的动力与信心。总之，2019 年市场不断释放积极信号，文化产业投融资沿着平稳、健康、有序的方向运行。

2. 改善营商环境，激发市场活力

为提升金融服务水平，2019 年北京市出台了多项政策措施改善营商环境，进一步为文化产业投融资良性运行提供保障。如 2019 年北京市发布的《北京市中小微企业外观设计专利侵权纠纷快速处理办法（试行）》《深化金融供给侧改革　持续优化金融信贷营商环境的意见》《北京市大力营造企业家创新创业环境充分激发和弘扬优秀企业家精神若干措施》等文件，分别提出加大中小微企业知识产权保护、提升金融信贷服务水平、强化金融服务

助力企业家创新等措施，激发了市场活力。

3. 促进细分领域投融资，提升服务水平

2019 年，北京市发布了多项针对细分领域投融资发展的措施，进一步加大了支持文化金融发展的深度及广度。如《关于推动北京影视业繁荣发展的实施意见》《北京市超高清视频产业发展行动计划（2019～2022 年）》分别提出了资本支持影视领域、超高清视频领域发展的措施。

4. 发挥示范带动作用，推动市场繁荣

北京市还从奖励支持、开展示范与试点等方面着手，通过带动作用，推动文化市场繁荣发展。如 2019 年北京市发布了《北京市老年人文化旅游奖励资金管理办法（试行）》《北京市中小企业公共服务示范平台评价管理办法》《关于进一步促进中关村知识产权质押融资发展的若干措施》等文件。

二　北京市文化金融发展总体情况

（一）资金流入：占全国的比重提升，互联网文化娱乐平台募资规模最高

近年来，北京市不断丰富、完善文化产业投融资体系，文化金融发展取得一定成效。

1. 流入资金725.51亿元，占全国的比重提升

据新元文智－文化产业投融资大数据系统（文融通）统计，2019 年，北京市文化产业通过私募股权、新三板、上市（首发及再融资）、债券、众筹等渠道流入资金 725.51 亿元，虽然比 2018 年下降 12.33%，但占全国流入总规模的比重比上年提高 2.52 个百分点，占比为 25.41%。各渠道中，私募股权融资渠道贡献最高，输入资金 389.10 亿元，占融资总额的 53.63%。

2. 互联网文化娱乐平台流入资金规模最高，占比为43.40%

按按融资规模从大到小排序，互联网文化娱乐平台领域流入资金

314.85亿元，规模最高，占文化产业融资总规模的43.40%；其次是互联网信息服务领域，涉及资金130.66亿元，占比为18.01%；排名第三的领域是广播影视发行放映领域，募资105.39亿元，占比为14.53%（见图2）。

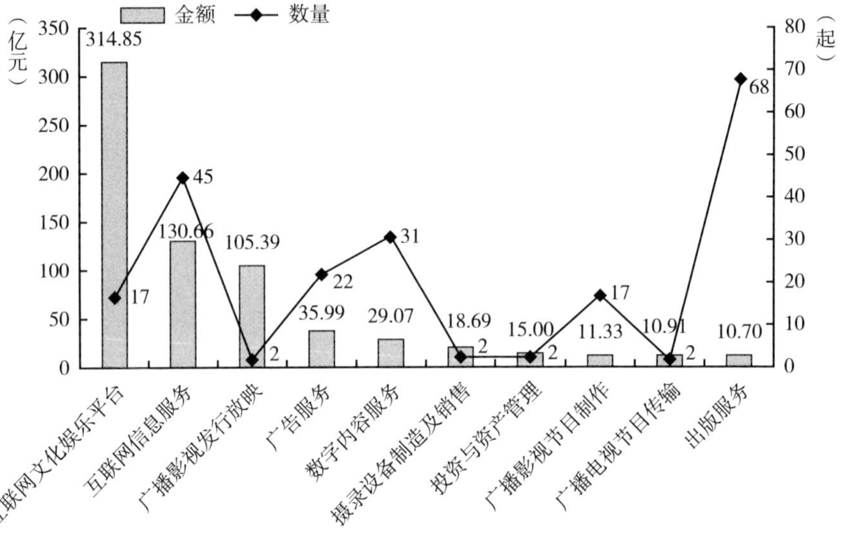

图2　2019年北京文化产业细分领域资金流入TOP10

数据来源：新元文智－文化产业投融资大数据系统（文融通）。

（二）各渠道投融资：私募股权融资规模全国领先，上市后再融资规模提升

1. 北京私募股权募资规模全国领先，互联网文化娱乐平台融资规模增长显著

受投资机构“募资难”等影响，机构投资日趋慎重。2019年北京发生148起文化产业私募股权融资事件，同比减少55.15%；其中111起事件披露金额共计389.10亿元，同比下降28.79%。与全国其他地区相比，北京市融资规模仍高居首位，是第二名的4.50倍。互联网文化娱乐平台受到极大关注，流入资金规模在各细分领域中最高，达232.17亿元，占文化产业私募股权融资总额的59.67%（见图3），与2018年相比融资规模增长418.15%；共发生15起事件，占比10.14%，同比下降68.09%。

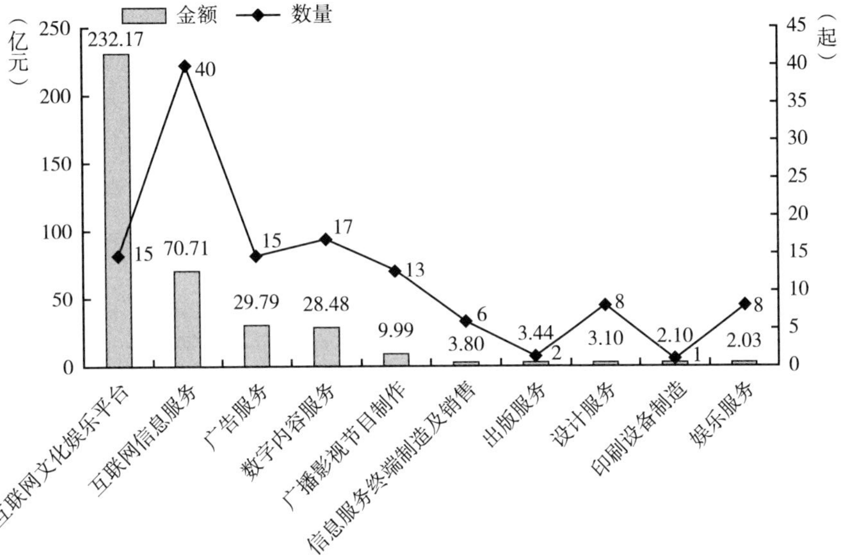

图3　2019年北京文化产业细分领域私募股权融资规模TOP10

数据来源：新元文智－文化产业投融资大数据系统（文融通）。

2. 北京新三板挂牌文化企业融资规模全国居首，投资扩张力度最大

北京新三板挂牌文化企业融资事件数量、规模居全国之首，广播影视节目制作融资规模占比超40%。2019年北京已挂牌文化企业发生16起融资事件，比2018年下降56.76%；募资3.31亿元，同比下降66.07%。北京募资活跃度及规模居于全国首位，高于其他地区。2019年募集资金文化企业分布在8个细分领域，其中广播影视节目制作融资规模最高，达1.34亿元，占融资总额的40.48%（见图4）。

北京新三板挂牌文化企业投入资金全国最高，广告服务扩张最积极。2019年已挂牌新三板的北京文化企业投资扩张更加谨慎，全年发生投资事件142起，虽然同比下降44.75%，但事件数量仍是全国最高；投入资金13.68亿元，同比下降28.98%，资金规模也高于全国其他地区。各细分领域中，广告服务投资最积极，投资事件最多，为33起，占总事件的23.24%；互联网信息服务投资资金最高，为4.85亿元，占投资总额的35.45%（见图5）。

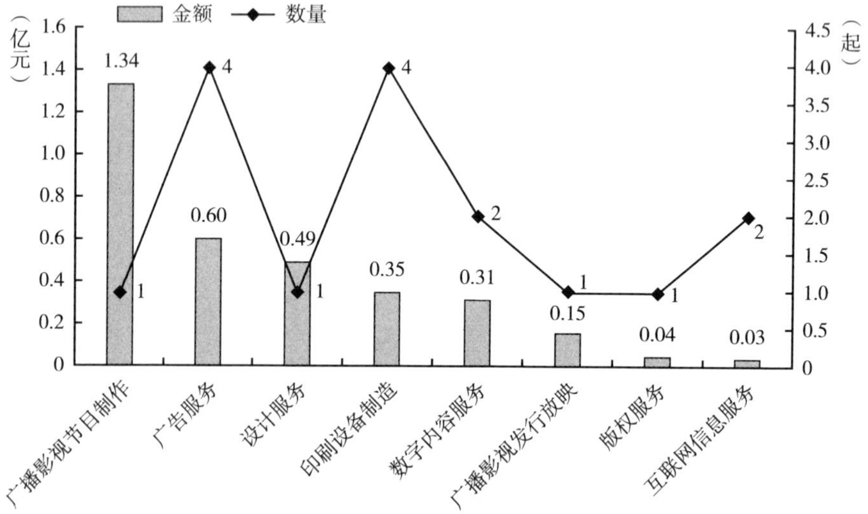

图4　2019年北京文化产业细分领域新三板融资情况

数据来源：新元文智－文化产业投融资大数据系统（文融通）。

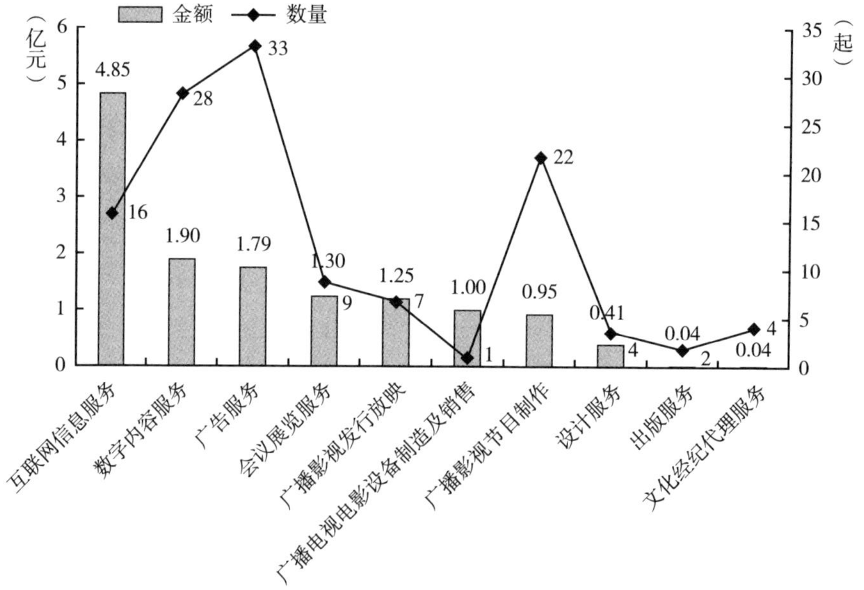

图5　2019年北京文化产业细分领域新三板投资规模TOP10

数据来源：新元文智－文化产业投融资大数据系统（文融通）。

3. 北京首发上市文化企业数量增多，再融资规模提升

2019 年，北京新增 9 家首发上市文化企业，比 2018 年增长 50.00%；首发募资 48.54 亿元，同比下降 72.41%（对比 2018 年募集资金规模下降，主要是因为 2018 年发生了爱奇艺首发募资 22.5 亿美元的大额事件）。

2019 年，虽然北京上市文化企业再融资活跃度比 2018 年有所下降，但募资规模有明显提升。据统计，全年发生 10 起融资事件，同比下降 33.33%；融资 258.86 亿元，比 2018 年增长 174.47%。募集资金企业涉及 9 个文化细分领域，其中广播影视发行放映领域募资规模最高，融资 105.24 亿元，占总融资的 40.65%；其次是互联网文化娱乐平台领域，涉及资金 80.63 亿元，占比为 31.15%（见图 6）。

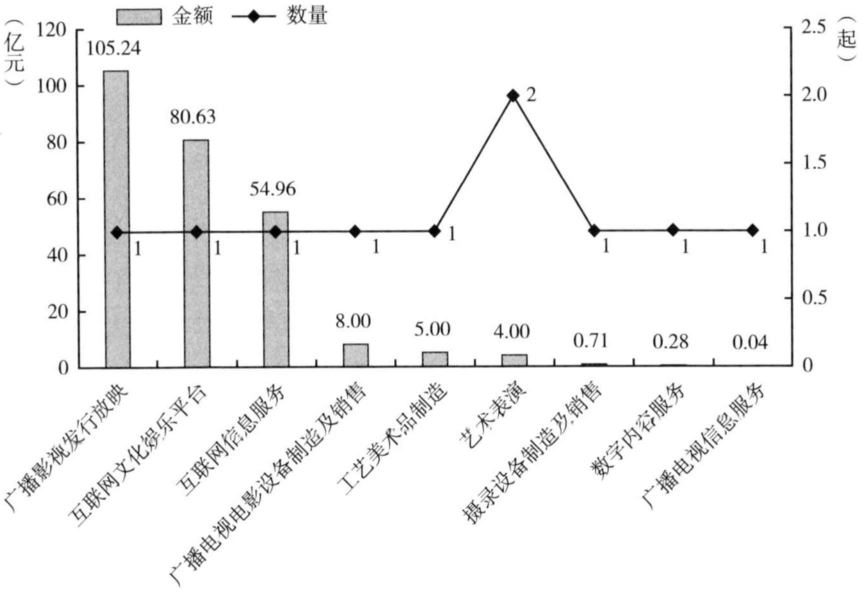

图 6　2019 年北京文化产业细分领域上市再融资情况

数据来源：新元文智 - 文化产业投融资大数据系统（文融通）。

2019 年，北京上市文化企业投资收紧，发生投资事件 69 起，同比下降 12.66%；投入资金 242.19 亿元，同比下降 14.86%。发生的投资事件涉及

13 个细分领域的上市文化企业，其中广播影视发行放映领域投入资金最高，为 106.26 亿元，占投资总额的 43.87%；互联网信息服务领域投资最活跃，发生 27 起投资事件，占总投资事件数量的 39.13%（见图 7）。

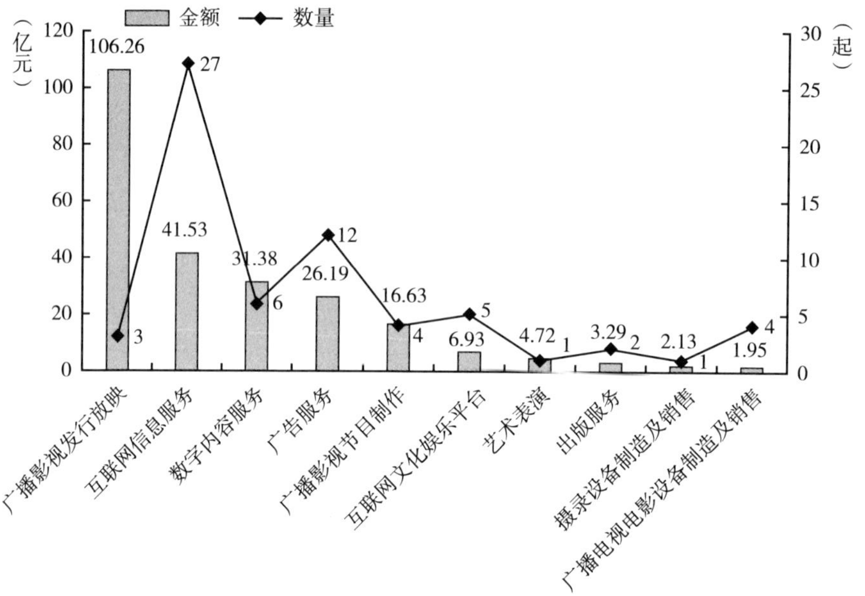

图 7　2019 年北京文化产业细分领域上市投资规模 TOP10

数据来源：新元文智 - 文化产业投融资大数据系统（文融通）。

4. 北京债券发行数量增加，融资规模增长

据统计，2019 年，北京市文化产业发生了 11 起债券融资事件，同比增长 10.00%；募集资金 177.87 亿元，同比增长 164.72%。共有互联网文化娱乐平台、互联网信息服务、投资与资产管理等 8 个文化产业细分领域通过债券渠道募集资金，按融资规模从高至低排序，互联网文化娱乐平台领域居于首位，涉及资金 80.63 亿元，占文化债券融资规模的 45.33%；互联网信息服务领域居第二位，募集资金 54.96 亿元，占比为 30.90%（见图 8）。

5. 北京众筹融资活跃度小幅度提升，资金主要集中于三个细分领域

2019 年北京发生 285 起文化众筹事件，对比 2018 年小幅度提升，同比增长 2.15%；涉及资金 0.70 亿元，同比下降 40.81%。虽然有 15 个文化产

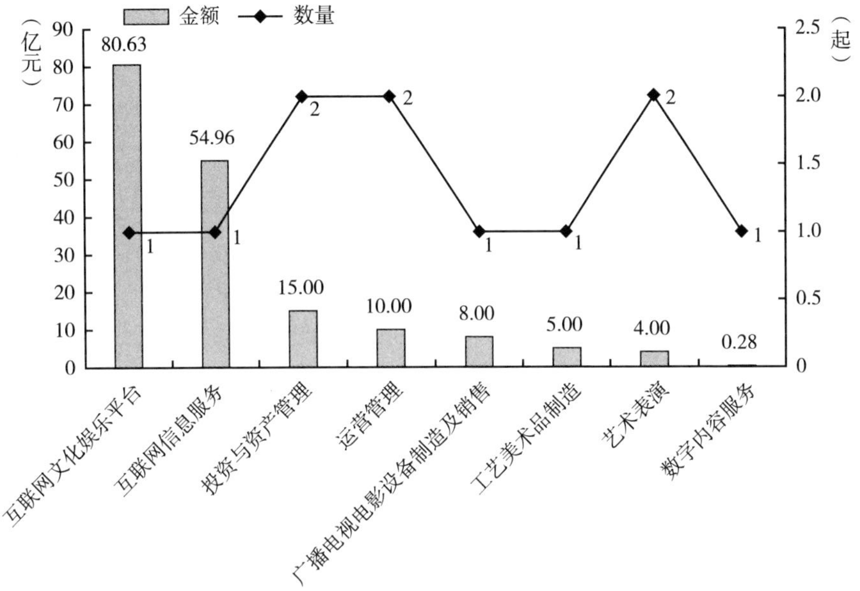

图8　2019年北京文化产业细分领域债券融资情况

数据来源：新元文智－文化产业投融资大数据系统（文融通）。

业细分领域发生众筹融资，但募集资金主要集中在设计服务、出版服务、游乐游艺设备制造三个细分领域，募集资金均超过1000万元，远高于其他细分领域，分别为2202.19万元、2047.26万元、1620.86万元，分别占北京文化产业众筹融资规模的31.50%、29.28%、23.18%，合计占比为83.97%（见图9）。

（三）服务创新案例分析

为促进全国文化中心建设，推动文化产业高质量发展，北京市持续创新，推动文化与金融加速融合。如2019年，华夏银行发布的“龙盈·知识产权通”新产品，依托无形资产，为缺少抵押的文化企业提供银行授信与资本支持。同时，北京市继续进行文化金融服务创新，涌现出多个经典案例。

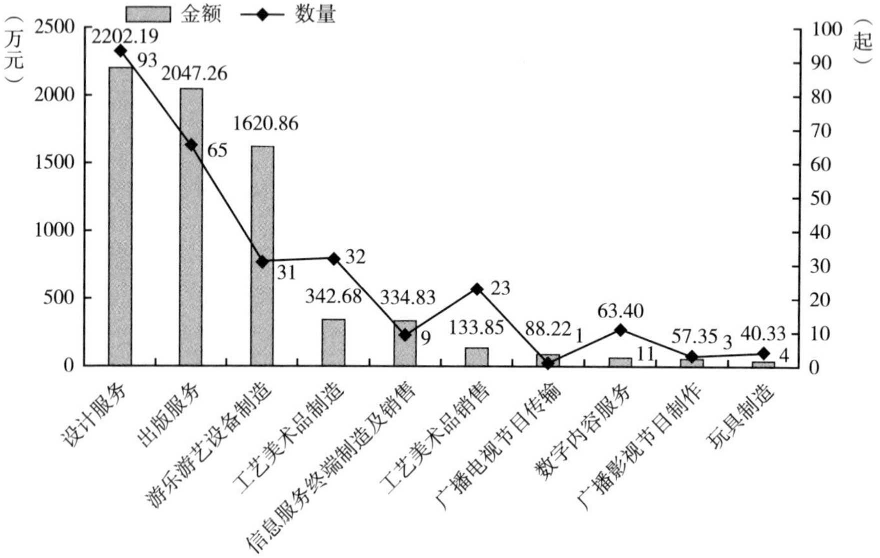

图 9 2019 年北京文化产业细分领域众筹融资规模 TOP10

数据来源：新元文智 - 文化产业投融资大数据系统（文融通）。

1. “投贷奖”联动，服务成果显著

为缓解文化企业融资难问题，在北京市文改领导小组办公室的指导下，北京市国有文化资产管理中心（原北京市国有文化资产监督管理办公室）、北京市财政局共同建立了“投贷奖”联动服务体系。“投贷奖”平台聚集相关资源，搭建“线上 + 线下”文化金融服务体系，为文化企业提供融资及增值服务。截至 2019 年 11 月 4 日，“投贷奖”平台入驻了 14437 家企业，收集了 346 种融资产品；并受理了 1622 笔融资申请，对接 344.96 亿元融资。“投贷奖”政策不断推进金融资本与文化产业对接，并降低文化企业的融资成本，实施三年来，支持了超过 2000 家文化企业。

2. “文创四板”运营，完善文化资本市场机制

2019 年 6 月，随着北京文创四板挂牌孵化培育基地的正式启动，由国家文创实验区、北京股权交易中心建立的北京“文创四板”也投入运营。“文创四板”主要是为文化企业提供培训辅导、股债权融资、四板挂牌、转板上市等服务，推进文化要素资源流动，打通融资渠道，推动文化产业升级

发展。建设文创四板挂牌孵化培育基地，打造文化金融服务平台，有利于为文化企业提供更强针对性的融资服务，促进企业规范发展，为更多的发展初期企业提供专业性的资本市场服务，完善对成长初期文化企业的资本市场支持机制，帮助企业以四板市场为桥梁与其他资本市场进行串联，把四板市场文化板建设成北京多层次资本市场体系中的重要一环。

3. 北京最具投资价值文化创意企业50强榜单发布，引导文化投资方向

2019 年 8 月，北京市文化创意产业促进中心和中国人民银行主办，投资界和清科集团承办的第八届中国文化金融创新大会成功举办，会上进行了“2019 北京市最具投资价值文化创意企业 50 强榜单”的发布及授牌仪式。2019 北京最具投资价值文创企业 50 强榜单中的企业涉及内容 IP、视频、文化跨界、教育、体育、消费等多领域。从 2012 年以来，有近 3500 家企业参选北京最具投资价值文创企业榜单，截至此次榜单发布，共推选出了 320 家北京市最具投资价值文化企业，其中已有超 95 家企业成功获得融资或挂牌上市。发布的最具投资价值文创企业榜单已成为北京乃至全国投资文化企业的风向标，有效地推动了更多资本支持北京市文化企业的发展。

4. 上市培育基地开展服务，推动文化与资本对接

为促进文化企业与资本市场的对接，推进文化金融发展，北京市国有文化资产管理中心和上海证券交易所设立了北京文化企业上市培育基地。作为全国第一家专门为文化企业提供服务的上市培育基地，北京文化企业上市培育基地主要面向北京已上市、拟上市、创新创业文化企业，为其在资本市场的融资行为提供综合性培育服务。依托上市培育基地，北京市国有文化资产管理中心、市证监局与上海证券交易所、深圳证券交易所合作，每年举办 3 场上市培训班。截至 2019 年 11 月 15 日，已成功举办了 6 场培训班，为近 300 名企业负责人了提供培训，获得良好反响。此外，上市培育基地还不断深化服务内容，如 2019 年 10 月 14 日至 16 日，北京市国有文化资产管理中心与上海证券交易所共同组织开展了“北京拟上市文化企业走进上交所”活动，进一步加强北京文化企业对上市相关工作的了解，帮助文化企业学习上市制度，增强上市信心。

三　北京市文化金融发展对策与建议

为更好地适应资本市场环境，促进文化企业投融资发展在此提出以下建议。

（一）构建文化企业上市服务联盟，加快企业IPO进程

根据Wind统计，2019年我国发审委进行IPO审核的过会率为84.15%（164家企业申请，138家获通过），虽然过会率高于2018年的57.51%，但发审委从严审核的态势没有改变，北京市拟上市文化企业仍需要进一步加强自身建设，以尽快获准首发上市。建议北京市依托北京文化企业上市培育基地，加快上市文化企业储备库的建立健全工作，选择符合标准的优质潜力企业入库，进行经营、改制、股权托管、上市辅导、首发申请、上市后投融资等全流程的专业化指导与服务。同时相关部门可以整合资本市场资源，联合基金、银行、会计师事务所、律师事务所、券商等共同建立文化企业上市服务联盟，提供私募股权融资、上市方案、中介机构选聘、投融资咨询等方面的专业化服务，提升文化企业的资本市场运营能力。

（二）设立私募股权二级市场投资基金，丰富投资机构退出渠道

受金融去杠杆、挤压泡沫以及文化产业投资环境等影响，机构投资文化企业日趋谨慎，北京文化产业私募股权融资不可避免受到一定影响。建议北京加大对文化企业私募股权融资的支持力度，如研究探索建立文化产业私募股权二级市场投资基金，以买方身份参与二级市场交易，一方面可以培育文化企业，支持更多的优质企业发展，另一方面还可以拓宽文化产业私募股权市场退出渠道，吸引社会资本投资文化产业。同时，鼓励有条件的风投、保险、文化企业等参与私募股权二级市场交易，加快文化产业私募股权二级市场发展建设进程；鼓励融资咨询、顾问等机构发展，提供专业性的文化企业融资服务。

（三）促进文娱平台金融化，助力企业产业链融资

为抑制过去几年影视文娱投资火热，带来的高溢价、高杠杆收购以及炒壳等不良影响，改善文娱资本市场环境，我国高度重视相关监管工作。如2019年7月，证监会发布《再融资业务若干问题解答》，重申不得跨界投资影视产业。在文娱投融资市场得到规范的同时，中小微企业的融资渠道也进一步收窄。建议北京支持具备条件的文化娱乐平台与金融机构合作，基于产业大数据进行智能分析与风险把控，进行金融化发展，为产业链上下游企业提供服务。如互联网影视平台可以以大数据为基础，对电影制作、版权交易、网剧分账等环节进行智能分析，为产业链中小企业提供“分账快速结”“优先回款”“应收账款融资”等金融服务，加快企业的资金周转速度，缓解企业的资金压力。

（四）降低融资难度与成本，助推中小文化企业脱困

突如其来的新冠肺炎疫情为文化企业特别是中小微文化企业带来严重冲击，演出、影视剧拍摄、影院、节庆活动、旅游演艺、基于旅游的文娱活动等领域的企业资金压力将更加凸显，融资需求将更加迫切。建议北京市加快发展线上金融服务，支持信用评级机构、担保机构、银行、财务审计公司启动、完善网络办公通道、优化工作流程，为文化企业提供高效的文化金融及相关服务；在已有的政策措施基础上，进一步降低文化企业特别是中小微文化企业的融资难度与成本，如降低或者取消政府性担保机构的担保要求，为担保机构提供风险补偿资金支持，根据情况适当延长疫情下企业贷款的追偿时限等。

参考文献

［1］新元智库：《2019年北京市文化产业投融资研究报告》，2019年12月。

［2］新元智库：《中国文化产业投融资月度分析报告》，2019～2020年。
［3］新元智库：《2019年（第一至四季度）中国文化和旅游产业投融资分析报告》，2019～2020年。
［4］新元智库：《北京市文化金融手册2019年版》，2019年7月。

B.12

2019年深圳市文化金融发展分析报告*

陈能军　王晓锐　史占中**

摘　要： 2019年深圳文化金融在曲折中前进，整体保持平稳发展态势。数据显示，2019年，深圳文化产业私募股权融资84.09亿元，上市公司IPO融资22.95亿元，上市公司债券融资25亿元，上市公司定增融资9.6亿元，新三板定增融资1.01亿元。分行业看，互联网文化产业发展势头强劲，不论是私募股权还是新三板市场，互联网文化产业融资规模大幅大于传统文化产业。现阶段，深圳文化金融产业还存在着大而不强、人才匮乏等问题。需进一步推动深圳文化金融供给侧改革，创新文化金融产品和服务，加大财政对文化产业的扶持力度，使资本端与产业端有效匹配双方资源，做大做强文化金融产业。

关键词： 文化金融　文化产业　深圳

---

* 基金项目：中国博士后科学基金面上项目“中国数字创意产业贸易潜力、技术效率及影响因素研究”（2019M661527）；国家社会科学基金艺术学重大项目“文化产业的金融支持体系研究”（16ZD08）。

** 陈能军，经济学博士，深圳市文化金融服务中心理事，上海交通大学安泰经济与管理学院应用经济学博士后，国家金融与发展实验室文化金融研究中心特聘研究员，主要研究方向为文化创意经济与产业经济。王晓锐，深圳文化产权交易所总经理助理，深圳市文化金融服务中心常务副主任，深圳前海股权交易中心监事，主要研究方向为文化产业与文化金融。史占中，上海交通大学安泰经济与管理学院教授、博士研究生导师，主要研究方向为文化金融与产业经济。

一　2019年深圳市文化金融发展环境

（一）市场背景

1. 5G 时代即将来临，视频产业面临巨大发展机遇

2019 年，随着工业和信息化部正式发放 5G 牌照，中国正式迈进第五代移动通信时代。相比 4G 而言，5G 速度更快、可靠性更高和延迟更低，能给用户带来更好的体验感和便捷性。视频产业受益于 5G 的发展，或将成为赋能新经济的重要力量。

2019 年，首届“中国短视频产业大会”在深圳举行，暗含着深圳短视频产业发展的无限潜能。一方面，深圳有腾讯这样的流量龙头企业，目前腾讯正在发力旗下的“微视”短视频平台。另一方面，深圳文化产业经过多年发展，已经形成了较为完善的产业链，且集聚了大量的视频创意人才，可以提供从拍摄、策划到运营等一揽子服务。以腾讯内容开放平台、腾讯微视等生态建设工作为契机，深圳正在吸引大量的优秀内容创作人才，特别是吸引短视频达人及机构，力求建立行业潮流地标，输出行业标杆内容。从泛娱乐到新文创，让内容、IP 生长，以热点话题 + 优质 IP 资源，赋能空间场景深造，引领潮级生活方式。

2. IPO 注册制改革、科创板设立，文化企业首发融资环境改善

2019 年 A 股科创板推出了注册制，并在其他板块进行了注册制改革。数据显示，2019 年，证监会发审委以及科创板上市委累计表决 266 家企业的上市申请，最终 247 家获得通过，过会率为 92. 86% 。而 2018 年，证监会发审委共审核 172 家企业的上市申请，111 家过会，过会率仅为 64. 53% 。[①] 与 2018 年相比，2019 年过会率提高了 28. 33 个百分点。IPO 提速有利于文

---

① 《注册制真来了：2019 年 IPO 审核通过率 93% 去年仅 65%》，新浪财经，https：// finance. sina. cn/stock/gspl/2019 - 12 - 27/detail - iihnzahk0427191. d. html？ vt = 4&pos = 102&wm = 9217，2019 年 12 月 27 日。

化产业基金退出，有利于改善文化企业首发融资环境。这对于坐拥地利的深圳企业来说，是一个较大的利好。

3. 新三板市场、私募股权市场依旧低迷

2019 年，新三板市场和私募股权市场持续低迷。就新三板市场而言，由于二级市场缺乏流动性，一级市场股权投资退出渠道不畅，融资额降低。根据全国股转公司发布的市场统计快报，2019 年新三板市场成交金额为 825.69 亿元，较 2018 年的 888.01 亿元下滑 7.02%。就私募股权市场而言，清科研究中心发布的数据显示，2019 年市场新募基金 2710 只，共募集 12444.04 亿元，同比下降 6.6%；投资市场持续降温，机构普遍出手谨慎，投资金额为 7630.94 亿元，同比下降 29.3%，涉及 8234 起投资案例，同比下降 17.8%。

（二）产业环境

1. 创新发展路径清晰，文化产业整体发展水平已处于全国第一方阵

深圳文化产业整体发展水平已处于全国第一方阵。深圳市统计局数据显示，2018 年，全市文化创意产业实现增加值 2621.77 亿元，占生产总值的比重超过 10%，占比高出全国 5.8 个百分点。截至 2019 年，深圳拥有市级文化产业园 61 家，文化产业园区入驻企业超过 8000 家，就业人数近 20 万人，总营收超过 1500 亿元。[①] 2020 年深圳出台实施的《关于加快文化产业创新发展的实施意见》描绘了这样一幅蓝图：未来几年，深圳文化产业新型业态占全部业态的比重超过 60%，文化创意产业年均增速保持 10% 以上，预计到 2020 年，深圳市文化创意产业增加值突破 3000 亿元，占深圳市生产总值的比重超过 10%。

深圳文化产业的发展，得益于深圳在城市形象以及城市文化服务上的创新。在创新城市形象标识方面，2019 年，深圳成功举办第十五届文博会、

① 深圳市文化广电旅游体育局网站（http://wtl.sz.gov.cn/ztzl_78228/tszl/whcy/shgg/201912/t20191203_18903406.htm）。

创意12月、深圳国际创客周等一系列品牌文化节庆活动；精心打造深圳“一带一路”国际音乐季、深圳（国际）科技影视周、深圳国际摄影大展、深圳设计周、中国图片大赛等一系列新的文化品牌活动；举办中国杯帆船赛、中国网球大奖赛、深圳国际马拉松赛、2019男篮世界杯赛等一系列国际知名赛事，凸显城市文化魅力。在创新文化服务方式方面，建设一批凸显文化地标意义的重大文化设施，构建城市文化新地标；建设基层综合文化服务中心，形成“十分钟文化服务圈”等。

2. 核心文化产品和服务出口占全国的1/6，已跃升为中国文化产品“出口大港”

近年来，在推进文化贸易“走出去”方面，深圳市出台了多项政策措施，为推动文化产品“走出去”提供了有力的支撑。如支持文化创意企业参加国际展会，鼓励与海外相关机构合作举办文化产业投资贸易推介活动，每年认定“文化创意企业出口十强”，并对进入国家重点文化出口目录的企业和项目给予支持。

2019年，国家对外文化贸易基地（深圳）音乐及音乐剧产业中心正式挂牌成立。未来一段时间，深圳市将在“双区驱动”的大机遇下，把握文化贸易发展趋势，积极合作打造以音乐、音乐剧产业为核心的文化新业态，形成文化新亮点，从而响应并推动中国文化“走出去”和“一带一路”倡议。深圳“一带一路”国际音乐季、WTA年终总决赛、男篮世界杯深圳赛区比赛、海峡两岸学生棒球联赛总决赛等活动的陆续成功举办，有效地提高了深圳知名度，深圳城市文化的国际影响力显著提升。

数据显示，作为中国对外文化贸易的黄金口岸和推动中华文化“走出去”的桥头堡，深圳的核心文化产品和服务出口占全国的1/6①，已跃升为中国文化产品“出口大港”。被誉为“中国油画第一村”的大芬油画村，是

① 《深圳文化出口居前列　核心文化产品和服务出口占全国六分之一》，人民网，http://sz.people.com.cn/n/2014/0516/c202846-21218460.html，2014年5月16日。

目前全国最大的商品油画生产、交易基地，也是全球重要的油画交易集散地，实现年产值40多亿元，近半产品远销海外；罗湖区水贝街区珠宝产业基地，已汇聚了1500多家黄金珠宝企业，形成了完整的产业链，基地出口额占全国的60%以上；笋岗工艺礼品城是国内目前最大的工艺礼品展示、交易和出口基地。[①]

（三）政策环境

2019年，深圳修订完善了《深圳市关于加快文化产业创新发展的实施意见》，出台了文化产业创新发展和创意设计高质量发展的政策措施，鼓励做大时尚设计、工业设计、建筑设计等产业，培育发展影视、动漫、数字出版等产业，擦亮华侨城创意文化园、大浪时尚小镇等品牌。制定了《深圳市文化产业专项资金资助办法》，提出拨付文化产业资金1.52亿元，支持文化企业和产业园区发展，重点加强对影视、动漫和数字出版等领域的扶持；推进华侨城创意文化园和大浪时尚小镇加快建设特色文化街区，完善功能配套，提升品牌影响。

二 2019年深圳市文化金融发展资本动态

（一）私募股权融资

1. 私募股权融资规模总计84.09亿元，同比减少54.41%

2019年，受国内监管政策变化的影响，我国私募股权市场整体进入了募资难、市场分化，并向头部机构集中的新周期。“僧多粥少”的状况从募资市场传导至企业融资端，机构投资策略更为谨慎，文化金融市场的表现尤

① 深圳市文化广电旅游体育局网站（http：//wtl. sz. gov. cn/ztzl_ 78228/tszl/whcy/shgg/201912/t20191203_ 18903406. htm）。

为突出。2019 年，深圳文化企业所获私募股权投资金额为 84.09 亿元，同比减少 54.41%。融资案例数量也大幅减少，2018 年为 448 起，2019 年为 182 起，同比减少 59.38%（见图 1）。[①]

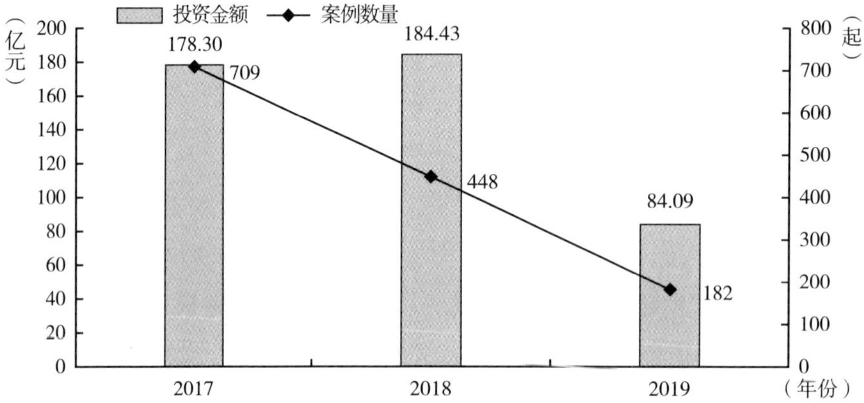

图 1　2017～2019 年深圳文化企业所获私募股权投资金额与案例数量

数据来源：私募通及笔者根据相关资料整理。

2. 扩张期融资最多，占总融资的87.25%

2019 年，分阶段来看，成熟期融资案例数量与融资规模双双最低，融资案例数量为 14 起，融资金额为 1.76 亿元。扩张期融资案例数量与融资规模双双最高，融资案例数量达到 110 起，融资金额达到 73.37 亿元，占 2019 年全部融资金额的 87.25%（见图 2）。

3. 文化与互联网的融合持续加速，以互联网为代表的新兴文化产业所获投资金额较多

2019 年深圳文化产业与互联网的融合正在持续加速。私募通数据显示，

① 数据来源为私募通，所选行业具体包括造纸及纸制品业，印刷业和记录媒介的复制，文教体育用品制造业，制浆和造纸专用设备制造，印刷专用设备制造，广播电视设备制造，家用视听设备制造，文化、办公用机械制造，工艺美术品制造，其他电信服务，互联网信息服务，广播电视传输服务，卫星传输服务，文化、体育用品及器材批发，文化、体育用品及器材专门零售，文化及日用品出租，广告业，知识产权服务，会议展览服务，包装服务、摄影扩印服务，文化、体育和娱乐业等国标二级或三级行业分类。

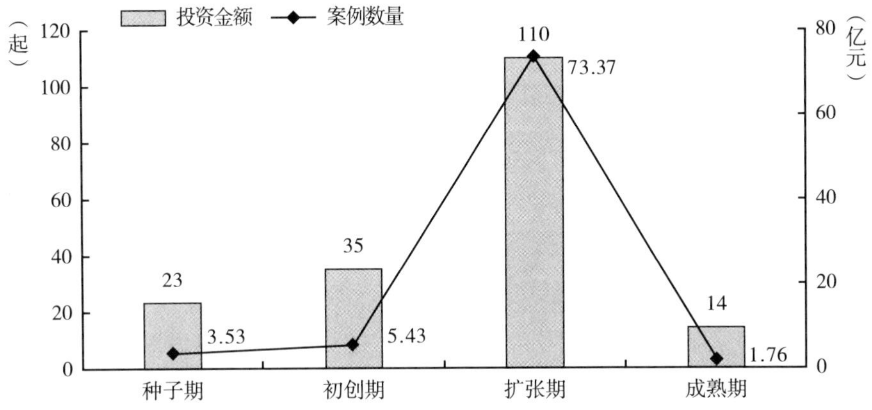

图 2　2019 年深圳文化企业各阶段所获私募股权投资金额与案例数量

数据来源：私募通及笔者根据相关资料整理。

2019 年，深圳文化产业中的互联网行业投资金额为 72.57 亿元、电信及增值行业投资金额为 8.84 亿元、娱乐传媒行业投资金额为 2.69 亿元（见图 3）。互联网行业投资金额是电信及增值业务行业投资金额的 8 倍多，是娱乐传媒行业投资金额的近 27 倍。

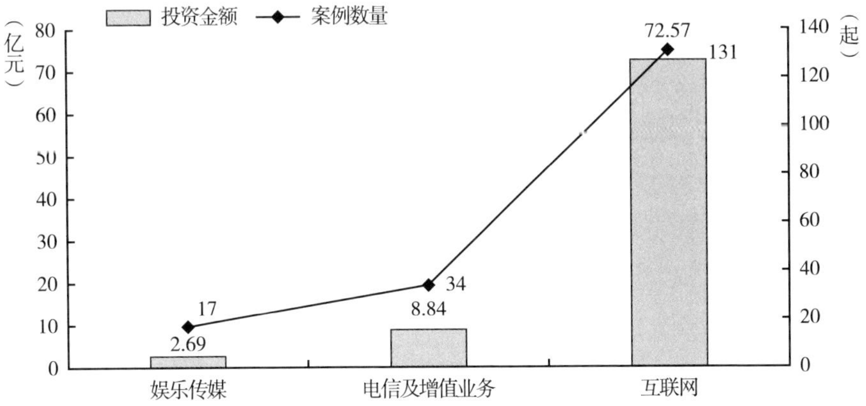

图 3　2019 年深圳文化企业分行业所获私募股权投资金额与案例数量

数据来源：私募通及笔者根据相关资料整理。

（二）上市融资

截至2019年底，深圳共有上市公司34家[①]，其中A股23家、港股9家、美股2家。代表性文化公司有腾讯控股（游戏）、腾讯音乐（互联网文娱）、华侨城A（旅游）等。

1. 2019年上市公司IPO融资案例数量与2018年持平，融资规模略有减少

2019年，深圳共有3家文化企业IPO上市，合计融资规模为22.95亿元。三家公司分别是在香港联交所上市的中手游和禅游科技，以及在A股创业板上市的新城市。中手游的融资规模为15亿元，远超过其他两家融资规模之和。与2018年相比，2019年IPO融资规模略有降低（见图4）。

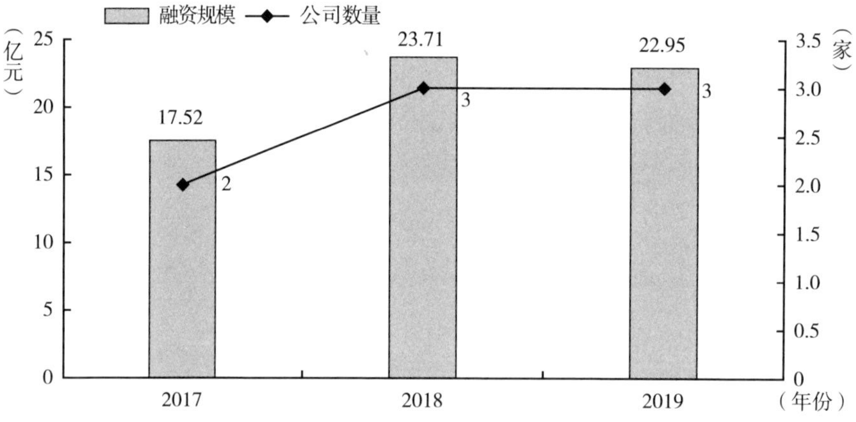

图4　2017～2019年深圳市文化产业上市公司IPO融资规模及数量

数据来源：Wind资讯及笔者根据相关资料整理。

① 本报告依据与文化相关的主营业务是否超过30%来判断是否属于文化产业上市公司。34家公司分别为腾讯控股、华夏文化科技、华侨城A、麦达数字、惠程科技、劲嘉股份、天威视讯、齐心集团、美盈森、漫步者、兆驰股份、奋达科技、易尚展示、裕同科技、周大生、中手游、博雅互动、第七大道、A8新媒体、创梦天地、深大通、火岩控股、禅游科技、中青宝、佳创视讯、联建光电、盛讯达、冰川网络、丝路视觉、杰恩设计、新城市、大晟文化、腾讯音乐、迅雷。

2. 2019年上市公司定增融资依旧遇冷，全年仅1家公司定增

2019 年，深圳市仅有齐心集团 1 家上市公司定增，融资规模为 9. 60 亿元。与 2018 年相比，定增次数相同，融资规模较高。与 2017 年相比，2019 年融资规模小很多，2017 年，深圳市有 3 家企业定增，融资规模为 36. 60 亿元（见图 5）。总体来看，2019 年与 2018 年类似，定增市场依旧遇冷。

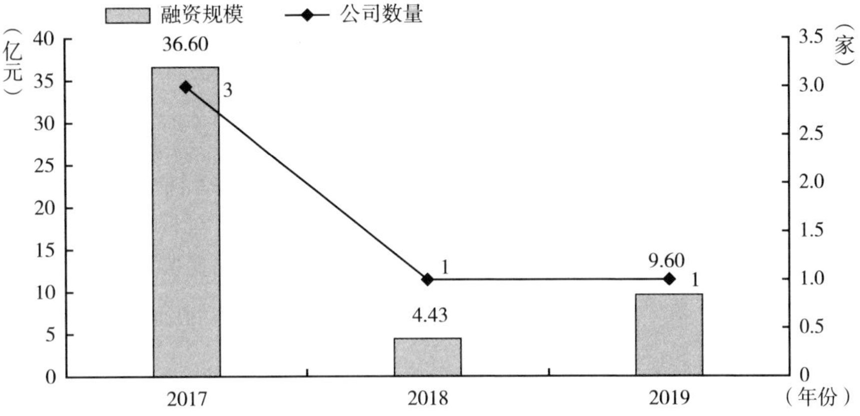

图 5　2017～2019 年深圳市文化产业上市公司定增融资规模及数量

数据来源：Wind 资讯及笔者根据相关资料整理。

3. 2019年上市公司新发行债券融资规模为25亿元，约为2018年的1/4

2018 年和 2019 年，深圳文化产业新发行债券融资企业数量都仅为 1 家，且都为华侨城 A 这一上市公司。债券融资规模上，2018 年融资规模为 95 亿元，2019 年融资规模为 25 亿元（见图 6）。2019 年融资规模约为 2018 年的 1/4。

（三）新三板融资

1. 2019年新三板定增融资金额降至史上最低，仅为1. 01亿元

2019 年，深圳文化企业在新三板定增市场遭遇史上最冷寒冬。融资规模仅为 1. 01 亿元，不仅低于 2018 年的 1. 20 亿元，也低于 2014 年新三板初创时期的 2. 24 亿元（见图 7）。与新三板市场火热的 2015 年以及 2017 年

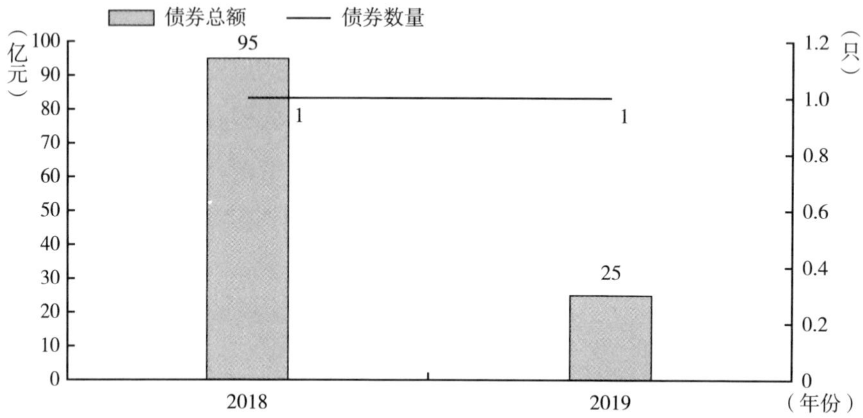

图6　2018～2019年深圳市文化产业上市公司新发债券总额与数量

数据来源：Wind资讯及笔者根据相关资料整理。

比，相差甚远。案例数量也与融资规模类似，也是史上最低，2019年融资的案例数量仅为3起。

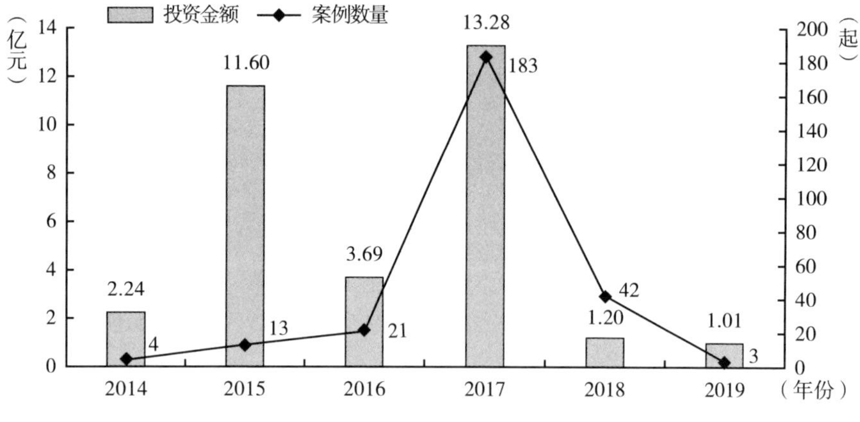

图7　2014～2019年深圳文化产业企业新三板投资金额及案例数量

数据来源：私募通及笔者根据相关资料整理。

2. 分行业看，互联网行业所获投资较多，广播电视及数字电视行业所获投资较少

近年来，文化产业线上与线下的结合越发明显。尽管2019年文化产业

新三板投资案例数量仅为 3 起，但其中有 2 起都投向了互联网行业，仅有 1 起投向广播电视与数字电视行业。相应的，互联网行业投资金额为 0. 85 亿元，广播电视与数字电视行业投资金额为 0. 16 亿元（见图 8）。

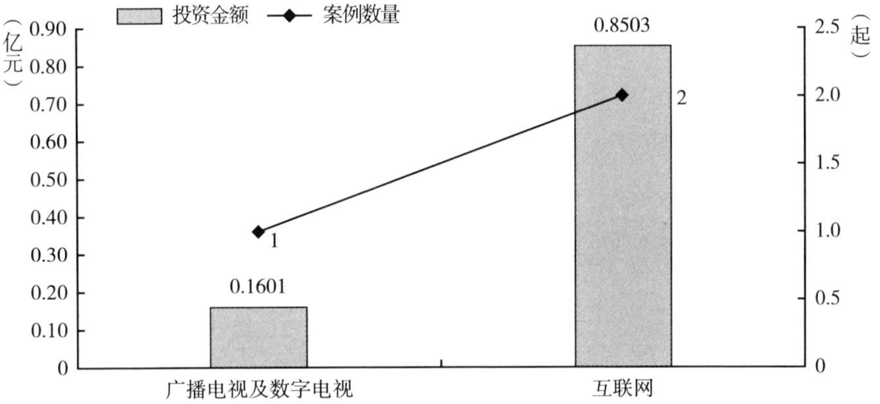

图 8　2019 年分行业深圳文化企业新三板投资金额及案例数量

数据来源：私募通及笔者根据相关资料整理。

三　深圳市文化金融服务及产品创新案例分析

（一）服务创新

1. 文化体制改革，审批事项大幅减少

近年来，深圳市文化主管部门认真贯彻落实党中央、国务院、广东省委以及深圳市委的决策部署，积极主动并深入推进“放管服”改革，大力转变政府职能，持续优化文化产业营商环境。在文化体制方面，持续推进简政放权，编制事中事后监管清单 31 项。加强文化类社会组织管理，登记前置审核、年审等工作进一步规范。推进证照分离改革，试点实施改革事项和监管措施 17 项。全面推进政务服务事项标准化，所有政务服务事项办理时限压缩 50% 以上，网上办理事项增加至 71 个，网上全流程审批事项增加至 6

个，行政许可即来即办事项增加至 7 项，即办率达 17%，行政审批与服务更加高效便捷。

2. 成立媒体资产托管运营平台等多个文化艺术资产托管运营平台

媒体资产托管运营平台是在 2019 年第十五届中国（深圳）国际文化产业博览交易会上正式宣布成立的。该平台由深圳文化产权交易所参照文化企业国有产权指定进场交易原则成立，是深圳文化金融在版权领域的又一实践探索。媒体资产，通常指各类媒体和制作方产出的视频作品，目前，完整的版权内容被自媒体及 MCN 机构分割成任意时长的短视频，通过加工和再生产，被广泛使用及传播，产生了巨大的流量价值。但拥有版权的原创者，却无法分享流量所带来的经济收益。媒体资产托管运营平台通过媒体资产使用权进行交易，可以解决版权资产的“盗版”和“侵权”问题。除媒体资产托管运营平台外，深圳还成立了话剧资产托管运营平台、文旅资产托管运营平台、音乐资产托管运营平台、影视资产托管运营平台等多个文化艺术资产托管运营平台。

3. 成立文化艺术品版权区块链应用基地、文旅区块链应用中心等区块链应用平台

一直以来，文化艺术品流通环节的侵权问题困扰着文化产业的健康发展，因此，如何保护艺术品的知识产权是文化艺术品市场从业者所要解决的首要问题。借助区块链技术，可以解决艺术品中的知识产权问题。具体而言，运用区块链技术，有效记录文化资产的确权、确价、确真、确信等信息，通过区块链技术实现文化资产的信息全节点存储，确保文化资产的流转有序，实现文化资产信息的不可逆和不可篡改。

在“文化 + 区块链”的应用上，深圳一直走在前列。2018 年以来，深圳陆续成立了文化艺术品版权区块链应用基地、文旅区块链应用中心等机构平台。以艺术品资产、文旅资产数字化为核心，借助区块链技术重构艺术品以及文旅产业生态应用体系，盘活艺术品以及文旅产业资源，加速艺术品以及文旅资产流通。解决了一直以来困扰文化艺术领域行业发展的艺术品以及文旅资产的征信、确权和溯源问题。

（二）产品创新

1. 创新银行信贷产品

为支持文化产业发展，深圳市陆续成立了多家文化银行。以建设银行“文化创意特色银行”为例，针对深圳不同阶段文化企业的特征，深圳建行配套了相应的不同产品。针对初创期文化企业，有抵押品的企业可以选择“云快贷”产品；没有抵押品的企业可以选择“云税贷”产品，凭纳税累计信用，可获得纯信用贷款额度。针对成长期文化企业，以“见保即贷”“文创商会贷”“助保贷”等产品通过自有资产、专利产品、著作权、商会担保等灵活匹配为企业“输血通脉”。而对于上市（拟上市）企业，采取并购基金、股权投资基金、股票质押、定增配资等助力企业充分释放能量。

2. 创新文化保险产品

近年来，为支持深圳文化产业发展，中国人民财产保险股份有限公司、中国太平洋财产保险股份有限公司、中国出口信用保险公司等主动作为，陆续开发了文化企业信用保证保险、文化企业知识产权侵权保险、文化活动公共安全综合保险等 11 种文化保险。通过提供风险保障、发挥投融资功能，支持文化产业发展繁荣。为了鼓励文化企业购买保险化解风险，深圳市政府积极发挥作用，对购买保险的文化企业按照相关制度提供补贴，企业在向试点保险公司投保试点险种并支付了相应的保险费之后，凭保险合同和支付保险费的有关资料申请报销。

3. 创新“影视项目融资”产品

影视项目大多具有轻资产的特征，难以通过不动产抵押获得贷款。为推进深圳影视行业高质量发展，杭州银行开发出“影视项目融资”这一产品，为影视项目的主控方、承制方或发行方提供信用贷款、应收账款质押融资和版权质押融资等。目前，杭州银行已经实现影视项目融资客户数量超百户，累计融资超 30 亿元。受益于杭州银行“影视项目融资”产品，深圳日月星光传媒有限公司 2019 年成功制作综艺节目《这！就是灌篮第二季》，并顺利在浙江卫视、优酷等平台播出。

四 深圳市文化金融高质量发展中存在的问题以及政策建议

（一）深圳市文化金融高质量发展遇到的问题

1. 文化产业大而不强，行业龙头企业数量不多

文化金融是文化和金融“两条腿走路”，不仅强调金融创新、金融支持，也要求文化产业本身高质量发展，不存在明显短板。近年来，虽然文化产业有了很大的进步，已经成为支柱性产业，但是总体来看，深圳文化产业是大而不强，文化产业规模总体偏小，行业龙头企业不多。除了腾讯科技（深圳）有限公司、华侨城集团有限公司和华强方特集团等国内外知名企业外，规模和实力可以与国际知名文化创意产业标杆企业竞争的骨干企业还有待成长。这在一定程度上，限制了文化金融的发展规模。

2. 文化金融发展遇瓶颈，有待进一步创新文化金融产品和服务

近年来，深圳金融支持文化产业创新举措频频。例如，深圳文化产权交易所先后成立了中国文化产权登记备案平台、文化艺术资产托管运营平台、艺术品资产托管运营平台、中国古建民居资产托管运营平台等平台；先后开展了区域股权市场中介服务、文化和旅游产业专项债中介服务，部分缓解了深圳文化企业的融资约束。然而，调研走访发现，深圳文化企业融资难、融资贵现象仍旧较为普遍。文化金融发展进入了瓶颈期，文化金融工具及产品的创新力出现了下降的趋势。

3. 文化产业以及文化金融产业人才缺乏

文化企业的本质特征是创新、创意和创造，而这些对人才的要求就尤为迫切，因此人才对于企业的发展至关重要。近年来，虽然深圳市政府积极制定实施了各类人才政策，但是文化产业以及文化金融产业整体上仍有强烈的人才短缺感。目前，深圳文化产业人才总量较大，但大多集中在附加值较低的产业链中低端，文化产业从业人员基本上是创意设计、美术工作者，懂文

化和经营的人才少，懂金融的更少。高层次人才缺乏，人才结构性短缺。人才缺乏是目前文化以及文化金融产业发展较大的瓶颈。

（二）政策建议

1. 提升产业端硬实力，有效配置金融资源

文化企业只有持续推出高品质的文化产品和提供高水平的文化服务，才能得到消费者的认同，才能实现市场价值。5G时代背景下，文化产业不仅仅要与互联网紧密结合，更要与大数据、云计算、虚拟现实、人工智能、区块链等技术相结合。企业要时刻保持创新，要在商业模式或技术上走在前沿，提升产业端硬实力，有效配置金融资源。要让金融资本主动找上门来，而不是被动地去找金融资本。在企业提高自身硬实力的同时，政府也要发挥相应的作用。政府应建立长效机制，协助解决企业的人才培养和引进问题。

2. 进一步推动文化金融供给侧改革，使资本端与产业端有效匹配双方资源

鉴于深圳文化金融发展陷入瓶颈，政府应当进一步推动深圳文化金融供给侧改革，建设全方位投融资体系，使资本端与产业端有效匹配双方资源。在金融体制与环境方面，进一步深化文化金融体制机制改革，持续优化文化企业营商环境，减少审批事项。在金融产品和服务方面，鼓励金融机构开发更多更好的金融产品、提供更为优质的服务，进一步解决文化小微企业融资难、融资贵的问题。在拓宽融资渠道方面，提高直接融资占比，通过政府撬动杠杆，牵引民间资本设立引导基金、母基金、VC/PE基金、产业基金。支持文化企业通过发行债券、股票等方式在国内外资本市场筹集资金。

3. 加强文化金融公共服务，加大财政对文化金融合作的支持力度

利用信息时代人工智能、大数据等技术手段，完善文化企业信用体系建设，推动信用信息基础数据互联互通，促进文化企业与金融机构之间的信息联通。市、区两级政府在文化产业发展专项资金中安排专门资金，不断加大对文化金融合作的扶持力度，充分发挥财政资金的引导示范效应和产业扶持作用，完善和落实贷款贴息、保费补贴等政策措施，引导金融资本投向文化

产业。优化和完善文化产业贷款风险分担补偿机制，为文化企业融资提供风险屏障。

参考文献

[1] 刘文斌：《2018 年深圳文化体制改革综述》，载王为理主编《深圳文化发展报告（2019）》，社会科学文献出版社，2019。

[2] 清科研究中心：《2019 年中国股权投资市场回顾与展望》，http：//www. 199it. com/archives/1006308. html。

[3] 杨涛、金巍主编《中国文化金融发展报告（2019）》，社会科学文献出版社，2019。

[4] 陈能军：《“文化 + 金融”不是机械合作，而是新的产业动力机制》，《南方都市报》2016 年 12 月 16 日。

[5] 申海成、陈能军、张蕾：《深圳文化金融全产业链平台构建路径研究》，《现代管理科学》2018 年第 10 期，第 36 ~ 38 页。

B.13

2019年南京市文化金融发展分析报告

缪大伟　冷 蕾*

摘　要： 近年来，南京市积极探索金融服务中小微文化企业的“南京模式”，通过强化顶层设计引导、推动金融工具协同发力、促进专业平台高效赋能、深化模式和业态创新等实践在文化金融发展方面取得了较好的成效，文化金融发展深度融合、文化金融资本高效对接、文化金融服务体系不断完善、文化金融生态圈成效初显。但也应看到，南京市的文化金融仍然存在普惠化服务有待进一步增强、高端人才有待进一步培养、评估体系有待进一步完善、区域联动有待进一步加强等问题。下一步，南京市将着力于高效率提升服务，加快打造文化金融高端化的服务示范窗口；高质量融合创新，加快打造文化金融高能级发展的创新品牌；高标准平台构建，加快打造文化金融服务高品质的生态圈典范；高水平区域联动，加快打造文化金融强链接性的区域联盟新高地。

关键词： 文化金融　文化产业　南京模式

一　南京市文化金融发展环境

南京市作为国家级文化和科技融合示范基地，始终积极探索金融服务中

---

* 缪大伟，南京文化金融服务中心主任。冷蕾，南京文化金融服务中心行政主管。

小微文化企业的“南京模式”。为推动文化产业与金融产业全面对接，南京市从顶层设计入手，建立和完善具有南京特色的文化金融合作政策体系，发挥政策指引和组织协调优势。

（一）政策环境

1. 积极融入南京城市发展战略，政策的纵向衔接性和贴合性突出

南京文化金融政策无论是政策站位还是内容设计都十分注重与南京城市发展战略纵向衔接。从2006年“创新型城市”的提出到“人才和创新创业名城、中国软件名城”再到“具有全球影响力的创新名城”，南京坚持以创新作为核心驱动力的城市发展模式，市委、市政府于2018年、2019年连续两年将科技创新写入“一号文件”。在此之下，市委、市政府多部门积极协同推动文化科技相关政策出台，多措并举为南京文化科技创新赋能。如2013年南京制定全国首份《文化科技融合发展规划》，2014年出台《南京市文化科技企业管理办法》，2017年出台《南京市政府关于加快科技金融体系建设促进科技创新创业的若干意见》等，政策贴合性突出。2019年4月，南京市人民政府印发《南京市创新创业贷款实施办法》，提出市财政设立总额为10亿元的资金池，明确代偿比例，对贷款增量给予补贴，鼓励合作银行向小微企业发放基本利率贷款。“宁创贷”政策的推出，是在南京文化科技金融政策实践成功的基础上，进行的政策再升级，由文化科技产业政策推广为普惠政策，是文化科技金融政策实践成功的创新发展。

2. 形成覆盖文化金融服务链的政策网络，政策的延续性和激励性明显

为满足不同文化企业特别是广大中小微文化企业的金融需求，南京相继出台了一系列促进文化金融发展的政策（见表1）。这些“激励与松绑”“加法与减法”并重的政策“组合拳”覆盖文化金融服务全过程、全链条，旨在推动产业与金融的有机衔接，为南京文化和金融体制机制改革创新、文化金融发展提供了有力政策保障。

表 1　近年来南京市文化金融发展主要政策文件

政策类别	年份	政策名称
文化金融综合类	2013	南京市文化与科技融合发展规划纲要(宁文改发〔2013〕2 号)
	2013	南京市文化产业投融资体系建设计划(宁委宣通〔2013〕56 号)
	2014	关于全面深化金融改革创新发展的若干意见(宁政发〔2014〕172)
	2014	南京市创建“全国文化金融合作试验区”工作方案(宁委宣通〔2014〕49 号)
	2014	关于深入推进文化金融合作的意见(文产发〔2014〕14 号)
综合金融类	2016	南京市股权质押融资风险补偿专项资金
	2017	南京市融资担保风险分担试点工作实施办法
	2017	南京市融资性担保业务补助实施办法
文化银行类	2013	关于鼓励和促进文化银行发展的实施办法(试行)(宁委宣通〔2013〕64 号)
	2015	关于授予工商银行新城科技支行等五家单位“南京文化银行”的通知(宁文改发〔2015〕1 号)
	2016	南京市文化银行综合考核实施办法(宁金融办银〔2016〕3 号)
	2017	关于授予江苏紫金农村商业银行科技支行和招商银行南京分行城东支行“南京文化银行”的通知(宁金融办银〔2017〕5 号)
风险补偿资金和文化征信贷类	2015	南京市文化银行贷款风险代偿操作细则
	2016	关于设立“文化征信贷”风险补偿资金池的通知(宁委宣通〔2016〕17 号、宁财教〔2016〕133 号)
	2016	南京市股权质押融资风险补偿专项资金
	2017	关于“文化征信贷”风险补偿资金比例调整的通知(宁委宣通〔2017〕45 号)
	2018	南京市科技(文化)银行贷款利息补贴、增量补贴和风险代偿操作细则(宁金融办银〔2018〕5 号)
贷款利息补贴类	2017	南京市科技(文化)银行贷款利息补贴、增量补贴和风险代偿操作细则(宁金融办银〔2018〕5 号)
	2019	关于印发南京市创新创业贷款实施办法的通知(宁政办发〔2019〕19 号)
基金与股权投资类	2014	南京市文创天使跟投引导基金管理暂行办法(宁财规〔2016〕2 号)
	2016	南京市小微企业应急互助基金实施暂行办法(宁政办发〔2014〕132 号)
	2017	南京市新兴产业发展基金实施方案(试行)(宁政办发〔2017〕136 号)
	2018	南京市关于扶持股权投资机构发展促进科技创新创业的实施细则(试行)
	2018	南京市级科技创新基金实施细则(试行)

续表

政策类别	年份	政策名称
金融服务券类	2014	南京市中小微文化企业金融服务券实施管理办法(试行)(宁委宣通〔2014〕50号)
专项资金类	2018	南京市服务业发展专项资金管理办法(宁财规〔2018〕5号)
	2019	南京市文化发展专项资金(产业类)管理办法(宁委宣通〔2019〕58号)
科技金融类	2015	南京市科技银行创新发展实施办法(宁金融办〔2015〕1号)
	2015	南京市科技保险创新发展实施办法(宁金融办〔2015〕2号)
	2017	南京市政府关于加快科技金融体系建设促进科技创新创业的若干意见(宁政发〔2017〕142号)

(二)产业环境

1. 文化产业加速发展，年复合增长率达11.87%

近年来，南京市在推动文化建设、提升文化产业能级上持续发力。文化产业增长迅速，增加值从2012年的367亿元增加到2019年的900亿元，年复合增长率达11.87%，占GDP的比重也从5.1%增加到6.5%（见图1）。

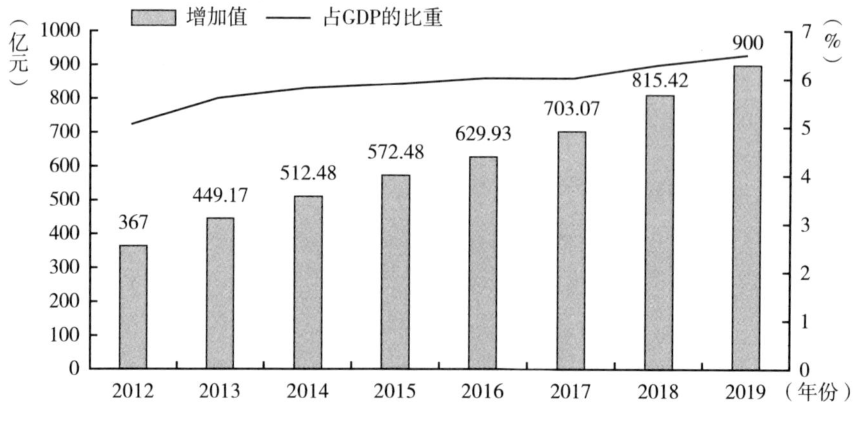

图1　2012～2019年南京市文化产业发展情况

2. 市场主体迅速成长，增幅位居全省之首

围绕建设“创新名城”“美丽古都南京”，南京确立了“文化＋科技”

“文化+旅游”“文化+创意”“文化+金融”四个“文化+”融合发展方向，全力打造具有鲜明南京特色、金陵文化气质的文化产业高地。在此之下，南京文化企业迅速成长。2018年，全市各类文化企业约有3.5万家，其中规模以上企业有1693家，增幅居全省之首，40家企业被认定为省级“文化科技重点企业”。扶持凤凰传媒、江苏有线、幸福蓝海、莱绅通灵等企业上市；龙虎网、阿法贝、联著实业等九家文化企业在“新三板”挂牌上市；途牛旅游在美国纳斯达克成功上市。

3. 载体功能不断拓展，形成文化产业支撑新局面

目前南京市已经打造了12个国家级、26个省级、61个市级文化产业园区。这些园区不仅形成人才、企业、产业的聚集效益，而且成为推动南京文化产业繁荣发展的主要动力和引擎。在推进文化产业融合发展方面，南京的一个成功探索则是建设公共服务平台。目前，南京已建成服务门类齐全的文化产业服务平台，包括在全国率先建成具有先进性和示范性的南京文化金融服务平台、“创意南京”文化产业融合公共服务平台、文化产业人才服务平台、南京全媒体矩阵平台、文化企业孵化平台、成果转化平台等。这些平台体系通过专业化服务为各类文化企业与各种资源的链接提供了全面支撑。

二　南京市推动文化金融创新协同发展的实践探索

（一）强化顶层设计引导，文化金融发展深度融合

文化金融服务是一项系统工程，南京市在推动文化金融工作方面明确了“政府引导、市场驱动、资源整合、平台搭建、多方共赢”的基本原则，积极探索政策引导金融产业服务文化企业的创新路径。

1. 系统设计，明确目标定位

南京已在顶层设计上系统化地形成了极具南京特色的文化金融合作政策体系，以有效打通文化金融发展的“堵点和痛点”。为积极落实政策，南京始终明确优先服务中小微文化企业的目标定位。如在全国率先推出中小微文

化企业金融服务券，建设全国首个中小微文化企业大数据信用评价系统，推出中小微文化企业“梧桐计划”，初创期、成长期文化企业享受全市文化金融扶持政策，鼓励文化银行探索适合中小微文化企业特点的金融产品等，以促进全市中小微文化企业健康快速成长。

2. 架构创新，打造金融服务集团

南京文化金融服务中心作为全市文化金融资源融合对接平台，为全市文化企业提供高效金融服务。为进一步提升平台服务功能，做大文化金融企业集群，依靠南京市文化投资控股集团探索组建南京文化金融服务集团。文化金融服务集团以南京文化金融服务中心为核心，通过股权投资联动已有的南京文投股权投资管理有限公司、南京市金陵文化科技小额贷款有限公司、江苏省文化产权交易所等公司，以及正在逐步推进设立的新金融业态，组成功能更强大、资源更聚集的金融服务平台，在既有的文化金融服务成功模式的基础上，进一步完善文化企业债权融资、股权融资、风险投资服务体系和文化资产交易平台，构建更加完善的金融服务链条，满足不同发展阶段和发展规模文化企业的金融需求，构建了一站式文化金融综合服务平台。

3. 信息整合，匹配金融需求

为更好服务文化企业，南京市通过四大举措助力信息整合，帮助企业快速匹配金融需求。一是建立全市文化产业统计名录库，定期公布全市文化产业统计指标，以文化企业大数据资料为基础，对企业发展环境和市场需求趋势变化进行研究，并为企业发展提供指导服务。二是建立全国首个文化产业政策查询库。共收录近5年来国家、江苏省、南京市正式发布的与文化发展相关的政策文件，共计233份，涉及文化体制改革、文化产业促进、对外文化贸易、文化金融合作、中小微文化企业等各个方面，企业根据需求可以快速查询到相应的依据。三是建立南京文化消费大数据中心和南京文化产业大数据中心，通过消费端和产业端两相借力，共同搭建起南京文化大数据中心，以深化文化企业产业链资源对接。四是构建文化企业信用评价系统，在全国率先应用服务于中小微文化企业的客观信用报告，被文化部评选为国家文化创新工程项目。截至2019年12月末，累计实现406户文化企业拜访，录入企业数据282户，完成测评191户，出具信用报告177份，35户企业完成授信放款，合计4050万元，户均115.71万元。

（二）推动金融工具协同发力，文化金融资本高效对接

文化企业是典型的以文化创意设计、人脑智力思维为主的“轻资产”型企业，在经营发展中对资金的获取更加困难。南京以银行、保险、基金等多业态的文化金融机构和特色产品研发构筑文化金融发展的“四梁八柱”，将创投、担保和信贷相结合，成立“投保贷联盟”，逐渐从单一融资手段向组合式文化金融模式深化，进一步强化了文化企业与金融资本之间的融通和互动。

1. 文化银行产品与服务模式迭代创新

通过自主申报，南京市文化改革发展领导小组先后三批招标遴选并授牌10家银行为南京文化银行。各文化银行根据文化产业的经营特征，创新探索符合文化企业特点的金融服务方案。

中国银行江苏省分行针对性开发“文化项目出口贷款”和“中银文化贷”，主动为资质良好、竞争力强的文化企业配置信用额度。

招商银行南京分行创新推出“服贸贷”，针对传媒、文化、旅游、通信等现代服务业，提供额度500万元以内的信用贷款。

北京银行南京分行相继推出“版权贷”“商标贷”“永续贷”，2019年再加推中小微文化企业续贷产品，丰富了无还本续贷的系列产品，延长了贷款期限，降低了贷款利率，放宽了担保方式。

南京银行推出文化创意产业专属金融服务品牌——“鑫动文化”，针对文化产业周期长、价值评估难以确定等特点，设计开发演艺贷、出版贷、影视贷、动漫贷、广告贷、设计贷、文教贷、旅游贷八大系列子产品，全面满足影视制作、文艺演出、新闻出版、动漫网游等文化产业发展的融资需求。

浦发银行南京分行打造“浦文贷”产品，为南京地区轻资产型文化类企业量身定制，提供利率优惠、审批高效的流动资金贷款服务，授信额度最高可达3000万元。

紫金农商行成立科技文化专营支行，特色文化信贷产品之一是联合南京市广告协会出台的广告行业专项贷款产品——“广告服务贷”。授信方式灵活，可以通过信用、知识产权质押、固定资产抵押等多种形式，利率最低可执行 LPR，精准服务广告行业。

文化银行服务模式创新方面，南京银行积极探索由“科技银行”到“文化银行”再到“文化金融事业部”的体制转变，专门设立文化贷款专营机构，实行“全行营销，归口审批”，大幅提高了对文化产业金融支持的专业性和精准性。

北京银行南京分行首推“创客中心”服务模式，在南京市江北新区成立了江苏省内首家、全国第二家银行系众创空间——北京银行南京分行小巨人创客中心。创客中心采取三至六个月零费用的孵化机制，对入孵企业实行包括工位费、水电宽带费、物业费等全免政策，通过“行政秘书 + 创业导师 + 天使投资 + 营销协助 + 专利战略”的系统服务模式，致力于构建服务于创业企业的全生命周期的保姆系统。目前，创客中心线下已孵化 34 个文化科技企业和项目，累计举办 29 次投融资路演，近 150 个文化科技项目获得融资辅导和对接。

典型案例：南京某动漫科技有限公司是本土动漫企业，一直着力于打造原创动画 IP。创业以来，企业法人股东将名下固定资产全部变现投入企业发展。创业发展过程中，在向众多银行申请无抵押贷款无果后，通过文化金融服务中心的推荐，最终在南京银行获得信用贷款支持，以“投联贷”的方式给予其 130 万元的信贷支持，解决了企业在初创期无法提供固定资产抵押进行融资的困难。

江苏某文化产业有限公司成立于 2008 年，业务涵盖室环境艺术、博物馆展示、楼宇智能化、古建筑修缮等多个领域。近年来承担了中山陵美龄宫、梅园新村纪念馆、太平天国历史博物馆等众多展馆的设计装修施工工作，拥有良好的口碑。中行于 2014 年与企业首次建立合作关系，伴随企业发展壮大，中行主动提升授信总量，由最初的 500 万元增加至 2000 万元，由此中行成为企业最大授信合作金融机构，提供基准利率。银行低成本授信为企业的经营注入了更多活力，银行成为企业成长路上的忠实伙伴。

2. 文化小贷深耕文化产业融资服务

2013 年，南京成立了全国第一家文化小额贷款公司——南京金陵文化科技小额贷款公司。公司坚持政策性导向和市场化运作相结合，开展中小微文化科技企业小额贷款业务，融合传统信贷和风险投资的互补优势，与基金投资紧密衔接，以“债权 + 股权”的“硅谷模式”为文化、科技型中小微企业提供专业、优质、高效的金融服务。公司先后开发“剧场、影院经营行业组合担保融资”“影视制作创意类项目贷款”“艺术品质押贷款”“广告应收款融资贷款”“版权质押贷款”等文化行业定制信贷产品，累计发放贷款 41.6 亿元，发放贷款 6163 户（笔），探索了具有自身特色和创新亮点的运营模式，服务“文化强市”建设工作，促进地方文化产业升级发展。

典型案例：江苏某影视公司出品的《花开有声》第二部，情节生动，励志感人，市场前景看好，但无强担保手段。文化小贷创新使用“应收账款质押 + 资金回款账户监管”的方式发放贷款 200 万元，解决了企业的融资难题，保障了作品顺利上市。

南京某网游公司作为初创型企业，在发行手游时遇到了资金短缺，文化小贷充分调研手游企业运营特点，采取了实际控制人保证加软件著作权质押的模式，发放贷款 50 万元，缓解了客户的燃眉之急，帮助企业打开手游市场。

3. 担保、保险助力企业增信

南京遴选确定了南京银行、南京市科技创新融资担保管理有限责任公司、南京紫金融资担保有限责任公司等 6 家合作机构为中小微文化企业提供融资增信、融资担保服务。通过政策引导，建立多层次风险担保措施，提高小微企业融资增信，可能的贷款风险由担保机构、再担保机构、文化银行、市级财政分别按照 50%、20%、15%、15% 的比例共同承担，解决了文化银行的后顾之忧。此外，还遴选确定太平洋保险公司南京分公司和人保南京分公司作为首批合作保险公司，并特别针对轻资产、融资能力弱的中小微文化企业，推出信用保证保险，采取“打包承保”方式一揽子承保，为文化企业提供信用保证和风险保障。在保险保费补贴专项资金上，对购买文化保险产品的文化企业给予30%～50%的保费补贴。

（三）促进专业平台高效赋能，文化金融服务体系不断完善

2013年，南京市依托南京文投集团组建了全国首家具备综合功能的文化金融服务中心。经过多年的发展，南京文化金融服务中心发挥了巨大作用，已发展成对接多个政府职能部门的文化金融公共服务平台，有效衔接了政府、金融机构和文化企业三方，实现了南京市文化金融政策的顺畅落地，为中小微文化企业提供了多元化服务，位列全国文化金融服务模式和体系建设的前列。

1. 构建一键式信息服务网络，实现融资需求信息高效聚合

为互通融资信息和需求，解决企业和金融机构之间信息不对称的问题，文化金融服务中心构建了一键式信息服务网络。一是通过多种渠道收集全市优质文化企业资料，形成全市文化企业信息资源库。2019年已累计吸收3067家文化企业加入数据库。二是与全市12个区、27个市级文化园区、11个行业协会、84个街道和110个信息专员建立密切联系，搭建专属QQ群及微信平台，实现金融服务全覆盖。三是运用互联网大数据完善平台信息集成和在线撮合对接，打造在线服务功能，实现银行的不见面审核、中心的不见面审核、产品的线上化、微信公众号服务线上化，使文化金融的需求方和供给方在平台上通过多元对接的线上模式实现信息、收益的最大化和最高效。目前，文化企业通过文化金融服务中心获得贷款的成功率达70%以上，在获得文化银行贷款的企业中一次性贷款的企业占比为38%，多次贷款的企业占比达到62%。

2. 开展一站式融资服务，实现文化、金融、资本全面对接

文化金融服务中心开展互联网一站式融资服务，通过政策兑现服务、银

企对接会、编制文化金融服务手册等工作，积极推动文化企业高效融资，实现对全市省级以上文化产业园区投融资服务活动的覆盖。2019 年，审核企业 725 家，累计促成发放贷款 154.76 亿元，服务企业 4643 批次，户均 506.41 万元。其中基准利率贷款 63.66 亿元，占比为 41.14%；信用贷款 28.17 亿元，占比为 18.20%；初创期、成长期文化企业贷款 127.63 亿元，占比为 80% 以上。

3. 提供一体式协作服务，实现文化金融资源精准链接

文化金融服务中心不仅借助平台优势为全市中小微文化企业提供文化创意成果“展示、推广、招商”三位一体的衍生服务，还通过举办系列专业服务活动以实现文化企业和金融机构的服务对接。文化金融服务中心自 2013 年投入运营以来，已成功举办了各类对接、讲座和培训活动 100 余场，参加文化企业家 5000 余人次，接待全国各地文化行业主管部门及学者教授调研 100 余次。截至 2019 年先后举办文化金融宣讲会、投融资对接会等服务中小微文化企业 600 多批次，搭建的文创企业与文化金融的沟通及资源共享平台已颇具规模。文化金融服务中心会同“创意南京”文化产业融合公共服务平台、南京创意中心及各类行业协会组织等 40 余个平台资源，构建了信息资讯、企业资源、公共技术、创意设计、金融服务、项目对接、人力资源、行业协作、资金申报、产权交易、展会交流、产业咨询等十二个子模块，为全市广大文化企业提供线上线下综合服务。

典型案例：南京×××广告公司转型至互联网及移动互联网媒体，急需大量资金支持，但仅有一套房产可以抵押，通过文化金融服务中心组织沙龙活动，接触到南京银行，最终南京银行对其采用文化倍增贷产品，给予 600 万元的授信额度。

（四）深化模式和业态创新，文化金融生态圈成效初显

1. 打造南京文化金融智库

坚持高起点推进、高质量建设，打造高水平的综合研判和战略谋划金融

智库平台。成立专业的研究团队，以知名院校、科研机构等的专业化人才及企业的代表性人物为核心力量，立足全球视野，研究文化金融前沿问题，推动南京文化金融改革实践，为文化产业“融资+融智”。同时，增加文化交流和研修活动的开展，定期举办“文化金融人才培训班”和“南京文化金融研修班”。

2. 设立大运河（南京）文化旅游发展基金

目前，南京已有多家文化产业领域的投资基金，包括南京文创天使投资基金、江苏聚合新兴产业基金等。2019 年 7 月，南京市以江苏省大运河基金南京区域子基金的建设为契机，决定设立江苏省大运河（南京）文化旅游发展基金，作为南京市首支文化产业投资引导基金，通过引导南京市文化、旅游、体育等领域的市场化项目投资，推动南京市文化产业发展再上新台阶。基金委托南京文投集团下属投资管理平台——南京文投股权投资管理有限公司管理运作。

3. 助力“南京都市圈城市发展联盟”建设

“南京都市圈城市发展联盟”由江苏省南京、镇江、扬州、淮安和安徽省滁州、马鞍山、芜湖、宣城等 8 个城市组成。为加快南京都市圈建设，助力宁镇扬淮芜马滁宣等城市文化产业发展，在中共南京市委宣传部、南京市文化和旅游局的支持和指导下，南京市文化产业“金梧桐”奖评选活动已成功举办了三届，多个企业获得了“南京都市圈最具投资价值文化企业”奖项。该活动表彰南京都市圈城市优秀文化企业在改革创新、转型发展、做大做强、跨界融合等方面取得的突出成绩，充分发挥激励和示范作用，加强了南京都市圈各市文化产业领域联动融通，彰显了文化产业推动地方经济转型发展的强大动力。

三　推动南京市文化金融创新协同发展的对策建议

南京在文化金融方面的探索具有先发优势，但与打造具有全球影响力创新名城的要求以及市民日益增长的精神文化需求相比还有一定差距。南京文化金融的普惠化服务有待进一步增强、高端人才有待进一步培养、评估体系有待进一步完善、区域联动有待进一步加强，需要不断提升南京文化金融的创新力、影响力和辐射力。

（一）高效率提升服务，加快打造文化金融高端化的服务示范窗口

一是实现文化金融服务更加普惠。进一步完善文化企业信息资源库建设，在原有3000多家入库企业的基础上，提升录入信息的颗粒度、拓展信息的来源渠道，全面深化对接文化产业链资源。增加新功能、细化子功能，全面升级企业信息资源库。以信息资源库的建设为基础组建南京文化金融合作联盟，发挥合作联盟的行业平台作用，开展投融资对接服务，实行线上线下结合，促进文化金融服务中心的信息资源的整合利用。发展消费金融和普惠金融，持续创新消费金融产品和服务方式。

二是实现文化金融超市更加多元。以文化金融超市建设为抓手，以“文化金融政策+文化金融产品”为内容，提高政策的知晓度和覆盖面，同时提供涉及文化银行、文化创业投资机构、文化风险投资机构、文化小贷、文化保险、文化担保等的多元化文化金融产品，满足文化企业多样化的融资需求。

（二）高质量融合创新，加快打造文化金融高能级发展的创新品牌

一是发挥文学之都的名片效应。积极将文学优势转化为文化优势，抓住南京成为国内首个入选“世界文学之都”城市的契机，探索“文化+”创意方面的新模式、新业态、新路径，打造国际新标识，助推提升南京城市文化的全球传播能力。

二是借力创新名城持续发力。进一步强化创新，优化文化产业发展环境，以科技创新持续引领文化产业转型升级，加大金融创新对文化产业的支撑力度，提升文化企业核心竞争力，全面提升南京城市文化金融品牌影响力。

（三）高标准平台构建，加快打造文化金融服务高品质的生态圈典范

一是打造多层次多元化的文化金融服务体系。通过推动银行、保险、基金、担保、融资租赁、典当等多业态的文化金融机构特色产品的研发，丰富多元化产品和服务模式，从单一银行融资向组合式文化金融模式深化，建设具有行业针对性的文化金融体系，全面提高文化产业金融服务效能，优化融资环境。应对当前文化消费市场的发展需求，逐步探索文化消费金融领域产品的创新应用。

二是打造南京文化产业投融资大数据系统。建立数据源端处理层、基础数据层、研究分析层、投融资对接层等四个基本结构，采集、整理南京文化企业在股权、新三板、众筹、并购、上市、基金、信托、债权等八个文化产业资本市场的投融资数据，同时对数据实现智能分析、图表生成、报告发布等功能。

（四）高水平区域联动，加快打造文化金融强链接性的区域联盟新高地

一是高水平推动大运河文化金融发展。围绕“艺术经济与艺术金融”“大运河文化带投资”等主题，以金融之力激活文化之源。在南京举办有全国影响力的高层次文化金融活动，促进文化资源交流，持续提升文化金融“南京模式”的影响力。

二是高水平探索江北新区自贸区制度创新。江北新区肩负着国家“国家级新区、自贸区试验区、苏南国家自主创新示范区”“三区一平台”的战略定位和江苏省“未来创新的策源地、引领区、重要增长极”的重要使命，发挥自贸区政策优势，积极引导自贸区进行文化金融改革探索，最大限度地发挥改革创新的溢出效应。同时全面深化国际资本在文化产业领域的投融资合作，加强文化金融市场双向开放，推动文化企业改革。

B.14

2019年宁波市文化金融发展分析报告

张菊琴　廖先锋　陈　冲*

摘　要： 为破解文化企业“融资难、融资慢、融资贵”难题，宁波充分发挥区域文化产业发展快、民营资本活、金融生态好等优势，深入推进文化与金融合作，构建完善的文化金融生态供应链，文化与金融合作创新走在国内同类城市前列。2019年宁波市获批创建首批国家文化与金融合作示范区。本报告在分析宁波市文化金融发展环境的基础上，介绍了宁波市完善体制机制、拓宽融资渠道、创新保险服务、创新平台建设等推动文化金融发展的主要举措，分析了宁波市文化企业对接资本市场的情况，提出了存在的主要问题和对策建议，对创建国家文化与金融合作示范区做了展望。

关键词： 文化企业　文化金融　宁波

一　宁波市文化金融发展环境

（一）政策环境

宁波市文化与金融合作起步较早，2011年，宁波市政府主管部门与中

* 张菊琴，宁波市文化广电旅游局副局长。廖先锋，宁波市文化广电旅游局产业发展处（非物质文化遗产处）处长、宁波市文化艺术研究院院长。陈冲，浙江日报报业集团《江南游报》社宁波全媒体中心主任、记者。

国人民银行等金融机构联合出台了《关于金融支持文化产业发展繁荣的实施意见》。2014年4月，根据文化部、中国人民银行、财政部《关于深入推进文化金融合作的意见》的要求，宁波启动创建国家文化与金融合作示范区，实施金融服务体系构建工程，并将其纳入政府年度工作报告和市委全面深化改革重点项目。

此后，宁波市政府相关主管部门陆续出台了《宁波市“十三五”文化产业发展规划》《关于推进文化产业加速发展的若干意见》及“文化宁波2020”四大建设计划等10余个政策文件（相关政策文件见表1），为金融支持文化产业指明了方向，文化产业发展的政策环境不断优化。

表1　宁波市文化金融发展的重要政策文件

年份	文件名称	文号	出台部门
2011	关于金融支持文化产业发展繁荣的实施意见	甬银发〔2011〕80号	中共宁波市委宣传部、宁波市政府金融工作办公室、中国人民银行宁波市中心支行、宁波市财政局、宁波市文化广电新闻出版局、宁波银监局、宁波证监局、宁波保监局
2013	关于印发《宁波市文化广电新闻出版产业扶持引导资金管理办法（试行）》的通知	甬文广新〔2013〕157号	宁波市文化广电新闻出版局、宁波市财政局
2015	关于推进文化产业加快发展的若干意见	甬党发〔2015〕16号	中共宁波市委、宁波市人民政府
2015	关于建设保险创新综合示范区的实施意见	甬政发〔2015〕20号	宁波市人民政府
2015	关于印发宁波市文化产业发展三年行动计划（2015～2017年）的通知	甬政发〔2015〕56号	宁波市人民政府
2015	关于进一步推进企业挂牌上市和上市公司兼并重组加快发展的意见	甬政发〔2015〕89号	宁波市人民政府
2015	关于加大政策支持力度深化科技金融融合和文化金融合作的意见	甬银发〔2015〕91号	中国人民银行宁波中心支行、宁波市文化广电新闻出版局、宁波市科技局

续表

年份	文件名称	文号	出台部门
2016	关于印发《宁波市文化产业发展专项资金管理办法》的通知	甬文改办〔2016〕12号	宁波市文化体制改革和发展工作领导小组办公室、宁波市财政局
2016	关于建设普惠金融综合示范区的实施意见	甬政发〔2016〕30号	宁波市人民政府
2016	关于印发宁波市文化广电新闻出版局"十三五"文化发展规划的通知	甬文广新〔2016〕158号	宁波市文化广电新闻出版局
2016	关于印发《宁波市"十三五"文化产业发展规划》的通知	甬发改规划〔2016〕518号	宁波市发展改革委、中共宁波市委宣传部
2019	关于印发《"书香宁波2020"建设计划》《"影视宁波2020"建设计划》《"音乐宁波2020"建设计划》《"创意宁波2020"建设计划》的通知	甬党办〔2019〕31号	中共宁波市委办公厅、宁波市人民政府办公厅
2019	关于重新修订印发《宁波市文化产业发展专项资金管理办法》的通知	甬文改办〔2019〕10号	宁波市文化体制改革和发展工作领导小组办公室、宁波市财政局

资料来源：根据公开资料整理。

为及时释放相关政策红利，宁波市建立文化、金融、财政等多部门沟通协调机制，定期研究文化金融发展问题。市级文化部门发布文化产业投资指导目录，与10家银行签订战略合作协议。人行市中心支行专列再贷款、再贴现额度，突出对文化金融合作的定向支持。市财政局设立文化产业发展专项资金、文化与金融合作示范区创建资金，总规模超过2亿元，采取贷款贴息、项目补助等形式支持文化产业发展。

经过5年多的努力，宁波打出了一套"组合拳"，形成了"优政策、建体系、搭平台、强服务"的发展路径，促成了文化产业和金融业的共生共赢、融合发展。2019年12月9日，文化和旅游部办公厅、中国人民银行办公厅、财政部办公厅联合复函，同意宁波创建国家文化与金融合作示范区，创建周期2年，全国仅2个城市，另一个是北京市东城区。

（二）文化产业发展概况和特点

作为计划单列市、"一带一路"重要支点城市，宁波多年来一直走在改革创新的前沿，先后被授予"东亚文化之都""全国首批文明城市""国家首批文化消费试点城市"，是国家首个保险创新综合试验区、普惠金融综合示范区，目前正创建国家"一带一路"建设综合试验区，高水平建设"17+1"经贸合作示范区。

宁波自2003年被纳入国家文化体制改革试点地区以来，全市文化产业经历了从无到有、从小到大、从自发到自觉的发展过程，文化产业已经成为宁波经济的支柱性产业。

文化产业规模持续扩大。2019年，宁波市文创产业增加值达到916.00亿元，比上年增长15.4%，占全市GDP的比重为7.64%，其中规模以上文创产业增加值为639.4亿元，占全部文创产业增加值的比重为69.8%；全市接待游客1.4亿人次，同比增长12.1%；实现旅游总收入2330.99亿元，同比增长16.2%。

文化产业结构不断优化。宁波高端文化制造业实力强劲，总量连续多年居浙江省首位。与此同时，经过多年发展，全市广电影视服务、文化休闲娱乐、文化艺术服务等发展不断提速，新兴文化业态逐步兴起，文化创意和设计服务业不断壮大，文化与其他产业加速融合。

文化产业集群趋势明显。文化骨干企业数量大幅增加，文化产业园区和基地规划建设稳步推进，文化产业规模化、集约化、专业化水平不断提高。2019年底，全市规模以上文化企业超过1000家，拥有国家文化产业示范基地3家、省级文化产业示范基地9家；2019~2020年国家文化出口重点企业10家，文化上市公司8家，新三板挂牌文化企业24家，区域股权交易市场挂牌企业170家；市级以上文创产业园区26个，市级培育园区41个。

二　宁波市推动文化金融发展的主要举措

针对文化企业普遍面临"融资难、融资慢、融资贵"问题，宁波充分发挥金融生态好、民营资本活、文化产业发展快等优势，坚持市场主导、政府推动、规范发展、合作共赢的原则，深入推进文化与金融合作创新，取得了较好成效。

（一）完善体制机制，增强服务精准性

1. 探索建立金融服务专营机制

创新文化金融组织形式，引导银行积极发展建设文化、文创、文旅特色支行等专营机构，在信贷规模、人员配备、审批权限、产品创新等方面充分倾斜。如推动农行宁波市分行在全国农行系统内组建了首家文化创意支行，创新采用机构专营、人才专用、制度专项、政策专属、资源专享的金融模式。至2019年底，该行累计与上百家文创企业建立业务合作，贷款余额超过10亿元。又如工行宁波市分行推出“影视通宝”“股权质押”等金融服务产品，目前，拥有文化产业信贷客户超过2800家，文化产业贷款总额接近24亿元。至2019年底，各金融机构累计开发文化金融创新产品超过200项，总计为近万家文化企业和百余个文化重点项目提供了融资服务。

2. 探索建立信贷风险补偿机制

市、县宣传部门联合有关金融机构共建文化产业信贷风险池，用于补偿金融机构对中小微文化企业贷款所产生的损失。即如果银行部门贷款出现坏账，由政府部门、银行、保险公司按4∶4∶2的比例分摊风险。风险池一期规模为1000万元，二期规模扩大至3000万元，合作银行按15倍放大授信额度，保险机构提供保证保险。信贷风险补偿机制推行后，受理发放的信用贷款逐年递增，2019年超过了1亿元，其中单笔最高贷款为500万元。

3. 探索建立金融促进消费机制

宁波日报报业集团联合农行、中行、建行推出了集会员服务、消费支付、结算管理等多项功能于一体的文化金融卡，覆盖近400家文化企业单位。目前发卡量近100万张，共拉动消费37亿元，其中文化消费3.9亿元，金融创新助力文化消费更加便民、惠民。

（二）拓宽融资渠道，强化市场主导地位

1. 组建文化产业基金

发挥财政资金的激励引导和杠杆放大效应，市财政出资 2 亿元设立文化产业基金，主要投资市内文化企业和文化重点项目。市级天使投资基金把文化企业纳入投资范围。积极引导社会资本投资文化产业，除政府性基金外，宁波全市还有专注于文化产业投资的民营基金 4 只，资金总规模为 10 亿元，带动的文化产业投资超过 20 亿元。

2. 推动文化企业融资上市

实施“凤凰行动”文化企业梯度培育计划，促进文化产业有效对接资本市场。全市 8 家上市文化公司，累计在资本市场和银行间债券市场共募得资金 100 多亿元。

3. 组建文创小贷公司

将民营小额贷款公司改组为具有国资成分的文创小额贷款公司，注册资本金为 1 亿元，累计发放贷款超过 2 亿元。

（三）创新保险服务，发挥保险增信分险功能

1. 开展“文创 + 保险”服务

推广小额信贷保证保险服务，客户免抵押免担保，只需通过保单即可获得低成本融资，解决无固定资产抵押的文创企业融资难问题。据统计，人保财险、太保财险累计承保文创型中小企业 42 家，承保金额 7390 万元。

2. 开展“旅游 + 保险”服务

2018 年 7 月，旅游、金融等部门与多家保险公司联合，在全国率先推出“政府、企业、个人”三位一体的全域旅游综合保险项目，涵盖 3 大保险项目、5 大保障措施和 7 大救援服务，由宁波市财政统筹安排 500 万元，通过 3 年试点，构建政府救助与商业救援相结合的全域安全保障体系，着力打造“安心 + 开心 + 放心”的旅游公共服务环境。

3. 开展“文保 + 保险”服务

2019 年 12 月，宁波首个文保建筑的综合保险加动态监测服务项目——范宅“保险 + 服务”协议正式签订实施，这也是浙江省首个“保险 + 服务”文保建筑项目。该项目采用“财产保险 + 动态监测服务”的事前风险管控模式，对突发情况造成的损失进行经济补偿，探索出一条文保和历史建筑保护、监测和风险保障的新思路。

（四）创新平台建设，完善文化金融支撑体系

1. 举办“文化 + 金融”展

依托宁波文博会每年搭建“文化 + 金融”展会平台，近 50 家银行、保险等金融机构先后参展，累计与 100 余家文化企业达成信贷合作意向。2019 年文博会期间，参展金融机构接受企业咨询 1200 余次，洽谈企业近 100 家，对接项目 25 个，达成意向融资金额超过 15 亿元。

2. 开展政银企对接活动

2014 年以来，政府宣传文化部门联合金融机构多次举办以文化金融、产业创投为主题的会议、论坛等活动，推介重点文化企业和文化产业项目，组织文化金融服务进基层、进园区、进企业。

3. 组建文旅金融服务中心

以创建国家文化与金融合作示范区为契机，以构建文旅金融生态供应链为重要抓手，通过政府引导、资源整合、市场运作，建立文旅金融服务中心，统筹文化担保、小额贷款、风险投资以及拍卖、评估等功能，开发并推广“文创宝”“影视通宝”“银保通达”等文化金融特色产品。中心与多家金融机构、保险公司、会计师事务所签约，有效对接各类金融服务和政策资源，定期组织开展政策咨询、资本相亲、投融资合作等。

4. 开设文化金融创研工作坊

依托专业文化研究、金融投资机构，创设文化金融创研工作坊，定期举办文化投融资项目路演推介活动，2019 年举办首届文旅产业创业创新大赛，直接推动了 5 家文旅企业实现股权融资。

三　宁波市上市文化企业现状分析

随着文化产业在经济发展中的地位日益提高以及市场经济的快速发展与日益完善，越来越多的宁波优秀文化企业主动对接资本市场，通过股权投资和债权投资解决了融资难题。至2019年底，宁波全市共有境内外上市文化公司8家，新三板挂牌文化企业24家，宁波股权交易中心（简称“甬股交”）“文化创意板”挂牌企业170家，逐步形成了多层次的资本市场体系。

（一）一级市场文化产业现状分析

中小微文创企业因其内容价值无法精确定价，融资难是普遍问题。而宁波的中小微企业自2016年甬股交成立以来，在甬股交的合规培育下，透过其线上和线下的平台，得到了更多的业界关注、资本加持和政策扶持。

2018年1月，宁波市宣传文化部门联合在甬股交开设全国首个“文化创意板”，着力打造宁波文创企业集中展示、培育孵化平台。至2019年底，共有挂牌文创企业170家，企业注册资本规模以500万元以下和500万~1000万元居多。“文化创意板”通过培训、走访累计服务文化企业5000余次，撮合间接融资近6000万元。还有多个企业摘牌进入更高层次的资本市场，大叶园林已经进入IPO上市辅导期；烟雨江南、友联盛业、年轮映画等多家企业成功登陆新三板。

新三板是全国中小企业股份转让系统，为创新、创业、成长型中小微企业发展服务，企业挂牌后，可实现公开转让股份，进行股权融资、债权融资、资产重组等。宁波市新三板挂牌文化企业目前共有24家，总资产为180亿元，其中民营企业占比为83%。挂牌的文化企业细分领域主要集中在文创技术服务和文创制造，占比分别为42%和29%。

（二）上市文化企业现状分析

1993年，宁波市首家本地企业上市，此后宁波不断筑巢引凤，上市企业量质齐升，现有8家文化企业登陆二级资本市场进行交易，其中在主板上市的企业是宁波韵升和大丰实业。宁波韵升在2000年入驻主板市场，而大丰实业在2017年完成IPO，相较于其他7家企业市值最高。海伦钢琴以58倍市盈率（股价与每股收益比）位居8家上市公司之首，其次是2017年上市的大丰实业、乐歌股份和创源文化，以及已上市十年的广博股份。

浙江广博集团股份有限公司以文化用品、办公用品经营起步，逐步发展成集办公用品、印刷制品、塑胶制品和进出口贸易于一体的现代企业集团。2007年1月10日作为我国第一家文具上市公司成功在A股上市后，广博股份有效利用了资本市场的融资手段，并购云灵传媒等企业，成功从传统的制造业文化企业向“流量运营、电商、跨境支付”全产业链布局转变。

海伦钢琴股份有限公司成立于2001年，2012年6月在深交所创业板上市后，发行股票1677万股，每股发行价格为21元，共募集资金35217万元；此后海伦钢琴累计募集资金8.81亿元，其中直接融资达5.67亿元，占比为64.43%；间接融资为3.13亿元，占比为35.57%。海伦钢琴在上市后，有效利用了资本市场的融资手段，成功收购三家公司的部分股权，实现了公司新的跨越式发展。

浙江飞扬国际旅游集团股份有限公司从2015年起布局资本市场，同年12月正式挂牌新三板。2019年6月28日，该公司在香港联交所成功上市，是浙江省旅行社行业第一家上市公司，也是中国内地旅行社行业第一家赴港上市公司。

四　宁波市文化金融发展的主要问题、对策建议及发展展望

（一）主要问题

1. 文化金融政策环境有待优化

文化企业融资渠道过于单一，传统银行授信是绝大多数文化企业的主要融资方式，金融机构虽说开发了不少文化金融产品，但与文化企业的融资需

求仍有很大差距。政府文化产业专项资金管理办法历经多次修改，多以“撒胡椒面”的形式通过贴息、补贴、奖励等方式给企业扶持，政策创新力度不够，资金绩效有待提升。

2. 文化企业资本运作意识薄弱

文化产业发展水平不高、规模较小，文化企业对接资本市场的氛围较为薄弱，成功上市的文化企业案例数量偏少。文化从业者个体素质参差不齐，对资本运营的重要性认识不足，绝大多数宁波文化企业家高度依赖银行贷款资金或者自有资金维持企业发展。

3. 无形资产评估体系比较缺乏

大部分文化企业是轻资产运营的创新型企业，其资产大多是智慧版权、著作权专利、品牌等无形资产，可用来贷款抵押的固定资产少，常因担保不足而导致银行贷款碰壁。文化企业对金融机构的融资渠道、方式、产品等缺乏了解，银行等金融机构对文化企业缺乏信息获取和评估的渠道，供需双方信息不对称。

4. 文化金融专业人才相对紧缺

作为一座创业创新氛围浓厚的城市，宁波文化企业市场主体总量居浙江省首位，储备了大批文化产业人才。而随着金融改革创新不断深化，优秀金融人才层出不穷。但现实情况是，懂金融的不懂文化产业，对文化企业的发展潜力难以准确评估和判断；懂文化产业的不懂金融，不了解如何运用资本市场和金融手段壮大企业实力，从而掣肘了行业的发展。文化金融作为跨行业的创新工作，对专业、跨界的复合型人才需求大、要求高。

（二）对策建议

文化金融是一项系统工程、创新工程，文化实体经济发展离不开文化金融服务支撑。站在新的起点上，宁波需要采取更加积极有效的措施，使文化与金融合作再上新台阶。

1. 健全文化金融工作机制

深化文化、金融、财政等部门协同合作，定期研究宁波文化金融发展中遇到的新问题。与相关高校建立协同创新研究基地，对宁波文化金融发展的实践探索及时进行总结，为推进文化与金融合作提供理论指导和政策支持。结合“十四五”文化发展规划前期研究，坚持问题导向，将文化与金融合作列为研究重点，提出深入推进文化金融高质量发展的对策措施。

2. 优化文化产业发展结构

顺应文化产业高速增长和跨界融合新趋势，深化“影视宁波”“书香宁波”“创意宁波”“音乐宁波”建设，提高文化内容产业在文化产业总体结构中的比重。推动文化产品制作、传播、消费的数字化、网络化，突出发展创意设计、数字影视、数字传媒、动漫制作、网络游戏等新业态。积极发展“文化 +”“旅游 +”产业，推进与农业、工业、养老、健康、体育等产业融合发展，拓展和延伸文化产业链。

3. 拓宽文化企业融资渠道

继续鼓励金融机构根据自身实际，建立专门服务文化产业和企业的专营机构，积极发展文化金融专业支行、特色支行、专营事业部及专业服务团队。推动组建文化小额贷款公司、文化担保公司、文化投资基金等新型文化金融服务组织。鼓励文化企业通过发行债务融资工具的方式，降低企业融资成本，优化企业融资结构。支持文化企业股份制改造和并购重组，主动对接多层次资本市场。

4. 加强文化金融人才队伍建设

将文化金融人才纳入宁波高层次人才系统，实施“文化金融人才支持计划”，通过制定人才激励制度，推动文化金融人才集聚。鼓励高等院校加快建设与文化金融相关的重点专业和学科，鼓励文化单位、金融机构、高等院校和文化企业联合建设文化金融人才培养基地，开展文化金融理论研究、战略设计、组织运作、操作实践培训，增强金融机构对文化产业的产品设计、专业分析和风险管理能力，提高文化系统、文化企业利用金融市场和金融工具的能力。

（三）发展展望

按照中央深化文化与金融合作、创建国家文化与金融合作示范区的新要求，宁波将以新发展理念为引领，扎实推进文化与金融合作的组织创新、产品创新、服务创新和机制创新，着力破解文化企业融资难题。通过两年的创建，宁波将加大金融支持文化发展力度，推动文化产业总体规模不断扩大，探索构建体系完善、满意度高、可持续发展的文化与金融合作模式，推进区域文旅经济高质量发展，助力本市高水平全面建成小康社会，早日跻身全国大城市第一方队。

参考文献

［1］雷晓峻：《天水市文化旅游产业发展融合路径》，《天水行政学院学报》2018 年第 6 期。

［2］李上葵：《“点绿成金”的绿色金融实践之路》，《清华大学金融评论》2017 年第 5 期。

［3］廖先锋、杨燚锋：《文化为魂　金融为器　宁波步入文化金融共赢时代》，《中国文化报》2018 年 12 月 27 日。

［4］宁波市文化广电旅游局：《五年不懈努力创建国家文化与金融合作示范区，破解文化企业融资难推出“宁波模式”》，《宁波日报》2019 年。

［5］孙芙蓉：《推进国家保险创新综合试验区建设——访浙江省人民政府省长车俊》，《中国金融》2017 年第 3 期。

［6］祝裕佳：《“文化 + 金融”创新的“宁波路径”》，新华网，2019 年 12 月 28 日。

专 题 篇

Special Reports

B.15

我国文化和旅游产业金融政策分析

宋洋洋　辛婷婷　姚洁洁*

摘　要： 伴随着文旅融合进一步深化，我国文化和旅游产业金融政策不断加码，推动文化和旅游产业金融服务体系不断完善，有效促进文化和旅游产业创新发展。但是，现有的文化和旅游产业金融政策在信用评级体系、金融大数据、融资担保机制、无形资产价值评估等方面相对薄弱，部分政策缺乏细则，可操作性不强，需要进一步优化和完善。

关键词： 文化产业　旅游产业　金融政策

* 宋洋洋，中国人民大学创意产业技术研究院副院长、文化品牌评测技术文化和旅游部重点实验室副主任。辛婷婷，中国人民大学创意产业技术研究院助理研究员。姚洁洁，中国人民大学创意产业技术研究院助理研究员。

自文化和旅游部成立以来，我国文化和旅游产业融合不断深化，对我国经济的贡献率持续提升。近年来，我国中央和地方不断丰富文化和旅游产业金融政策①，有效促进文旅资源整合和优化配置，为文化和旅游产业提供了有效的资金支持和风控手段。近期，新冠肺炎疫情爆发，文旅行业成为受灾严重的行业之一，疫情期间各地政府部门出台了相关金融扶持政策，帮助文化和旅游企业早日复苏。

一　我国文化和旅游产业金融政策的主要做法

从中央层面看，中央部委根据文化和旅游产业发展重点布局，形成文化和旅游产业金融政策导向。近两年，国务院和各部委印发的《国务院办公厅关于进一步激发文化和旅游消费潜力的意见》《关于促进文化和科技深度融合的指导意见》《关于促进旅游演艺发展的指导意见》《文化和旅游部办公厅　中国农业银行办公室关于金融支持全国乡村旅游重点村建设的通知》等文化和旅游产业政策文件中均有提及针对文化和旅游产业特点的金融新政策，不断强化对文化和旅游消费、文化科技、旅游演艺、乡村旅游等文旅发展热点的支持。

从地方层面看，地方相关政府部门因地施政，不断创新和完善文化和旅游产业金融政策。我国部分地区出台了专门的文化和旅游产业金融政策，北京印发了《关于促进首都文化金融发展的意见》②，甘肃出台了《关于金融支持甘肃文化旅游产业加快发展的意见》③，陕西制定了《陕西省文化金融

① 本文所指的文化和旅游产业金融政策是文化产业金融政策和旅游产业金融政策的合称。

② 《北京银监局　北京市文资办关于促进首都文化金融发展的意见》，中国银行监督管理委员会网站，http：//www. cbrc. gov. cn/chinese/home/docView/xzxk _ 221EB1EC89044148BED80E1DA7FEE216. html，2018 年 2 月 5 日。

③ 《金融助力文旅事业腾飞——我省出台〈关于金融支持甘肃文化旅游产业加快发展的意见〉》，甘肃经济日报网站，http：//www. gsjb. com/system/2019/08/29/017253663. shtml，2019 年 8 月 29 日。

融合发展三年行动计划（2019～2021年）》[①]。但大多数地区将金融支持融于文化和旅游产业发展政策之中，仅将其视作产业政策的补充和保障。目前，我国文化和旅游产业金融政策的主要具体做法如下。

（一）组织架构创新

1. 深化部行合作

文化和旅游部不断深化与各大银行的战略合作，提升银行服务文化和旅游产业的效能。一是与中国银行签订《推动文化和旅游高质量发展战略合作协议》，探索文化、旅游和金融合作的新模式。[②] 二是联合六大银行启动2019年全国优选文化和旅游投融资项目的推荐遴选工作，推动优秀文旅项目落地。[③] 三是和中国农业银行办公室联合印发了《关于金融支持全国乡村旅游重点村建设的通知》，农业银行将从加大信贷投放、推进金融产品创新、延伸服务渠道、促进乡村消费等方面加大对全国乡村旅游重点村建设的支持。[④]

2. 创新政银合作

地方文旅相关政府部门加强与银行合作，不断创新文化和旅游产业金融产品和服务。全国绝大部分地区的文化和旅游厅（局）都与当地银行开展了不同形式的合作，为省内文化和旅游产业的发展提供了全方位的金融服务。北京银行与北京市文化和旅游局签订了《支持文化和旅游产业高质量

① 《陕西省文化金融融合发展三年行动计划发布》，中国经济网，http：//www. ce. cn/culture/gd/201902/20/t20190220_ 31523205. shtml，2019年2月20日。

② 《文化和旅游部与中国银行签署〈推动文化和旅游高质量发展战略合作协议〉》，中国经济网，http：//www. ce. cn/culture/gd/201903/12/t20190312_ 31662645. shtml，2019年3月12日。

③ 《文化和旅游部联合六大银行优选“文化和旅游投融资项目”》，文化和旅游部网站，https：//www. mct. gov. cn/whzx/bnsj/whcys/201905/t20190524_ 843878. htm，2019年4月19日。

④ 《文化和旅游部办公厅、中国农业银行办公室印发〈关于金融支持全国乡村旅游重点村建设的通知〉》，文化和旅游部网站，https：//www. mct. gov. cn/whzx/bnsj/zykfs/201909/t20190911_ 846777. htm，2019年9月2日。

发展全面战略合作协议》，并发布了“文旅贷”金融服务行动计划。[①] 中国农业银行浙江省分行与浙江省文化和旅游厅签署了战略合作协议，并促成全国首家文化旅游专营银行——农行杭州文旅支行成立。[②] 此外，山东广播电视台联合齐鲁银行挂牌运营齐鲁银行文旅支行，加大对山东文化旅游全产业链条的支持。[③]

3. 设立文化（文旅）金融专营机构

部分地区文化和旅游产业金融政策明确提出鼓励建立文化（文旅）金融专营机构。北京、甘肃、湖北、四川等地区的文化和旅游产业金融政策提出设立文化（文旅）专营机构、特色分支行。甘肃提出鼓励有条件的银行业金融机构成立服务文化旅游产业的专营机构、特色支行和文化旅游金融专业服务团队。[④] 陕西不仅推动商业银行设立文化金融事业部和文化特色支行，而且鼓励成立文化特色保险分支机构。[⑤]

（二）产品服务创新

1. 创新文化和旅游信贷产品和服务

中央和地方众多文化和旅游产业金融政策鼓励根据文旅产业特点创新质押融资产品。《国务院办公厅关于进一步激发文化和旅游消费潜力的意见》提出鼓励探索开展旅游景区经营权、门票收入权质押以及旅游企业建设用地

---

① 《北京银行发布“文旅贷”金融服务行动计划，200 亿元授信助力首都文旅融合高质量发展和全国文化中心建设》，北京市人民政府国有资产监督管理委员会网站，http：//gzw. beijing. gov. cn/yggq/qydt/201907/t20190724_ 102168. html，2019 年 7 月 23 日。

② 《全国首家文化旅游专营银行落地杭州》，浙江新闻网站，https：//zj. zjol. com. cn/news/1218395. html，2019 年 6 月 11 日。

③ 《山东省财政助力化解文旅企业融资难题》，鲁网，http：//www. sdnews. com. cn/wenlv/lyjj/201911/t20191103_ 2632660. htm，2019 年 11 月 2 日。

④ 《拓宽融资渠道　助推文旅“全产业链”发展——解读〈关于金融支持甘肃文化旅游产业加快发展的意见〉》，每日甘肃网，http：//gansu. gansudaily. com. cn/system/2019/08/04/017238012. shtml？ivk_ sa = 1023197a，2019 年 8 月 4 日。

⑤ 《陕西省文化金融融合发展三年行动计划发布》，中国经济网，http：//www. ce. cn/culture/gd/201902/20/t20190220_ 31523205. shtml，2019 年 2 月 20 日。

使用权抵押、林权抵押等贷款业务。[①] 北京、广东、重庆、四川等地的文化和旅游产业金融政策提出积极拓展贷款抵（质）押物的范围，鼓励开发知识产权融资、应收账款融资、供应链融资、订单融资等质押融资产品。甘肃探索运用银团贷款、联合授信、供应链金融等多种形式综合发力，力图满足文旅产业融资需求。[②]

2. 创新文化和旅游保险产品和服务

部分中央和地方的文化和旅游产业金融政策提出创新性开发符合文旅行业特点的保险产品。《国务院办公厅关于进一步激发文化和旅游消费潜力的意见》提出引导保险业金融机构创新性开发针对文化和旅游行业特点的保险产品。[③] 陕西鼓励保险公司开发针对文化产业的履约保证保险、信用保险等新型保险业务，创新开展知识产权、影视、动漫等领域的新型保险产品。[④] 四川省鼓励保险机构探索试点中小微文旅企业信用贷款和小额贷款保证保险。[⑤]

3. 鼓励开发文旅消费金融产品和服务

部分中央和地方的文化和旅游产业金融政策提出鼓励开发消费金融，激发文旅消费潜能。《国务院办公厅关于进一步激发文化和旅游消费潜力的意见》提出拓展文化和旅游消费信贷业务，开发不同首付比例、期限和还款

① 《国务院办公厅关于进一步激发文化和旅游消费潜力的意见》，中央人民政府网站，http：//www. gov. cn/zhengce/content/2019 - 08/23/content _ 5423809. htm，2019 年 8 月 23 日。

② 《拓宽融资渠道　助推文旅“全产业链”发展——解读〈关于金融支持甘肃文化旅游产业加快发展的意见〉》，每日甘肃网，http：//gansu. gansudaily. com. cn/system/2019/08/04/017238012. shtml? ivk_ sa = 1023197a，2019 年 8 月 4 日。

③ 《国务院办公厅关于进一步激发文化和旅游消费潜力的意见》，中央人民政府网站，http：//www. gov. cn/zhengce/content/2019 - 08/23/content _ 5423809. htm，2019 年 8 月 23 日。

④ 《陕西省文化金融融合发展三年行动计划发布》，中国经济网，http：//www. ce. cn/culture/gd/201902/20/t20190220_ 31523205. shtml，2019 年 2 月 20 日。

⑤ 《关于大力发展文旅经济　加快建设文化强省旅游强省的意见》，四川省人民政府网站，http：//www. sc. gov. cn/10462/10464/10797/2019/4/30/cb0ea36cea04475ab7ebc3953ebba351. shtml，2019 年 4 月 30 日。

方式的信贷产品。[①] 重庆提出鼓励创新开发文化消费信贷产品和服务。[②] 甘肃提出协调金融机构在旅游消费集聚地区优先布设 ATM 机，提供电子化结算服务。[③]

（三）融资渠道拓展

1. 推动文化和旅游企业上市融资

全国大部分地区的文化和旅游产业金融政策鼓励文旅企业上市融资，湖北、陕西等地区提出建立文旅企业上市“绿色通道”。湖北提出建立文化企业上市“绿色通道”，奖励文化企业上市融资，支持上市文化企业用好资本市场再融资。[④] 陕西提出支持文化企业在主板、中小板、创业板上市融资、再融资和开展并购重组，为文化企业上市提供“绿色通道”。[⑤]

2. 鼓励文化和旅游企业发债融资

部分地区的文化和旅游产业金融政策鼓励支持文旅企业利用债务融资工具扩大融资。陕西提出支持文化产业领域专项债券发行，重庆、广西等地区提出支持文旅企业通过发行企业债、公司债、短期融资券、非金融企业债务融资工具等方式扩大融资。

3. 做大做强文旅产业投资基金

发展各类文旅产业专项基金成为文化和旅游产业金融政策的重要手段。

① 《国务院办公厅关于进一步激发文化和旅游消费潜力的意见》，中央人民政府网站，http：//www. gov. cn/zhengce/content/2019 - 08/23/content_ 5423809. htm，2019 年 8 月 23 日。

② 《重庆市文化和旅游发展委员会关于印发〈关于支持特色文化产业加快发展实施意见〉的通知》，重庆市人民政府网站，http：//www. cq. gov. cn/zwgk/fdzdgknr/lzyj/xzgfxwj/szfbm_ 38657/swhlyw_ 38710/202001/t20200115_ 4752442. html，2019 年 7 月 30 日。

③ 《关于印发〈甘肃省文化旅游产业提质增效行动方案（2019 年）〉的通知》，甘肃省文旅厅网站，http：//wlt. gansu. gov. cn/ghjh/26734. jhtml，2019 年 5 月 28 日。

④ 《湖北省委、省政府印发〈关于加快全省文化产业高质量发展的意见〉》，湖北省人民政府网站，http：//www. hubei. gov. cn/2018/topic/gzl/zc/201902/t20190220_ 1382215. shtml，2019 年 2 月 20 日。

⑤ 《陕西省文化金融融合发展三年行动计划发布》，中国经济网，http：//www. ce. cn/culture/gd/201902/20/t20190220_ 31523205. shtml，2019 年 2 月 20 日。

《关于促进文化和科技深度融合的指导意见》提出鼓励文化科技企业、金融机构和社会资本共同出资，依法依规设立文化和科技融合产业投资类基金。[①] 广东、陕西、江西等地提出发展文化产业投资基金。陕西引导设立文化产业私募股权投资基金、创业投资基金等。[②] 广东支持设立并规范发展各类文化产业投资基金。[③] 江西从省级公共文化专项资金中协调一部分资金投入文化产业发展投资基金。[④]

4. 推广 PPP 模式支持文旅项目建设

PPP 成为大型文旅项目建设的重要支持方式。《关于促进文化和科技深度融合的指导意见》提出鼓励支持有条件的文化和科技融合项目运用 PPP 模式运作，实现社会效益与经济效益的协同双赢。[⑤] 天津提出鼓励政府和企业通过 PPP 模式，参与建设游艇码头、自驾车（房车）营地、主题公园等文旅项目。[⑥] 陕西提出设立全省文化产业专项 PPP 引导母基金，参与公共文化设施、重大文化项目的建设和运营。[⑦]

5. 鼓励创新其他融资方式

陕西提出试点开展文化产业项目资产证券化，试点文化信托，并鼓励运

---

① 《科技部等六部门印发〈关于促进文化和科技深度融合的指导意见〉的通知》，中央人民政府网站，http://www.gov.cn/xinwen/2019-08/27/content_5424912.htm，2019 年 8 月 27 日。

② 《陕西省文化金融融合发展三年行动计划发布》，中国经济网，http://www.ce.cn/culture/gd/201902/20/t20190220_31523205.shtml，2019 年 02 月 20 日。

③ 《中共广东省委宣传部　广东省文化和旅游厅关于印发〈广东省关于加快文化产业发展的若干政策意见〉的通知》，广东省文化和旅游厅网站，http://whly.gd.gov.cn/open_newggl/content/post_2799484.html，2019 年 12 月 26 日。

④ 《关于进一步支持文化产业发展的若干意见（试行）》，《江西日报》2019 年 7 月 28 日。

⑤ 《科技部等六部门印发〈关于促进文化和科技深度融合的指导意见〉的通知》，中央人民政府网站，http://www.gov.cn/xinwen/2019-08/27/content_5424912.htm，2019 年 8 月 27 日。

⑥ 《天津市人民政府办公厅关于印发天津市促进旅游业发展两年行动计划（2019～2020 年）的通知》，天津人大网站，http://www.tjrd.gov.cn/tjfq/system/2019/07/23/030013421.shtml，2019 年 7 月 19 日。

⑦ 《陕西省文化金融融合发展三年行动计划发布》，中国经济网，http://www.ce.cn/culture/gd/201902/20/t20190220_31523205.shtml，2019 年 2 月 20 日。

用融资租赁等新型融资工具融资。[①] 甘肃提出支持文化旅游企业以股权融资、项目融资、租赁融资及发行信托计划等方式融资。[②]

（四）服务体系建设

1. 创建文化与金融合作示范区

创建文化与金融合作示范区成为完善文化金融服务体系的重要举措。2019 年 12 月 9 日，文化和旅游部、中国人民银行、财政部正式批复，同意北京市东城区和浙江省宁波市创建国家文化与金融合作示范区[③]，发挥示范区在打通文化资源到产业化“最后一公里”、助力文化产业供给侧结构性改革等方面的重要作用，形成全国示范效应。此外，上海、广东、江苏、陕西等地也提出鼓励有条件的地区创建文化与金融合作示范区。

2. 建设文化（文旅）金融服务中心

建设文化（文旅）金融服务中心，提供一站式文化金融服务。近年来，北京、广州、深圳等城市纷纷成立了文化金融服务中心，为文化企业提供政策咨询、项目对接、金融业务办理、投融资合作等一揽子金融服务。此外，陕西、湖北、江苏在相关文化和旅游产业金融政策中提到建设省级的文化金融服务中心。伴随着文旅融合不断推进，中山和宁波等城市建立文旅金融服务中心，打破文旅企业与金融机构信息不对称、服务路径不通畅的困境。

3. 搭建文化和旅游投融资服务平台

部分地区积极建设文化和旅游投融资服务平台，实现投融资信息共享。2019 年 11 月，文化旅游项目资源、投资企业、金融机构、中介服务机构和

---

① 《陕西省文化金融融合发展三年行动计划发布》，中国经济网，http：//www. ce. cn/culture/gd/201902/20/t20190220_ 31523205. shtml，2019 年 2 月 20 日。

② 《拓宽融资渠道　助推文旅“全产业链”发展——解读〈关于金融支持甘肃文化旅游产业加快发展的意见〉》，每日甘肃网，http：//gansu. gansudaily. com. cn/system/2019/08/04/017238012. shtml? ivk_ sa = 1023197a，2019 年 8 月 4 日。

③ 《文化和旅游部、中国人民银行、财政部批复同意北京东城区、浙江宁波市创建国家文化与金融合作示范区》，《中国文化报数字报》2019 年 12 月 13 日，第 2 版。

运营管理机构五位一体的江西省文化和旅游投融资服务平台上线。[①] 江苏、湖北也提出加强文化和旅游产业投融资平台建设，建立政银企间的政策协调和信息共享机制，促进银企供需对接。

4. 举办文化和旅游产业相关投融资对接会

文旅部和地方相关政府部门积极推进多种形式的文旅产业投融资对接会。2019 年，文化和旅游部联合国家发改委和地方文旅厅（局）举办了多场“文化和旅游产业专项债券及投资基金融资对接交流活动”（包括四川专场、深圳文博会专场、陕西专场等），通过创新金融扶持手段提升文旅企业金融服务覆盖面。[②] 2019 年，广东、四川、福建、江苏、重庆、宁夏等地举办了文旅产业（项目）对接会，促进优质文化企业与金融机构的有效对接。

（五）抗“疫”扶持加强

2020 年新冠肺炎疫情给文化和旅游产业造成了重大的损失，我国大部分地区出台了相关金融扶持政策，北京、上海、江苏、浙江、河北、四川、山东、吉林等省市出台了针对文旅企业的专项扶持政策，帮助其渡过难关。

1. 加强贷款扶持

针对疫情给文旅企业带来的挑战，各地相关政府部门的金融扶持政策中，加强贷款扶持成为首要措施。其中，北京、河北、陕西、江西、山东、河南、海南、青海等地方政府出台的金融扶持政策提出加强对文旅产业的贷款支持，大部分地区明确提出不抽贷、不断贷、不压贷。此外，降低企业贷款成本也是各地方政策措施的一个重要方向，北京、河北、浙江、山东、江西、河南、陕西、安徽、海南等地提出下调贷款利率和续贷业务利率、减免利息和罚息，完善续贷政策安排、延长还款期限、减免金融服务手续费，对到期还款困难的文化和旅游企业，给予展期或续贷。

---

① 《江西省文化和旅游投融资服务平台正式上线》，中国新闻网，http：//www.jx.chinanews.com/news/2019/1108/30584.html，2019 年 11 月 8 日。

② 《2019 年文化和旅游产业专项债券及投资基金融资对接交流活动在郑举行》，河南文化网，http：//news.hawh.cn/content/201908/22/content_419378.html，2019 年 8 月 22 日。

2. 强化融资担保

地方相关政府部门通过多种举措，强化融资担保，激发文旅企业融资积极性。辽宁、云南、广西、海南、河南、安徽、河北、上海、福建等地提出地方财政负担担保费用，鼓励金融机构开发中小企业集合债券、集合信托、短期融资券、票据业务等新型担保产品和服务，以及取消再担保、反担保，降低担保费率、提供代偿服务等。其中安徽提出要将平均担保费率降至1%以下①，北京提出市政府性担保机构对受疫情影响严重的中小微文化企业降低综合费率0.5个百分点②，而海南政府则要求对于确无还款能力的旅游企业，为其提供融资担保服务的各级政府性融资担保机构应及时履行代偿义务③。

3. 设立纾困资金（基金）

部分地区专门设立了文旅产业纾困资金，定向帮扶受灾严重的文旅企业。江苏对当前受疫情影响经营困难的文旅企业，安排1亿元纾困资金，主要用于支持旅行社企业奖补、重点旅游企业项目、绿色网吧企业奖补。④ 成都市在市级文化产业专项资金、旅游产业发展专项资金中统筹协调“文旅纾困资金”，缓解文旅企业的资金困境。⑤ 广州设立2亿元的文旅产业纾困基金，对景区、OTA、院线、影视动漫、文化装备制造等文旅企业进行股权投资，缓解文旅企业的现金流危机。

---

① 《中共安徽省委办公厅　安徽省人民政府办公厅印发〈关于加强疫情科学防控有序做好企业复工复产工作统筹推进经济社会发展各项任务的意见〉的通知》，安徽省人民政府网站，http：//www. ah. gov. cn/public/1681/8268581. html，2020年2月16日。

② 《北京：对受疫影响文化产业不抽贷、不断贷、不压贷》，中国新闻网，http：//www. chinanews. com/cul/2020/02－19/9097411. shtml，2020年2月19日。

③ 《海南省人民政府办公厅关于印发海南省应对新型冠状病毒肺炎疫情支持海南旅游企业共渡难关六条措施的通知》，海南省人民政府网站，http：//www. hainan. gov. cn/hainan/zccs/202002/2799b02ee296427e89da145433e5e494. shtml，2020年2月9日。

④ 《江苏出台6条措施帮助文旅企业缓解经营困难》，《江苏金融报道》2020年2月17日。

⑤ 《成都多部门联合发文促进文旅产业发展》，四川省文化和旅游厅网站，http：//wlt. sc. gov. cn/scwlt/hydt/2020/3/8/18b1adf6ee9e4696aa77cc85c1944c71. shtml，2020年3月8日。

4. 创新互联网金融服务

考虑到疫情影响下的文旅企业金融业务办理的迫切性，各地方政府出台政策，实施在线办公，通过建立绿色通道，简化流程、缩短审批时间等措施，为文旅企业提供确权融资、保险理赔、信贷申请、担保贷款审批、资金结算等服务。此外，北京和河南等地区还搭建了供应链债权债务平台，为参与政府采购和国企采购的中小微企业提供确权融资服务。

二　我国文化和旅游产业金融政策存在的问题

整体来看，自文化和旅游部成立以来，我国文化产业和旅游产业金融政策逐步融合，从顶层设计到产品和服务不断融合创新。但是，由于文化产业和旅游产业具有行业差异，当前针对文化产业或旅游产业的金融政策相对较多，针对文化和旅游产业以及文旅融合业态的金融政策需要进一步完善。具体来看，我国现有的文化和旅游产业金融政策存在的主要问题如下。

（一）文化和旅游企业信用评级体系政策较为欠缺

我国文化和旅游产业金融政策中，以关注金融产品、金融渠道等方面的政策为主，关于支持建设文旅企业信用评级体系的政策相对较少。权威、专业、知名度高的文旅企业信用评级机构相对较少，且我国针对文旅企业，尤其是小微文旅企业的信用评级标准未统一，信用评级结果的公信力、适用性还需提高。这直接导致投资市场主体投资时缺乏可靠、专业的信用评级报告，从而放弃了较多的文旅投融资项目，文旅企业也因此失去了获得市场投资的机会，不利于顺利开展产品创新、项目拓展等正常企业运营工作。

（二）文化和旅游产业金融大数据政策相对较少

文化和旅游产业金融大数据作为文旅产业投融资市场的战略性资源，对于文旅产业的投融资决策、文化和旅游产业金融预判有重大价值，而国内关于此重视不足，相关政策较少，不利于文化和旅游产业金融市场的长远发展。目前，文化和旅游产业金融数据信息远不足以满足实际应用需求，缺乏政府部门与文旅企业和金融机构间的文化和旅游产业金融大数据平台，各类文化和旅游产业金融数据的采集、筛选等标准尚未统一，不利于有效地管理和应用文化和旅游产业金融数据。文旅企业难以准确获得金融政策、金融产品、金融机构等相关融资信息，金融机构也难以获取关于文旅企业信用等级、融资历史等信息，不利于投融资活动开展。

（三）文化和旅游产业融资担保机制政策存在不足

我国现有的文化和旅游产业金融政策中与建立健全担保机制相关的政策相对较少。总的看来，我国文化和旅游产业金融政策体系的架构基础基本搭建完毕，我国文旅投融资活动日渐活跃，但是文旅产业融资担保机制不足，导致文化和旅游产业金融机构投资风险大大增加。如 2019 年我国网络文学影视化市场投资项目风起云涌，成为我国文化和旅游产业金融市场不容忽视的现象，这对网络文学 IP 和金融资本对接、文化创意的转化流动起到了积极作用，与此同时也导致资本市场裹挟网络文学产业发展，进而导致创作题材扎堆、粗制滥造 IP 网络剧层出不穷等问题不断发生。合理有效的融资担保机制的缺乏，加大了网络文学影视化项目的投资风险。由此可以看出，在激发文旅产业金融市场活力的同时，构建完善的文旅产业融资担保机制必不可少。

（四）文化和旅游产业价值评估政策尚不完善

无形资产价值评估难是导致文旅产业融资难的主要瓶颈，我国文旅产业价值评估相关政策尚不完善。文旅产业大多为轻资产企业，拥有大量版权、品牌、优质创意设计等无形资产，有效可行的文旅产业价值评估体系，可以帮助金融机构对文化和旅游企业做出科学的价值评估，为后续贷款抵押、资产流转打下基础。我国目前仅有广州、重庆等少数地区出台了研究制定知识产权、文化品牌等无形资产的价值评估体系相关政策，但关于具体如何制定、何时出台尚未有明确规定，国家亟须出台统一标准的文旅资产价值评估体系，为文旅企业融资扫除障碍。

三　优化我国文化和旅游产业金融政策的建议

为解决上述文化和旅游产业金融政策存在的问题，在宏观上，相关政府部门需要进一步统筹全局，结合文旅融合发展的实际进一步完善文化和旅游产业以及文旅融合业态的金融扶持政策；在微观上，需要从以下具体措施上，做好文化和旅游产业金融风险防控工作，完善文化和旅游产业金融政策体系。

（一）完善文化和旅游企业信用评级系统，激励企业提升信用等级

文化和旅游部可以与中国人民银行征信系统、国家工商总局全国企业信用信息公示系统合作，实现信用数据的整合采集和共享互通。鼓励和支持有条件的地区建设文化和旅游企业信用大数据平台，提供大数据增信服务，破解文化和旅游企业信息不对称、信用不充分等难题。构建符合市场发展现实、适用于文化和旅游企业的信用评级体系，制定我国统一的文化和旅游企业信用等级评定标准。通过有效措施，激励文化和旅游企业开展内部信用管理活动，主动提升企业信用等级水平：一是加大政府对文旅企业的信用激励，加强对信用评级高的文旅企业的政策扶持；二是在贷款补贴规定中，提供的企业贷款利息补贴比例与文旅企业信用等级成正比。

（二）优化文化和旅游产业金融大数据平台，提供综合信息服务

建设文化和旅游产业金融大数据服务平台，采集相关文化和旅游企业金融数据信息，运用大数据、云计算等技术对数据信息进行分析和处理，为文化和旅游产业金融主体的后续投融资决策提供可靠全面的参考。一是与工商、税务等部门合作，实时采集文化和旅游企业政务数据、税务数据等经营数据，为金融机构了解文旅企业经营状况提供数据参考。二是通过计算机系统，全天候实时对文化和旅游企业进行风险监控，提供大数据风险预警服

务。三是运用大数据、云计算等互联网新兴技术，通过数据分析拓展信息咨询、项目招商等综合功能，建设文化和旅游产业发展全产业链信息服务机构，为文化和旅游投融资活动提供坚实的信息服务支持。

（三）以政府为主导，健全文化和旅游产业多元融资风险分担机制

政府可以通过直接设立担保基金、引入专业担保机构、创新投保贷联动机制、打造风险补偿机制等方法，构建文化和旅游企业融资风险分担机制。其一，由政府直接出资，设立针对文化和旅游企业的专项融资担保基金，并将金融市场主体投入资金作为补充，建立以政府出资为主、以其他第三方资金为辅的多元融资担保机制。其二，通过财政杠杆，激励专业担保机构为文化企业融资进行担保，提升文化企业担保获得能力。其三，政府通过财政措施，鼓励金融机构等投资方推行投保贷联动的风险补偿机制，在共享投资和创业风险的同时，收获文旅项目未来的高收益。

（四）推进文化和旅游产业价值评估，鼓励无形资产抵押融资

结合文化和旅游产业特点，推进文旅产业价值评估体系筹建工作，助推文旅融资实现无形资产抵押，畅通无形资产流通渠道。首先，探索构建以知识产权为核心的文化和旅游产业价值评估体系。引入专业的无形资产价值评估机构，研制出台全国统一的文化和旅游产业价值评估标准，为文化和旅游产业金融机构投融资决策提供依据，并通过财政补贴等方式加大无形资产价值评估费用补贴力度，减少文旅企业资产价值评估负担。其次，构建文化要素流通平台，开展版权登记和评估服务。鼓励文旅企业利用知识产权等无形资产进行评估质押，借助文旅企业信用等级，简化银行审批流程，提高无形资产质押效率，强化市场对文化要素资源聚散的能力，促进无形资产和文化资源的自由流动。最后，引导银行、民间投资主体等文旅投资机构创新无形资产抵押产品和方式，提升无形资产变现能力，畅通无形资产市场流通渠道。

参考文献

[1] 侯英：《文化产业金融支持体系创新研究》，《经济问题》2016 年第 3 页，第 80～85页。

[2] 刘薇：《文化金融发展的进路与策略》，《开放导报》2019 年第 2 期，第 107～110 页。

[3] 闫坤、于树一：《支持文化产业发展的财税金融政策研究》，《华中师范大学学报》（人文社会科学版）2015 年第 3 期，第 9～21 页。

[4] 郑敏、周小华：《我国文化金融政策的发展历程回顾》，《山西科技》2014 年第 6 期，第 13～14、16 页。

中国皮书网

（网址：www.pishu.cn）

发布皮书研创资讯，传播皮书精彩内容
引领皮书出版潮流，打造皮书服务平台

栏目设置

◆ 关于皮书

何谓皮书、皮书分类、皮书大事记、
皮书荣誉、皮书出版第一人、皮书编辑部

◆ 最新资讯

通知公告、新闻动态、媒体聚焦、
网站专题、视频直播、下载专区

◆ 皮书研创

皮书规范、皮书选题、皮书出版、
皮书研究、研创团队

◆ 皮书评奖评价

指标体系、皮书评价、皮书评奖

◆ 互动专区

皮书说、社科数托邦、皮书微博、留言板

所获荣誉

◆ 2008 年、2011 年、2014 年，中国皮书网均在全国新闻出版业网站荣誉评选中获得“最具商业价值网站”称号；

◆ 2012 年，获得“出版业网站百强”称号。

网库合一

2014年，中国皮书网与皮书数据库端口合一，实现资源共享。

权威报告 · 一手数据 · 特色资源

皮书数据库

ANNUAL REPORT(YEARBOOK) DATABASE

分析解读当下中国发展变迁的高端智库平台

所获荣誉

- 2019年，入围国家新闻出版署数字出版精品遴选推荐计划项目
- 2016年，入选“‘十三五’国家重点电子出版物出版规划骨干工程”
- 2015年，荣获“搜索中国正能量 点赞2015”“创新中国科技创新奖”
- 2013年，荣获“中国出版政府奖 · 网络出版物奖”提名奖
- 连续多年荣获中国数字出版博览会“数字出版 · 优秀品牌”奖

成为会员

通过网址www.pishu.com.cn访问皮书数据库网站或下载皮书数据库APP，进行手机号码验证或邮箱验证即可成为皮书数据库会员。

会员福利

- 已注册用户购书后可免费获赠100元皮书数据库充值卡。刮开充值卡涂层获取充值密码，登录并进入“会员中心”—“在线充值”—“充值卡充值”，充值成功即可购买和查看数据库内容。
- 会员福利最终解释权归社会科学文献出版社所有。

数据库服务热线：400-008-6695
数据库服务QQ：2475522410
数据库服务邮箱：database@ssap.cn
图书销售热线：010-59367070/7028
图书服务QQ：1265056568
图书服务邮箱：duzhe@ssap.cn

社会科学文献出版社 SOCIAL SCIENCES ACADEMIC PRESS (CHINA) 皮书系列
卡号：794823622797
密码：

S 基本子库
UB DATABASE

中国社会发展数据库（下设 12 个子库）

整合国内外中国社会发展研究成果，汇聚独家统计数据、深度分析报告，涉及社会、人口、政治、教育、法律等 12 个领域，为了解中国社会发展动态、跟踪社会核心热点、分析社会发展趋势提供一站式资源搜索和数据服务。

中国经济发展数据库（下设 12 个子库）

围绕国内外中国经济发展主题研究报告、学术资讯、基础数据等资料构建，内容涵盖宏观经济、农业经济、工业经济、产业经济等 12 个重点经济领域，为实时掌控经济运行态势、把握经济发展规律、洞察经济形势、进行经济决策提供参考和依据。

中国行业发展数据库（下设 17 个子库）

以中国国民经济行业分类为依据，覆盖金融业、旅游、医疗卫生、交通运输、能源矿产等 100 多个行业，跟踪分析国民经济相关行业市场运行状况和政策导向，汇集行业发展前沿资讯，为投资、从业及各种经济决策提供理论基础和实践指导。

中国区域发展数据库（下设 6 个子库）

对中国特定区域内的经济、社会、文化等领域现状与发展情况进行深度分析和预测，研究层级至县及县以下行政区，涉及地区、区域经济体、城市、农村等不同维度，为地方经济社会宏观态势研究、发展经验研究、案例分析提供数据服务。

中国文化传媒数据库（下设 18 个子库）

汇聚文化传媒领域专家观点、热点资讯，梳理国内外中国文化发展相关学术研究成果、一手统计数据，涵盖文化产业、新闻传播、电影娱乐、文学艺术、群众文化等 18 个重点研究领域。为文化传媒研究提供相关数据、研究报告和综合分析服务。

世界经济与国际关系数据库（下设 6 个子库）

立足“皮书系列”世界经济、国际关系相关学术资源，整合世界经济、国际政治、世界文化与科技、全球性问题、国际组织与国际法、区域研究 6 大领域研究成果，为世界经济与国际关系研究提供全方位数据分析，为决策和形势研判提供参考。